天衡系列丛书

数字经济产业合规指南

Compliance Guidelines for
Digital Economy Industries

李金招　蒋晓焜　编著

知识产权出版社
全国百佳图书出版单位
—北京—

图书在版编目（CIP）数据

数字经济产业合规指南 / 李金招，蒋晓焜编著 . —北京：知识产权出版社，2024.1
ISBN 978-7-5130-9035-3

Ⅰ . ①数… Ⅱ . ①李…②蒋… Ⅲ . ①信息产业 – 法律 – 中国 – 指南 Ⅳ . ① D922.8-62

中国国家版本馆 CIP 数据核字（2023）第 242543 号

内容提要

本书主要介绍数字经济产业在电子合同、网络安全与源代码保护、广告宣传等方面的合规设计，重点剖析数字经济产业中的特色产业，如游戏产业、电商产业和元宇宙产业的法律合规，为数字经济产业的健康发展提供有效的合规经验与建议。

本书适合互联网企业、广告企业、游戏企业、电商企业、科技创新型企业的实践者及法务工作者阅读。

责任编辑：王志茹　　　　　　　　　　责任印制：孙婷婷

数字经济产业合规指南
SHUZI JINGJI CHANYE HEGUI ZHINAN

李金招　蒋晓焜　编著

出版发行：知识产权出版社 有限责任公司	网　址：http://www.ipph.cn
电　话：010-82004826	http://www.laichushu.com
社　址：北京市海淀区气象路 50 号院	邮　编：100081
责编电话：010-82000860 转 8761	责编邮箱：laichushu@cnipr.com
发行电话：010-82000860 转 8101	发行传真：010-82000893
印　刷：北京中献拓方科技发展有限公司	经　销：新华书店、各大网上书店及相关专业书店
开　本：720mm×1000mm　1/16	印　张：18
版　次：2024 年 1 月第 1 版	印　次：2024 年 1 月第 1 次印刷
字　数：263 千字	定　价：88.00 元
ISBN 978-7-5130-9035-3	

出版权专有　侵权必究
如有印装质量问题，本社负责调换。

序 言
PREFACE

《数字经济产业合规指南》的作者之一李金招曾是我指导的硕士研究生，他邀请我为该书作序。作为他的导师，看到自己的学生能够在繁忙之余坚持研究并编写图书出版，我倍感欣慰，通读本书后欣然命笔，是为序。

近年来，数字化转型已成为全球经济发展的大趋势，世界各主要国家均将数字化作为优先发展的方向，积极推动数字经济的发展。围绕数字技术、标准、规则、数据的国际竞争日趋激烈，这也成为决定国家未来发展潜力和国际竞争力的重要领域。而法律作为一门相对保守的学科，其中许多基本概念和原理起源于农业时代。法律服务业作为传统的服务产业，对新兴技术的发展和时代潮流的变迁，相较于其他行业也有些后知后觉。令人欣喜的是，随着《中华人民共和国个人信息保护法》《中华人民共和国数据安全法》等法律的陆续出台，数字经济产业呈现强监管趋势，与之相关的法律服务需求与日俱增。同时，越来越多的法律界人士正在积极拥抱这一变化，探讨数字经济时代所带来的机遇与挑战，思考法律行业与数字经济产业相结合的可能性。

《数字经济产业合规指南》的内容涵盖电子合同、网络安全与源代码保护、广告宣传、游戏产业、电商产业、元宇宙产业等方面，系统、全面地介绍数字经济产业的诸多重要板块，解读其中存在的法律风险及合规要点。从电子签名是否具有法律效力、源代码是否属于商业秘密，到使用极限形容词投放广告的监管风险，再到网络游戏和电商的监管模式、元宇宙等新兴概念的法律性质，作者结合自己扎实的理论基础和丰富的实务经验，运用法律知识和通俗易懂的语言，分析"脉博之争""头腾大战"等互联网经典案例，使本书专业之余而不显枯燥、生动之余而不失严谨。

我认为，律师与学者的不同之处在于前者的专业性和成就感更多地体现在一纸胜诉判决，而非著作等身。本书作者作为长期奋斗在实务一线的律师，积极利用业余时间将碎片化的法律实践经验化零为整，在诉讼纠纷的嘈杂中潜心思考，在项目驻场的间隙笔耕不辍，带领团队成员发表实务文章两百余篇。正是因为其不断的经验积累促成了多本专著的诞生。《数字经济产业合规指南》便是其中的成果之一。

法律工作者作为社会经济活动的重要参与者，有责任和义务积极回应数字经济健康发展的需求，主动探索并推动法律行业与数字产业相结合，推动数字经济和法治建设双向赋能，让法治为数字经济高质量发展护航，这也正是本书的意义所在。期待《数字经济产业合规指南》能够带领读者揭开数字经济这一新兴产业的神秘面纱，为数字经济领域的合规建设提供参考，为数字经济企业的转型和发展添砖加瓦。

最后，谨以此序对本书的面世表示衷心的祝贺。

何丽新

厦门大学法学院教授

2023 年 11 月

目 录
CONTENTS

第1章 数字经济产业的入口:电子合同 ·············· 1
  1.1 电子签约的技术原理及法律风险 ·············· 1
  1.2 电子合同的概念和形式 ·············· 8
  1.3 电子合同中"要约或承诺"的作出方式、存在的问题及解决思路 ···· 11
  1.4 电子合同的成立方式和生效地点 ·············· 17
  1.5 电子合同和格式条款的区别与联系 ·············· 21
  1.6 电子合同真实性的争议焦点 ·············· 24
  1.7 电子合同的合规设计 ·············· 28

第2章 数字经济产业的基石:网络安全与源代码保护 ·············· 32
  2.1 网络实名制认证模式的特点及相关刑事风险 ·············· 32
  2.2 网络安全等级保护制度的发展历史及特色 ·············· 45
  2.3 网络安全审查制度的历史沿革、相关概念及审查流程 ·············· 61
  2.4 网络安全视域下"翻墙"上网的正确姿态 ·············· 68
  2.5 网络安全视域下如何下架境外侵权网站 ·············· 75
  2.6 源代码是否属于商业秘密 ·············· 78
  2.7 源代码泄露的类型 ·············· 82
  2.8 源代码被动泄露的诉讼策略 ·············· 86
  2.9 源代码对外侵权的潜在风险 ·············· 93

2.10 源代码保护的合规设计······98
2.11 源代码侵权的诉讼之道······101

第3章 数字经济产业的流量：广告宣传······107
3.1 是广告主，还是广告发布者······107
3.2 广告的媒介和产品属性······110
3.3 你看到的广告是广告吗······111
3.4 违禁广告禁止做······114
3.5 违限广告不能做······119
3.6 促销广告要谨慎······122
3.7 侵权广告要下架······124
3.8 广告用语使用"首创"的法律风险及应对措施······126

第4章 数字经济之游戏产业······130
4.1 游戏无版号运营的法律风险······130
4.2 网络游戏套版号的法律风险······132
4.3 未获游戏版号的网络游戏能否公测······135
4.4 网络游戏利用马甲包买量的合规风险······137
4.5 《规范促销行为暂行规定》对游戏氪金行为的影响······139
4.6 游戏规则的可版权性研究······145
4.7 游戏名称的可版权性研究······149
4.8 网络游戏的行政监管变化······152
4.9 游戏企业须落实实名注册等制度······157
4.10 游戏被恶意下架时如何确定管辖法院······162
4.11 链游及其法律风险······165
4.12 云游戏及其法律问题研究······170

第5章　数字经济之电商产业······177

- 5.1　微商、代购不会消失······177
- 5.2　如何拆解避风港原则······181
- 5.3　一看就懂的淘宝合规指南······188
- 5.4　"大奖抽不停"活动的法律合规问题······199
- 5.5　跨境电商的生存困境······203
- 5.6　跨境电商出口通关监管模式······208
- 5.7　IPO视角下跨境电商的账号公司合规······215
- 5.8　避风港原则视域下"腾抖之争"的法律争议探讨······222
- 5.9　非法聚合支付成为黑灰产业的助推器······227
- 5.10　网店标错价格被"恶意"下单的法律问题······233

第6章　数字经济之元宇宙产业······240

- 6.1　元宇宙时代与关键法律问题······240
- 6.2　NFT的法律属性及其风险提示······246
- 6.3　数字货币钱包的基础原理和法律问题······250
- 6.4　云服务模式下的知识产权侵权问题······255
- 6.5　去中心化金融的法律问题······258
- 6.6　智能合约及其法律性质······263
- 6.7　去中心化自治组织的运作及其法律性质······268
- 6.8　区块链的类型及其法律问题······272

参考文献······277

第 1 章 数字经济产业的入口：电子合同

众所周知，开展线上商事业务必不可少的环节是商签电子合同，推进并落实电子合同约定的合作事宜。因此，对数字经济产业来说，电子合同就是产业的入口，对督促企业双方诚信合作、规范企业商事交易、形塑产业格局具有重要作用。在司法实践中，特别是《中华人民共和国民法典》（以下简称《民法典》）发布实施以后，电子签名的法律效力、电子合同成立的方式和时点、电子合同的真实性饱受争议。如何正确认识电子签名和电子合同及如何合规设计电子合同成为数字经济企业负责人的必修课。

1.1 电子签约的技术原理及法律风险

数字经济时代，互联网已经渗透到企业商事交易的各个领域，尤其是在新冠疫情暴发的几年里，企业生产经营逐步移至线上，电子签名逐渐进入人们的视野。风险控制企业的生命线，习惯线下签约的多数企业在构建线上签约机制的过程中必然面临较大的合规风险。电子签名是否具有法律效力、如何选择电签产品、电签产品是否存在法律风险及如何做好合规措施，一直是企业需要认真面对的问题。

1.1.1 电子签名概述

《中华人民共和国电子签名法》(以下简称《电子签名法》)第2条规定:"本法所称电子签名,是指数据电文中以电子形式所含、所附用于识别签名人身份并表明签名人认可其中内容的数据。本法所称数据电文,是指以电子、光学、磁或者类似手段生成、发送、接收或者储存的信息。"按照第2条规定,所谓电子签名必须通过电子形式进行生成、发送、接收或者储存,然而如果数据电文使用光学、磁或者类似手段进行信息的生成、发送、接收或者储存,那么该数据电文是否属于电子签名。

笔者认为,《电子签名法》第2条中的"电子形式"应不仅包括电子,还包括光学、磁或者类似手段等。因此,所谓电子签名,就是数据电文中以电子、光学、磁或者类似手段所含、所附用于识别签名人身份并表明签名人认可其中内容的数据。

1.1.2 电子签名存在的问题

在司法实务中,关于使用电子签名签订的电子合同,人们对其真实性存在较大的争议,主要的争议有如下3点。

1. 否认注册

鉴于电子合同的签订双方主体互不认识,使得对签订主体是否具有适合的权利能力和行为能力存疑。在实务中出现的不少案例是发生电子合同纠纷后,其中一方主体抗辩未签署该电子合同,特别是消费者一方否认注册。

2. 否认控制

在司法实务中,不少电子合同签订方不否认电子签名的事实,但在电子合同签订后因账号密码遗失、被转让给第三方或失窃而否认后续的交易行为为本人行为,所以拒绝承担合同中的义务。

3. 认为电子合同易被篡改

在司法实务中，不少电子合同签订方不否认电子签名的事实，但认为签订后的电子合同存在容易被其留存方篡改的问题，因而主张电子合同无效。

由于电子签名存在否认注册、否认控制及易被篡改等问题，因此司法实践中多数企业对电子签名仍持排斥的态度，电子签名的问题严重阻碍了电子合同的发展进程。

1.1.3 可靠的电子签名的特征

针对普通电子签名存在否认注册、否认控制、认为易被篡改的问题，《电子签名法》特别指出，如果电子签名是可靠的电子签名，则该类电子签名就具有和手写签字或盖章同等的法律效力。那么，如何认定某一电子签名是否为"可靠的电子签名"呢？

《电子签名法》第13条规定："电子签名同时符合下列条件的，视为可靠的电子签名：（一）电子签名制作数据用于电子签名时，属于电子签名人专有；（二）签署时电子签名制作数据仅由电子签名人控制；（三）签署后对电子签名的任何改动能够被发现；（四）签署后对数据电文内容和形式的任何改动能够被发现。"简言之，可靠的电子签名需具有"专属性""唯一控制性"和"不可篡改性"三个典型特征。

可靠的电子签名遇到的第一个问题便是如何使电子签名制作数据专属于电子签名人。在实际工作中，公章和公司之间建立"专属性"的连接点在于公章备案制度，即公司设立后需要刻制公章后到公安局进行备案。此时，公安局会留存公章模印，以确认公章是该公司专有。参照公章备案制度，《电子签名法》规定，电子签名由第三方认证机构进行认证，从而建立电子签名制作数据认证制度。该制度的具体流程是，电子签名申请人将身份信息等电子签名制作数据（俗称"私钥"）提交给电子认证机构（俗称"CA机构"）进行审核认定，CA机构审核无误后向申请人发放电子签名认证证书，以此确认电子签名制作数据归申请人所有，从而确认其"专属性"（见图1-1）。

电子认证将电子数据与申请人之间设定专属关系

图 1-1　电子签名制作数据认证制度的具体流程

资料来源："电子签名的法律实践"课程。

对于电子签名的"唯一控制性"，司法实践中的做法是设计 Ukey 密码设备。在 Ukey 密码设备中植入数字证书、证书私钥、印章图鉴，同时让电子签名人设置 PIN 码，由于该密码只有电子签名人自己知晓，因此可从硬件层面保证该 Ukey 密码设备自始至终由电子签名人所掌控。当然，该设备可能存在丢失等问题，但丢失后因为其他人难以对其进行破解，因此仍具有较强的保护性。

电子签名的"不可篡改性"主要通过技术手段实现。一般来说，电子签名申请人会将 Ukey 插入计算机，在计算机办公软件上确认合同后点击签署按钮进行签署。此时合同会经过哈希运算生成哈希值 A，并将哈希值 A 导入 Ukey。在 Ukey 中，哈希值 A 会再经过私钥的加密运算，进而加密为签名值，并连同数字证书和印章图鉴一起导出，在合同中体现为落款签名（其中含有数字证书和签名值）。电子签名申请人将含有落款签名的该合同发送给拟签名的另一方当事人时，另一方当事人所使用的程序会读取合同上的数字证书和签名值，再利用公钥对签名值进行解密后可得到哈希值 A。同时，另一方当事人对接收的合同经过哈希运算得到哈希值 B，将哈希值 A 与哈希值 B 进行对比，如果两个哈希值一致，则可确认该合同未被篡改，从而实现"不可篡改性"。电子签名的"不可篡改性"的实现流程和证明方式如图 1-2、图 1-3 所示。

第 1 章　数字经济产业的入口：电子合同

Ukey 的数字签名发生在 Ukey 本地中

数字证书
证书私钥
印章图签

Ukey 电子签章

① 签名人在 PC 上查阅待签署文书，点击"确认签署"按钮。
② PC 对待签署文书进行哈希运算得到文件的哈希值，将待签消息（包含文件哈希值）传入 Ukey。
③ 签名人输入 PIN 码，Ukey 确认 PIN 码后再使用私钥对文件的哈希值进行签名运算，得到签名值（名词含义的"电子签名"）。
④ Ukey 将签名值与数字证书合成标准签名格式（PKCS#7）传输给 PC。
⑤ PC 将签名值与数字证书（PKCS#7）合成到待签署的 PDF 文件上，完成对文件的签名。
⑥ 签名人将签名后的文件发送给接收方。

图 1-2　电子签名的"不可篡改性"的实现流程

资料来源："电子签名的法律实践"课程。

接收方通过签名文件上的数字证书推理签名人对文件进行了认可。

计算机数学证明

1. 程序读取 PDF 文件上的标准签名格式（PKCS#7），获得文件的签名值及数字证书。
2. 程序在数字证书中找到签名人的公钥。
3. 运用公钥对签名值进行验证运算后得到文件的哈希值。
4. 对文件进行一次哈希运算得到哈希值。
5. 将 4 与 3 中的哈希值进行对比，比对一致，则证明：
   （1）该签名值由公钥对应的私钥计算得出。
   （2）签名后文件未被修改。

小知识：

这种电子签名推理中依赖 CA 机构颁发的数字证书，因此这种签名叫作"数字签名"。

电子签名与数字签名的概念不同，数字签名是电子签名的一种实现方式。

法律推理证明

因为

- CA 机构在颁发数字证书时，验证过签名人身份及公、私钥密码都属于签名人所专有。
- 对应的私钥在签名人持有的 U 盘中，使用时需要输入仅有签名人知道的 PIN 码。
- 使用公钥对文件的签名值进行验证，该签名值确实只能通过签名人持有的私钥运算得出。

所以签名只能由签名人做出，世界上任何人都无法替代，签名人无法对认可进行抵赖。

图 1-3　电子签名的"不可篡改性"的证明方式

资料来源："电子签名的法律实践"课程。

由上可知，可靠的电子签名可通过电子签名制作数据认证制度实现"专属性"，通过 Ukey 密码设备实现"唯一控制性"，通过哈希算法及公、私钥加密解密等技术手段实现"不可篡改性"，从而形成可靠电子签名所必备的 3 个特征。

1.1.4　电子签名产品的可靠性认定

受新冠疫情影响，多数企业开始尝试利用 SaaS 签名服务平台（如法大大、e 签宝、电子牵）实现线上电子签约的目的。那么，目前市面上的 SaaS 签名服务平台使用的是可靠的电子签名吗？

一般来说，可靠的电子签名具有两个环节：数字证书申请环节和电子签名环节。数字证书申请环节主要是为了满足"专属性"的要求，电子签名申请人会将身份信息等电子签名制作数据提交给 CA 机构进行审核认定，CA 机构对其审核无误后向申请人发放电子签名认证证书。在该环节中，申请主体是电子签名人，审核主体为 CA 机构。电子签名环节主要是电子签名双方进行哈希值的传输、公私钥的加密和解密动作，主要是为了满足"不可篡改性"的要求，不存在所谓第三方机构。

然而在现实生活中，可靠的电子签名需要当事人自己申请数字证书、自己留存 Ukey 密码设备、自己和对方进行哈希算法运算。如果对当事人的要求过高，并且流程过于烦琐复杂，则当事人较难操作。为了减少当事人的操作负担，市面上出现所谓 SaaS 签名服务平台，此类平台作为第三方介入电子签名申请人、CA 机构及电子签名接收方。在数字证书申请环节中，SaaS 签名服务平台作为当事人的代理人向 CA 机构进行数字证书的申请，并将数字证书留存于平台中；在电子签名环节中，SaaS 签名服务平台撮合当事人双方进行电子签约，将电子文本留存于平台，哈希算法及公私钥解析均在平台上进行，大大减轻了当事人双方的负担。但在减轻当事人负担的同时，该类平台也破坏了"专属性""唯一控制性"和"不可篡改性"的要求。因此，市面上的 SaaS 签名服务平台使用的并非可靠的电子签名，而仅是单纯的电子签名手段，无法完全实现"具有和手写签字或盖章同等的法律效力"。

对于市面上的 SaaS 签名服务平台，笔者认为不可苛责其必须具备完全有效的法律效力，毕竟在民事领域内高度盖然性的认定足以认定电子合同的有效性。因此，只要利用 SaaS 签名服务平台所签订的电子合同能被高度认定为是当事人双方真实意思的表示，就可以实现合同的目的。对此，笔者认为判断一种 SaaS 签名服务平台所签订的电子合同是否有效，可从以下方面进行分析。

一是落实签约主体的实名认证。对自然人而言，SaaS 签名服务平台最好能做到人脸识别认证，并且在每次签约前必须进行人脸验证，以确保签约主体的真实性；对法人而言，SaaS 签名服务平台最好要求法人提供加盖公章的营业执照、法定代表人身份证明、法定代表人声明及进行对公打款，以确保法人身份的真实性。

二是由于 CA 机构是申请认证机构，属于营利性组织机构，但市面上的 CA 机构良莠不齐。因此，SaaS 签名服务平台最好能够全资控股 CA 机构，提高 CA 机构认证的安全度和可靠性，同时将可能存在的第三方不可控因素尽量减至最少。

三是利用区块链技术连接仲裁委员会、互联网法院、公证处、司法鉴定中心及当事人双方，实现电子签约全流程记录及实时司法存证，实时备份证据，实时出具公证书或司法鉴定意见书，实现一键提交证据等。

四是鉴于 SaaS 签名服务平台属于中心化角色，所有权利和资源均由 SaaS 签名服务平台控制。一旦 SaaS 签名服务平台出现问题，将可能导致大量数据流失、用户信息泄露。因此，SaaS 签名服务平台应利用技术手段做好客户数据的保护，如构建 ISO27018 个人信息安全管理体系认证、ISO270001 信息安全管理体系认证等。

1.2 电子合同的概念和形式

21世纪是互联网的世纪，2021年开始实施的《民法典》及时回应了互联网时代的社会关切，被称为最具互联网精神的一部法典。其中，《民法典》对《中华人民共和国合同法》（以下简称《合同法》）、《中华人民共和国电子商务法》（以下简称《电子商务法》）及《电子签名法》等关涉电子合同的条款进行再落实，尤其是对电子合同的概念和形式进行了发展、补充。

1.2.1 电子合同的概念

1.《民法典》出台前"电子合同"概念的相关规定

《合同法》第2条规定："本法所称合同是平等主体的自然人、法人、其他组织之间设立、变更、终止民事权利义务关系的协议。婚姻、收养、监护等有关身份关系的协议，适用其他法律的规定。"《电子合同在线订立流程规范》（征求意见稿）第3.1条规定，电子合同是"平等主体的自然人、法人、其他组织之间以数据电文为载体，并利用电子通信手段设立、变更、终止民事权利义务关系的协议"。

由上可知，电子合同实际是合同的一种类型，法律中对于"合同"概念的规定同样适用于电子合同。电子合同与普通合同的主要区别是，电子合同的设立、变更、终止民事权利义务关系是"以数据电文为载体，并利用电子通信手段"实现的。数据电文是指"经过电子手段、光学手段或类似手段生成、存储或者传递的信息，这些信息包括但不限于电子数据交换、电子邮件、电报、电传或传真"。值得注意的是，数据电文不同于电子数据交换，也不同于电子邮件，电子数据交换是远洋贸易使用的一种数据电文形式；电子邮件也是数据电文中的一类。

2.《民法典》对"电子合同"概念的规定

《民法典》第464条规定："合同是民事主体之间设立、变更、终止民事法律关系的协议。婚姻、收养、监护等有关身份关系的协议，适用有关该身份关系的法律规定；没有规定的，可以根据其性质参照适用本编规定。"

由上可知，由于电子合同本是合同中的一类，因此《民法典》并未单独对"电子合同"的概念进行重新界定，而是将其放在合同大类中。值得关注的是，合同订立的主体由"平等主体的自然人、法人、其他组织"变为"民事主体（平等主体的自然人、法人和非法人组织）"；合同订立的关系由"民事权利义务关系"变为"民事法律关系"；合同由原先排除适用于"婚姻、收养、监护等有关身份关系"变为身份关系"没有规定的，可以根据其性质参照适用本编规定"。

1.2.2 电子合同的形式

1.《民法典》出台前对电子合同形式的规定

《合同法》第10条规定："当事人订立合同，有书面形式、口头形式和其他形式。法律、行政法规规定采用书面形式的，应当采用书面形式。当事人约定采用书面形式的，应当采用书面形式。"可见，合同主要有书面形式、口头形式和其他形式。而关于电子合同属于何种形式，《合同法》第11条规定："书面形式是指合同书、信件和数据电文（包括电报、电传、传真、电子数据交换和电子邮件）等可以有形地表现所载内容的形式。"因此，如果数据电文能有形地表现所载内容，则意味着数据电文（电子合同）有书面形式，如电报、电传、传真、电子数据交换和电子邮件。

但是，随着认识水平的不断提高，实务工作者发现数据电文仅能表现所载内容还不够，所谓"书面形式"还应包括"可以随时调取查用"。上述认识在《电子签名法》第4条中得以体现："能够有形地表现所载内容，并可以随时调取查用的数据电文，视为符合法律、法规要求的书面形式。"因此，数据电文是否有书面形式，需要看其是否"能够有形地表现所载内容"及"可以随时调取查用"。

2.《民法典》对电子合同形式的规定

根据《电子签名法》第 4 条规定，如果数据电文有书面形式，那么需要满足"能够有形地表现所载内容"和"可以随时调取查用"两个条件。但在实践中，我们经常遇到电报、电传及传真等数据电文，它们虽然可以"有形地表现所载内容"，但无法"调取查用"，那么这类数据电文就没有书面形式吗？

鉴于此，《民法典》第 469 条专门对上述问题作出解释："当事人订立合同，可以采用书面形式、口头形式或者其他形式。书面形式是合同书、信件、电报、电传、传真等可以有形地表现所载内容的形式。以电子数据交换、电子邮件等方式能够有形地表现所载内容，并可以随时调取查用的数据电文，视为书面形式。"可见，《民法典》对数据电文的类型进行拆分，电报、电传和传真由于无法"调取查用"，因此只需满足"有形地表现所载内容"即具有书面形式，而电子数据交换、电子邮件等由于可以"调取查用"，因此需要满足"能够有形地表现所载内容"和"可以随时调取查用"两个条件。

上述规定是《民法典》对实务中的困惑所作的解答，但《民法典》第 469 条的规定也带来了更大的实务难题：《民法典》对数据电文类型的拆分意味着电报、电传和传真无法"随时调取查用"。而根据《电子签名法》第 5 条的规定，"符合下列条件的数据电文，视为满足法律、法规规定的原件形式要求：（一）能够有效地表现所载内容并可供随时调取查用；（二）能够可靠地保证自最终形成时起，内容保持完整、未被更改……"似乎意味着法律上不承认电报、电传和传真的原件形式。可见，虽然《民法典》看似解决了数据电文的书面形式问题，但带来了更深层次的原件形式问题。

1.2.3 总结

电子合同在法律上的形式要件大体分为电子合同的概念和电子合同的形式两类。

在电子合同的概念上，《民法典》还未出台前，《电子合同在线订立流程规范》(征求意见稿)在《合同法》对"合同"概念规定的基础上,对"电子合同"的概念做了界定,但电子合同仍属于合同中的一类。因此,《民法典》并未单独界定"电子合同"的概念,而是对"合同"的概念做了界定,改变了合同主体的定义、合同缔结的法律关系,甚至将"婚姻、收养、监护等有关身份关系"也纳入《合同法》可规制的范畴。

在电子合同的形式上,《民法典》为解决电报、电传和传真由于无法"调取查用"而可能无书面形式的难题,对数据电文做了拆分:电报、电传和传真由于无法"调取查用",因此只需满足"有形地表现所载内容"即具有书面形式;而电子数据交换、电子邮件等由于可以"调取查用",因此需要满足"能够有形地表现所载内容"和"可以随时调取查用"两个条件。但该规定也带来电报、电传和传真可能存在无原件形式的问题。

1.3 电子合同中"要约或承诺"的作出方式、存在的问题及解决思路

《民法典》除了对《合同法》《电子商务法》及《电子签名法》等关于电子合同的概念和形式进行发展和补充外,还对合同成立的"要约或承诺"进行确认。

1.3.1 法律对"要约或承诺"的规定

在《民法典》尚未出台前,只有满足"要约"与"承诺"的要件,合同才能正式订立。《合同法》第14条规定:"要约"就是"希望和他人订立合同的意思表示,该意思表示应当符合下列规定:(一)内容具体确定;(二)表明经受要约人承诺,要约人即受该意思表示约束"。第21条规定:"承诺"就是"受要约人同意要约的意思表示"。然而,随着科学技术的迅猛发展,人工智能、脑机技术开始出现并有蓬勃发展之势。可以预见,在不久的将来,合同的缔结

可能难以再单纯适用"要约"与"承诺"的要件。退一步说，即使当下，有些合同的缔结也很难说符合"要约"与"承诺"的要件，如自动贩售机。鉴于此，《民法典》第471条开创性地规定"当事人订立合同，可以采取要约、承诺方式或者其他方式"，用"其他方式"作为兜底条款，以便应对未来的不确定性。

1.3.2 互联网中"要约或承诺"的作出方式

虽然《民法典》对合同缔结的方式作出开创性的规定，但目前互联网世界缔结合同的方式绝大部分仍属于"要约或承诺"。那么，线上"要约或承诺"究竟是如何操作的呢？

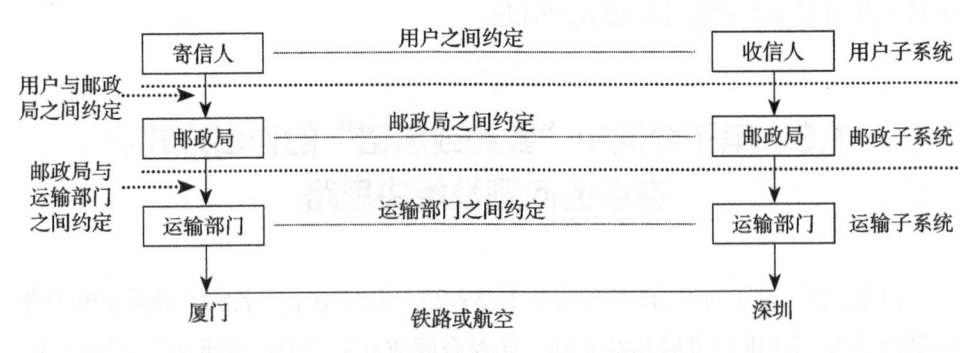

图1-4 线上"要约或承诺"的具体操作

实际上，线上"要约或承诺"的作出方式与邮政局寄送信件的方式相似，具体操作如图1-4所示。举例来说，寄信人打算在厦门邮寄一封信件给深圳的朋友，一般邮政局的寄信操作为：首先，由寄信人写好信件，作出要约行为，再将信件装入信封，向邮政局A投递；其次，邮政局A收到寄信人的信件后，将信件分类挑拣，再发给运输部门A，运输部门A将信件运输至收信人所在地的运输部门B，运输部门B再将收到的信件送至邮政局B；最后，由邮政局仍将信件寄送给收信人，收信人收到信件后再按照上述流程反向操作，以向寄信人作出承诺。

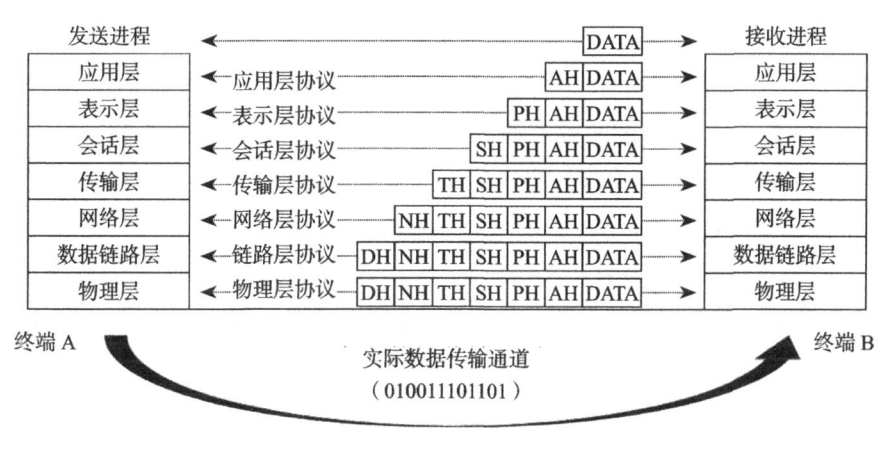

```
发送进程                                          DATA      接收进程
应用层    ←——应用层协议——              AH DATA      应用层
表示层    ←——表示层协议——           PH AH DATA      表示层
会话层    ←——会话层协议——        SH PH AH DATA      会话层
传输层    ←——传输层协议——     TH SH PH AH DATA      传输层
网络层    ←——网络层协议——  NH TH SH PH AH DATA      网络层
数据链路层 ←——链路层协议—— DH NH TH SH PH AH DATA   数据链路层
物理层    ←——物理层协议—— DH NH TH SH PH AH DATA    物理层
终端 A              实际数据传输通道                 终端 B
                   （010011101101）
```

图 1-5　OSI（即开放式系统互连）参考模型中的数据流动

与图 1-5 类似，线上"要约或承诺"的作出方式为：用户 A 拟发送一封邮件给用户 B，那么用户 A 写好邮件后拟向用户 B 发出要约，首先邮件会从用户 A 计算机的应用层、表示层、会话层、传输层、网络层、数据链路层和物理层层层传送，再从物理层通过信道等传送至用户 B 计算机的物理层，再从物理层、数据链路层、网络层、传输层、会话层、表示层传送至应用层，最后用户 B 在接收要约后反向操作，向用户 A 作出承诺。

1.3.3　互联网中"要约或承诺"存在的问题

如前所述，线上"要约或承诺"的作出方式与邮政局寄送信件的方式相似，因此邮局寄送信件在"要约或承诺"中存在的问题，如信件寄送地址或者信件内容被恶意篡改等，在互联网中也会存在。

1. 信件寄送地址被恶意篡改：DNS 协议问题

一般而言，如果用户 A 想把邮件发送给用户 B，那么首先需要知道用户 B 的 IP 地址。由于 IP 地址较难记忆，因此互联网中的 IP 地址以域名代替，如同一个人的真名和笔名，笔名对应互联网中的域名，真名对应互联网中的 IP 地址。

在互联网中，用户 A 在寻找用户 B 的地址时，一般只能获取其域名，要解析出 IP 地址，还需要 DNS 域名解析协议的协助。但在实际中出现 DNS 协议可以人为操作的情况，这可能使域名解析出的地址为自己想要的假地址，即通过域名本应解析出 IP 地址，但因人为操作可以解析成假地址。该做法将使得用户 A 发送的要约无法到达用户 B，合同无法缔结。

案例： 北京某影视文化有限公司与宁波某信息产业有限公司侵犯著作财产权纠纷上诉案 ●

法院说理： 由于互联网的特殊性及计算机技术的发展，确实存在在 DNS 域名解析服务器上对特定域名解析地址进行重新定义，使电脑访问该特定域名时实际访问的是局域网内的预设 IP 地址，而非互联网上该特定域名所指向的 IP 地址。这一技术手段的存在意味着某些网页内容可以不是某一特定域名所对应的真实网站内容，而是对应预先制作完成的、处于指定互联网空间的网页内容，出现虚假链接的可能性。

由于 DNS 协议可以解析出假地址，因此在现实中即使公证处作出的公证文书也不一定具有合法性。因为如果公证书使用当事人的计算机，并且未做清洁性检测等，便无法检视出当事人计算机有无人为更改 DNS 协议。如果当事人已更改 DNS 协议，使 IP 地址对应到当事人虚设的侵权网站，那么此时公证处的公证背书反而助纣为虐，具体可参考前述案例。

2. 信件内容被恶意篡改：HTTP 协议问题

一般而言，寄送信件都需要信封。如果没有信封，就意味着信件内容一览无余，并且很容易被他人更改，使寄件人发出的要约已不是本来的意思，合同无法成功缔结。该类问题在互联网世界经常遭遇，又称 "HTTP 协议"。所谓 HTTP 协议，就是未加密的超文本传输协议，正如没有信封的信件。如果使用 HTTP 协议传送要约，那么在传输过程中要约很容易被劫持，原要约事项被更改，并被植入恶意广告或者虚假消息，使得受要约人接收错误信息。

实际上，目前大多数互联网企业已意识到 HTTP 协议存在的风险，主动升级该协议，对其进行加密处理，为其加上"信封"。现在，大多数网站使用的传

● 浙江省高级人民法院二审民事裁定书，（2008）浙民三终字第 319 号。

输协议不是 HTTP 协议，而是有加密功能的 HTTPS 协议，具体可参考如下案例。

案例：陈某等破坏计算机信息系统罪二审案件二审刑事裁定书 ❶

案情：经查，陈某通过设置在阿里云空间（http：//120.77.70.244：9091，IP 地址为 "116.62.103.8"）的管理平台对 DPI 程序进行策略布置，并指令田某在上述相关服务器上部署 DPI 程序。该程序可以对上述服务器中监测到的上网用户 http 数据包包头进行解析、修改，植入陈某预先设置的广告推广数据，并将修改后的数据包再次发送给用户。用户在访问相应网站时，该网站会被强制弹出陈某设置的广告。陈某再给其他商家结算广告费用，以上述流量劫持方式非法获利。

1.3.4 互联网中"要约或承诺"问题的解决方法

互联网世界不是完美无缺的，线上"要约或承诺"的作出机制存在不足之处，但也有解决的方法，如 ICMP 协议和 Telnet 协议可以检测用户 A 的要约发出后，用户 B（受要约人）能否顺利接收要约。

所谓 ICMP 协议，就是可以测试要约发出后，用户 A 和用户 B 之间的传输路径是否正常，是否存在假的 IP 地址，用户 A 与用户 B 的距离远近等问题。

所谓 Telnet 协议，就是可以远程操控用户 B 的终端程序，从而验证用户 B 是否为真实的受要约人。

案例：某网络技术有限公司 A 与某科技有限公司 B 侵害计算机软件著作权纠纷上诉案 ❷

案情：根据计算机知识，在本地计算机上使用 telnet 命令对远程计算机服务器使用软件的情况进行探测系通常的计算机远程查询技术手段，若反馈页面显示某邮件服务器软件的名称，则该目标主机安装使用该软件的盖然性程度很高。本案中，通过上述技术手段，探测到 A 公司网站的邮件服务器使用涉案 MDaemon11.0.0 软件进行发信、收信。同时，A 公司也自认曾从网上下载名为 MDaemon11.0.0 的软件进行试用，且其自认的下载时间与 B 公司第一次公证取证的时间基本相符。此外，根据审理中的勘验情况，通过上述技术手段探测出当日 A 公司网站使用的是 Winmail 邮件服务器软件，与 A 公司陈述的其现在使用的邮件服务器软

---

❶ 上海市第一中级人民法院二审刑事裁定书，(2019) 沪 01 刑终 601 号。

❷ 上海市第一中级人民法院二审民事判决书，(2014) 沪一中民五（知）终字第 269 号。

件相印证。由此可见，通过 telnet 命令可以探测出 A 公司网站使用的何种邮件服务器软件。根据民事诉讼高度盖然性的证明标准，如无相反证据，可以认定 A 公司网站安装使用涉案 MDaemon11.0.0 软件。

其中，Telnet 协议常常被互联网巨头用于检测是否有侵权方未经授权使用自己的软件产品。

案例：某软件公司与某翻译有限公司著作权权属、侵权纠纷二审民事判决书❶

法院说理：原告系通过在公证处的计算机上运行 telnet 命令，远程访问 www.bowwin.com 网站服务器，得到"220Serv-UFTPServerv6.0forWinsockready…"的回复。据此，原告认为被告在其服务器上使用涉案 Serv-UFTPServerv6.0 软件。Telnet 是 Internet 远程登录服务的标准协议和主要方式，为用户提供在本地计算机上完成远程主机工作的能力。运用该命令登录远程服务器反馈页面，如果显示有相应软件的信息，则说明通常情况下被探测的服务器上安装了涉案软件。但从技术层面看，这一信息可以进行人为设置或修改，即通过修改用户欢迎信息即可实现对一个安装涉案软件的主机进行 telnet 命令操作，但获取不到任何包含涉案软件字样的用户欢迎信息，也可实现对一个未安装涉案软件的主机进行 telnet 命令操作，却获得包含涉案软件字样的用户欢迎信息。因此，通过 telnet 命令操作获得的反馈信息有可能是不真实的，因而其与待证事实之间的关联性不具有确定性、唯一性。

虽然 Telnet 协议可以通过远程登录用户终端查看第三方是否存在侵犯自身知识产权的行为，但受限于证据较为单薄，且 Telnet 协议也有可能被人为篡改，因此倘若没有其他证据已形成完整的证据链，只用 Telnet 协议取得的证据证明第三方侵权被法院支持的可能性较弱。

1.3.5 总结

综上所述，在《民法典》未出台前，只有满足"要约"与"承诺"的要件，合同才能正式订立。《民法典》第 471 条规定："当事人订立合同，可以采取要约、承诺方式或者其他方式。"用"其他方式"作为兜底条款，以便应对未来的不确定性。

---

❶ 广东省深圳市中级人民法院二审民事判决书，（2016）粤 03 民终 4989 号。

但实际上，当前互联网世界订立合同主要仍采用"要约或承诺"的方式，并且这种方式与线下邮政局投递邮件一样存在常见的问题，即投递地址或信件内容有可能被人为恶意篡改，采用 ICMP 协议和 Telnet 协议在一定程度上有利于解决被恶意篡改的问题。

1.4 电子合同的成立方式和生效地点

除了前文所述的事项外，《民法典》还对电子合同的成立方式和生效地点进行约定，既有相应的补充和发展，但也存在一定的不足之处。

1.4.1 电子合同的成立方式之一

《合同法》第33条规定："当事人采用信件、数据电文等形式订立合同的，可以在合同成立之前要求签订确认书。签订确认书时合同成立。"《民法典》第491条规定："当事人采用信件、数据电文等形式订立合同要求签订确认书的，签订确认书时合同成立。"对比两条规定，我们可以发现《民法典》并未对《合同法》第33条作出较大的改动，仅将当事人"可以在合同成立之前要求签订确认书"修改为当事人可以"要求签订确认书"，而合同确定成立的前提仍为"签订确认书"。

《民法典》虽未对电子合同成立的方式作出较大改动，但该类情形下电子合同的成立方式仍值得重视。随着通信方式的日益多样化，大多数人利用 e-mail，甚至微信沟通，在事先订立口头协议并支付定金或第一笔款项后，才约定双方需要订立书面协议。根据《民法典》第491条的规定，此时双方约定的"订立书面协议"即为"签订确认书"。而在确认书尚未签订前，即使在一方已支付定金或者部分款项的前提下，此时合同也未成立。因此，针对上述情形，建议在合同一方尚未签订协议之前，切忌支付定金或者货款，以免引起不必要的纠纷，具体可参考下述案例。

案例：朱某、陈某合同纠纷二审民事判决书 ❶

案情：原告、被告均系某业主微信群里的成员。原告朱某在业主群里看到被告发布的卖房信息，便申请加被告陈某的微信。10月17日16:02，原告、被告商定涉案房屋价格为31.8万元，原告支付定金3万元。被告陈某提出"你抽空拟一份协议"，原告朱某回复"好的，可以"。原告朱某于10月17日16:38通过微信转账支付被告陈某定金3万元，被告陈某随即收取定金，并提出"你拟份协议我们看看补充什么，时间就定在星期日"，原告朱某用微信语音回复"好的，我这两天拟份发给你"。

判决：虽然原告朱某与被告陈某通过微信就涉案房屋买卖事宜进行协商并已支付定金3万元，但被告陈某同时要求原告朱某写一份协议由其先看，并与原告朱某约定见面签订书面合同，原告朱某亦同意，双方就见面签订书面合同事宜的约定系双方真实意思表示且不违反法律规定，应予支持，故本案房屋买卖合同依法应在双方签订确认书时才成立。

1.4.2 电子合同的成立方式之二

《电子商务法》第49条规定："电子商务经营者发布的商品或者服务信息符合要约条件的，用户选择该商品或者服务并提交订单成功，合同成立。当事人另有约定的，从其约定。电子商务经营者不得以格式条款等方式约定消费者支付价款后合同不成立；格式条款等含有该内容的，其内容无效。"针对上述规定，《民法典》第491条规定："当事人一方通过互联网等信息网络发布的商品或者服务信息符合要约条件的，对方选择该商品或者服务并提交订单成功时合同成立，但是当事人另有约定的除外。"《民法典》中未保留《电子商务法》第49条后半段关于在何种情形下电子合同不成立的规定。

《民法典》第491条规定电商平台发布的商品或者服务符合要约条件的，消费者下单后合同成立。那么，如何判断电商平台的发布行为是否"符合要约条件"？实际上，电商平台由于担心库存不足导致自己违约，通常在平台购买协议中指出：平台展示的商品或者服务信息仅为要约邀请，消费者下单为作出要

---

❶ 云南省曲靖市中级人民法院二审民事判决书，（2020）云03民终1176号。

约，平台发货后为作出承诺，此时合同成立。例如，某平台在其《用户注册协议》中规定："本网站上销售商展示的商品和价格等信息仅仅是要约邀请，您下单时须填写希望购买的商品数量、价款及支付方式、收货人、联系方式、收货地址（合同履行地点）、合同履行方式等内容；系统生成的订单信息是计算机信息系统根据您填写的内容自动生成的数据，仅是您向销售商发出的合同要约；销售商收到您的订单信息后，只有在销售商将您在订单中订购的商品从仓库实际直接向您发出时（以商品出库为标志），方视为您与销售商之间就实际直接向您发出的商品建立了合同关系。"该规定在无形中架空了《民法典》第491条的规定。《电子商务法》第49条规定："电子商务经营者不得以格式条款等方式约定消费者支付价款后合同不成立；格式条款等含有该内容的，其内容无效。"这一规定正是针对现实中电商平台的一些不规范行为，但《民法典》未对该条款进行确认，具体可参考如下案例。

案例：北京某信息技术有限公司与王某买卖合同纠纷二审民事判决书 ❶

法官说理：关于焦点一，我国《合同法》规定，当事人订立合同，采取要约、承诺方式，承诺生效时合同成立。网站展示商品对商品的描述非常具体和明确，对此种展示属于要约还是要约邀请历来存在争议。如果确定展示属于要约则消费者下单为承诺，则自消费者下单时合同成立；如果确定展示属于要约邀请则消费者下单为要约，网站确认构成承诺，双方的合同自网站确认时成立。商事交易应遵循双方当事人的意思自治，当事人在对展示属于要约或者要约邀请存在合意或者网站已经事先声明的情况下，应尊重交易主体在交易时的合意。网站在使用条件部分明确约定商品展示的性质为要约邀请，消费者下单为要约，只有网站发出送货确认才构成承诺。消费者同意该使用条件，视为双方就此达成合意。因此，消费者下单付款后，在网站确认发货前合同并未成立。北京某信息技术有限公司并未确认可以向王某发货，故双方之间的买卖合同关系未成立。

值得庆幸的是，《民法典》第11条规定："其他法律对民事关系有特别规定的，依照其规定。"因此，《电子商务法》作为特别法，可优先于《民法典》适用。《民法典》第491条未规定的内容仍可由《电子商务法》补足。

---

❶ 北京市第三中级人民法院二审民事判决书，（2018）京03民终5548号。

1.4.3 电子合同的生效地点

《合同法》第 34 条规定："承诺生效的地点为合同成立的地点。采用数据电文形式订立合同的，收件人的主营业地为合同成立的地点；没有主营业地的，其经常居住地为合同成立的地点。当事人另有约定的，按照其约定。"《民法典》第 492 条规定："承诺生效的地点为合同成立的地点。采用数据电文形式订立合同的，收件人的主营业地为合同成立的地点；没有主营业地的，其住所地为合同成立的地点。当事人另有约定的，按照其约定。"

由此可知，《民法典》第 492 条并未对《合同法》第 34 条作出较大的修改，仅将"经常居住地"修改为"住所地"。笔者认为改动的原因是采用数据电文订立的合同，合同双方大多互不认识。发生纠纷起诉时，原告无法知晓被告的"经常居住地"，只能向被告的住所地起诉，而《合同法》第 34 条规定要向"经常居住地"起诉便成为被告提出管辖权异议最有利的理由。该条款不仅浪费司法资源，而且无益于纠纷的解决。《民法典》对此作出修改，将"经常居住地"修改为"住所地"。

1.4.4 总结

综上所述，就电子合同成立的两种方式，《民法典》都对其进行再确认。对于"签订确认书"合同成立的方式，《民法典》并未作出大的改动；对于"消费者下单"合同成立的方式，《民法典》仅就《电子商务法》第 49 条前半段进行确认，而未提及更为重要的后半段规定。就电子合同的生效地点，虽然《民法典》第 492 条未对《合同法》第 34 条作出较大修改，仅将"经常居住地"改为"住所地"，但这一修改有助于原告提起诉讼，既有利于节约司法成本，又有助于纠纷的解决。

1.5 电子合同和格式条款的区别与联系

电子合同存在的主要问题是其经常被认定为格式合同，符合《合同法》第39条中所称："格式条款是当事人为了重复使用而预先拟定，并在订立合同时未与对方协商的条款。"在《民法典》出台之前，实际上《合同法》对格式条款的规定存在难以自洽的逻辑漏洞，而《民法典》的出台修正和完善了《合同法》对格式条款的规定。

1.5.1 《民法典》未出台前对格式条款的规定

在《民法典》尚未出台前，《合同法》对格式条款的规定存在逻辑上难以自圆其说的问题。

《合同法》第39条中规定："格式条款是当事人为了重复使用而预先拟定，并在订立合同时未与对方协商的条款。"由于多数电子合同条款符合"为了重复使用而预先拟定"和"订立合同时未与对方协商"的特点，因此电子合同中涉及免除或者限制己方责任的条款在司法实务中有被认定为格式条款的风险。而对于免除或者限制己方责任的格式条款，《合同法》第39条进一步规定，提供格式条款的一方应采取合理的方式提请对方注意，并按照对方的要求加以说明。

根据上述《合同法》第39条的本意推论，对于涉及免除或者限制己方责任的格式条款，如果采用合理的方式提示对方注意并加以说明，按理应当属于有效条款。实际上，《最高人民法院关于适用〈中华人民共和国合同法〉若干问题的解释（二）》（以下简称《合同法解释（二）》中第9条印证了笔者的推论。《合同法解释（二）》第9条指出："提供格式条款的一方当事人违反合同法第三十九条第一款关于提示和说明义务的规定，导致对方没有注意免除或者限制其责任的条款，对方当事人申请撤销该格式条款的，人民法院应当支持。"由于合同为有效合同才可能存在被撤销的问题，因此《合同法解释（二）》暗含着免除或者限制己方责任的格式条款本为有效条款。

然而，问题在于《合同法》第 40 条规定："……或者提供格式条款一方免除其责任、加重对方责任、排除对方主要权利的，该条款无效。"根据上述条款，免除已方责任的格式条款即使符合合理提示的义务，仍属于无效条款。该条款的规定明显与《合同法》第 39 条、《合同法解释（二）》的内在逻辑难以自洽。

1.5.2 《民法典》对格式条款的规定

针对《合同法》及其司法解释对格式条款存在逻辑难以自洽的问题，《民法典》提供了解决方案（见表 1-1）。

首先，《民法典》对《合同法》中关于格式条款的定义进行确认，所谓格式条款是指"当事人为了重复使用而预先拟定，并在订立合同时未与对方协商的条款"。

其次，《民法典》对格式条款需要采取合理方式提示说明的条款进行扩充。《民法典》第 496 条规定："采用格式条款订立合同的，提供格式条款的一方应当遵循公平原则确定当事人之间的权利和义务，并采取合理的方式提示对方注意免除或者减轻其责任等与对方有重大利害关系的条款，按照对方的要求，对该条款予以说明。"而《合同法》规定须提示说明的条款仅为"免除或者限制其责任的条款"。《民法典》认为《合同法》规定的范围过窄，须提示说明的条款不仅为"免除或者减轻其责任等条款"，而且对"与对方有重大利害关系的条款"也应该作相应的提示说明。

再次，《民法典》规定涉及"免除或者减轻其责任等与对方有重大利害关系的条款"属于有效条款，除非"不合理地"免除或者减轻自身责任的条款，才可能被认定为无效条款。

最后，如果对"免除或者减轻其责任等与对方有重大利害关系的条款"未作提示或说明，那么该如何处理呢？《民法典》进一步规定，如果未作提示或说明，那么对方可以主张该条款不成为合同的内容，而不再需要向法院提出撤销合同的诉请。

表 1-1 《民法典》关于格式条款的修订

相关法律法规	《民法典》相关规定
● 《合同法》第三十九条：采用格式条款订立合同的，提供格式条款的一方应当遵循公平原则确定当事人之间的权利和义务，并采取合理的方式提请对方注意免除或者限制其责任的条款，按照对方的要求，对该条款予以说明。格式条款是当事人为了重复使用而预先拟定，并在订立合同时未与对方协商的条款。 ● 《合同法解释（二）》第九条：提供格式条款的一方当事人违反合同法第三十九条第一款关于提示和说明义务的规定，导致对方没有注意免除或者限制其责任的条款，对方当事人申请撤销该格式条款的，人民法院应当支持。 ● 《合同法》第四十条：格式条款具有本法第五十二条和第五十三条规定情形的，或者提供格式条款一方免除其责任、加重对方责任、排除对方主要权利的，该条款无效	● 第四百九十六条：格式条款是当事人为了重复使用而预先拟定，并在订立合同时未与对方协商的条款。采用格式条款订立合同的，提供格式条款的一方应当遵循公平原则确定当事人之间的权利和义务，并采取合理的方式提示对方注意免除或者减轻其责任等与对方有重大利害关系的条款，按照对方的要求，对该条款予以说明。提供格式条款的一方未履行提示或者说明义务，致使对方没有注意或者理解与其有重大利害关系的条款的，对方可以主张该条款不成为合同的内容。 ● 第四百九十七条：有下列情形之一的，该格式条款无效：（一）具有本法第一编第六章第三节和本法第五百零六条规定的无效情形；（二）提供格式条款一方不合理地免除或者减轻其责任、加重对方责任、限制对方主要权利；（三）提供格式条款一方排除对方主要权利

1.5.3 《民法典》关于格式条款规定的不足

《民法典》虽然理顺原格式条款规定存在的内在逻辑难以自洽的问题，但尚未妥善解决司法实务中存在的另一个问题，即所采取的何种提示方式是所谓"合理的方式"。

司法实务中，最常使用的"合理的方式"即为对"免除或者减轻其责任等与对方有重大利害关系的条款"进行字体加粗、加下划线标识。该方式被部分法院认可，如"胡某与上海某信息技术有限公司网络服务合同纠纷案"（详见下文）；但也存在被部分法院不认可的情况，甚至一些省高级人民法院以发布讨论纪要的方式否认字体加粗、加下划线标识的效力。例如，江苏省高级人民法院的《关于审理消费者权益保护纠纷案件若干问题的讨论纪要》指出："关于网络购物格式条款的效力问题，会议认为，网络销售平台使用格式条款与消费者订立管辖协议、免责条款，仅以字体加黑或加粗方式突出显示该条款的，不属于合理提示方式。消费者主张此类管辖格式条款、免责条款无效的，人民法院应予支持。网络平台通过单独跳框的形式对管辖条款、免责条款进行单独的特别提示的，消费者通过点击同意该条款的，该管辖条款、免责条款成为双方合同的组成部分，消费者主张该条款无效的，人民法院不予支持，但免责条款存在《合同法》第四十条规定情形的除外。"

案例： 胡某与上海某信息技术有限公司网络服务合同纠纷案 ●

法院说理： 其中"协商不成的，任何一方均可向……住所地有管辖权的人民法院提起诉讼"字句采用字体加黑、加下划线标识。该标识足以引起注册者的合理注意，双方选择解决争议的管辖法院，不存在免除自身责任、加重对方责任、排除对方主要权利的情形，故该管辖条款符合法律规定，系有效条款。

由此可见，《民法典》关于何为"合理的方式"并未明确指出，司法实务中的问题仍没有得到妥善解决。

1.5.4 总结

综上所述，电子合同条款可能因符合"为了重复使用而预先拟定""订立合同时未与对方协商"的特点，在司法实务中被认定为格式条款。《合同法》及其司法解释对格式条款的规定在逻辑上难以自洽，虽然《民法典》理顺格式条款规定以前存在的逻辑问题，但仍未明确指出采取何种提示方式为"合理的方式"，留有遗憾。

1.6 电子合同真实性的争议焦点

实际上，除了电子合同的格式条款外，更大的争议是如何确认电子合同的真实性。由于签订合同双方均为线上签订，彼此互不相识，所以签订主体是否

● 山东省济南市中级人民法院二审民事裁定书，（2020）鲁 01 民辖终 233 号。

具有民事权利能力、是否存在代替签订问题、签订后电子合同是否存在被篡改的技术问题及电子合同无盖章问题等，都会直接影响合同的效力。然而关于判断电子合同是否具有真实性，《民法典》并未作出规定。实际上，电子合同的真实性问题随着司法实务的发展而不断变化，难以用具体的法律条款对其加以限制。虽然《民法典》未就电子合同的真实性作出规定，但因其重要性特归纳出实务中影响电子合同生效的几种情况。❶

案例：黄某、某市文化广播电影电视新闻出版局文化行政管理（文化）二审行政判决书❷

法官说理：涉案网站的备案人为"黄某"，其身份证号码和联系地址均与黄某的基本身份信息一致。因此，某市文化广播电影电视新闻出版局认定黄某为涉案网站的开设人并无不当。黄某辩称其委托他人开设其他网站，涉案网站系他人冒用其身份开设，但未提供相应证据证实，且黄某也应当尽到妥善保管其身份信息的义务。

1.6.1 电子合同真实性之否认注册

由于电子合同主要为线上签订，所以签订双方主体互不相见，使得签订主体是否具有合格的权利能力和行为能力存疑。在实务中，电子合同发生纠纷后，如果一方主体抗辩未签订该电子合同，特别是消费者一方否认注册，那么对于这种情况司法实务中的处理方式为：只要平台一方在签订环节设计实名认证模式，如注册时发送短信验证码或者以真实姓名和身份证号码注册等，并保留该类证据，法院在多数情况下会认可平台一方的证据，不采信否认注册一方的说辞。

1.6.2 电子合同真实性之否认控制

实务中出现认可电子合同为本人注册，但由于注册后遗失账号密码、转让

---
❶ 麻策.网络法实务全书：合规提示与操作指引[M].北京：法律出版社，2020.
❷ 江西省吉安市中级人民法院二审行政判决书，（2017）赣08行终49号。

账号密码给第三方或密码失窃,所以否认后续的交易行为为本人行为,拒绝承担合同义务。针对这种情况,法院一般会认为,账号密码具有私密性,该特性决定正常情况下一般人无法知晓本人的账号密码。如果否认控制方无法提供充足的证据证明后续行为非本人操作,那么法院倾向于认为否认控制方的抗辩理由不成立,进而要求其承担违约责任,具体可参见以下案例。

案例:严某与重庆市某小额贷款有限公司小额借款合同纠纷案[1]

当事人抗辩:即使一审法院认定涉案支付宝账户系由严某申请,但申请人和实际使用人并没有必然的一致性。支付宝账户毕竟只是一个网络用户名和密码,网络账户存在极大的不真实性和随意性,支付宝账户的实际使用者与申请者完全可能存在不一致的可能性。小额贷款有限公司作为金融机构,完全有能力也有义务在发放贷款时对贷款申请人的真实身份及资质进行真实性审核,但显然在本案中重庆市某小额贷款有限公司并未提供任何证据表明其对贷款申请人的身份进行过核实。

法官说理:该账户注册登录的账户信息为严某的个人信息,绑定的手机号为严某的手机号,账户绑定及实名验证使用的银行账户为严某的招商银行账户,故案涉贷款应被认定为系由严某本人或者由严某本人授权支配的支付宝账户向重庆市某小额贷款有限公司申请,该行为后果应由严某承担。严某主张其并非合同相对方,但未进行相应举证,应承担举证不能的法律后果。

案例:杨某与浙江某期货经纪有限公司等期货交易纠纷案[2]

法官说理:正是由于私人密码的上述特点和功能,这就决定了使用私人密码的法律后果:本人行为原则,即只要客观上在交易中使用了私人密码,如无免责事由,则视为交易者本人使用私人密码从事交易行为,本人对此交易应承担相应的责任。确定本人行为原则的理由是私人密码的使用者,只能是本人或者知晓私人密码的人。私人密码由本人生成且在保密状态下由本人持有和使用,如果不是本人的原因,他人不得而知。本人可能会无意将私人密码泄露,或者在操作时被窥视,甚至可能就是自己使用了私人密码。但不论是哪一种情形,均是本人的行为所致,与交易对方无关,应由本人承担私人密码使用的责任。

---

[1] 浙江省杭州市中级人民法院二审民事判决书,(2016)浙01民终6465号。
[2] 浙江省高级人民法院二审民事判决书,(2008)浙民二终字第154号。

1.6.3 电子合同真实性之电子合同易被篡改

电子合同易被篡改的原因是平台方经常更新"购买协议""服务规则""隐私政策",但未保留与消费者签订的电子合同文本,甚至在更新电子合同文本时也未通知消费者,擅自篡改电子合同的内容,致使消费者无法知晓签订的电子合同的真实内容。

这一问题是在实践中经常出现的。法院对该问题采取"谁主张谁举证"的原则。而受限于技术问题,即使消费者知晓平台方篡改了电子合同内容,也无法举出有力证据,因此消费者常常承担败诉的结果。例如,在(2017)浙杭钱证内字第4244号公证书的系列案件中,法院即认可电子合同易被篡改。又如,在王某与中信银行某分行的纠纷案中,法院认为王某未提供证据证明中信银行某分行知晓其账户密码,亦未提交中信银行某分行存在篡改网络数据的证据,王某应对其在交易过程中的盈亏自行承担责任,故对王某的诉讼请求不予支持。

上述问题如果无法得到解决,意味着电子合同的信任基础无法实现,势必影响电子合同的良性发展。为了解决该问题,实务中已出现公立的第三方平台,该平台可存放双方签订的电子合同,任何一方都无权擅自修改或更新电子合同的条款和内容。一些互联网企业,如淘宝在上传电子合同或更新电子合同时都要做公证处理,并留存建档;京东、苏宁则在其App上存放所有电子合同,包括更新后和更新前的版本。

1.6.4 电子合同真实性之电子合同无盖章

在实务中,不少人基于线下合同签订须盖章的传统认识,认为双方签订的电子合同因未盖公章或合同章,所以电子合同无效。实际上,《电子签名法》等法律已明确认可电子合同的法律效力,所谓盖章行为就是为了明确双方真实意思表示。电子合同的签订可能是签订主体的"点击"行为或者"注册"行为,甚至默示行为。上述行为的效力实际上等同于传统的"盖章"行为，具体参考下述案例。

案例：程小某与北京某信息技术有限公司民间委托理财合同纠纷案❶

法官说理：本院认为，电子合同是通过计算机网络系统订立，以数据电文的方式生成、储存或传递的合同。其不同于纸质合同，具有不同于普通交易的特殊性，其成立、生效也不以传统纸质合同中的签名、盖章为标识。"投资协议"已经双方确认并履行完毕，程小某要求北京某信息技术有限公司将履行完毕的电子合同补盖公章，既与电子合同的性质不符，又无法律依据，本院不予支持。

1.6.5 总结

电子合同的真实性问题多样多变，主要包括否认注册电子合同、否认控制账号密码、一方当事人认为电子合同易被篡改、电子合同没有盖公章或者合同章等。上述问题看似是法律问题，实质上是"信任"基础尚未建立的问题，因此《民法典》并未对该问题作出具体的规定。

由此可见，虽然互联网近几年发展突飞猛进，但由于大多数人尚未形成法治意识，甚至尚未熟悉线下的传统交易模式，所以当互联网时代到来时，人们尚未反应过来便已纷纷主动或被迫适应。实际上，人们需要一个与互联网相互熟悉的过程，只有熟悉信任并适应互联网后，双方才能基于信任进行交易活动。

1.7 电子合同的合规设计

由于电子合同属于新生事物，所以《民法典》虽然对电子合同的概念和形式、成立方式和生效地点、格式条款等内容进行了规范，但电子合同在司法实务中仍存在不被信任的问题。为了更好地处理该问题，笔者认为电商平台方在设计电子合同时应做好合规设计。

---

❶ 北京市第一中级人民法院二审民事判决书，（2017）京01民终2118号。

1.7.1 合规设计之提示用户注册

当发生电子合同纠纷时，用户否认注册是比较常见的情况，因此电子合同的第一步合规设计应为做好用户注册的强提示。我们认为，强提示义务是指用户在第一次下载 App 时，平台方应主动弹出注册界面，并在注册界面的显著位置标注可跳转的平台服务协议、购买协议及隐私政策，用明显的字体体现"注册即同意'××平台服务协议''××购买协议''××隐私政策'"。在用户点击协议后，可无障碍跳转至协议界面，协议中建议加入"双方同意使用互联网信息技术以数据电文形式订立 ×× 合同并认同其效力"的条款。

1.7.2 合规设计之账户安全保管义务

账号密码的遗失经常成为用户抗辩的理由，但在多数情况下如果用户无法提供充足的证据证明账号密码确实遗失或者被盗，那么法院倾向于认定因账号密码具有私密属性，所以用户的抗辩事由不能成立，进而要求其承担违约责任。

笔者建议，平台方可在平台服务协议中增设"账户安全保管义务"的条款，必要时可以弹窗说明，既提高用户保管账号密码的警惕性，又有利于规避平台方的风险。关于"账户安全保管义务"的条款可做如下规定："您的账户为自行设置并保管，××（平台方）任何时候均不会要求您主动提供自己的账户密码。因此，建议您务必保管好自己的账户，确保您在每个上网时段结束时退出登录并以正确步骤离开 ××（平台方）。除 ××（平台方）存在过错外，您应对自己账户项下的所有行为结果（包括但不限于在线签署各类协议、发布信息、购买商品及服务等）负责。"

1.7.3 合规设计之设置同意修订的权限

一般来说，用户更多地担心平台方在其不知情的情况下，任意篡改电子合同的内容。针对这一实际情况，《电子商务法》第 34 条明确规定："电子商务平台经营者修改平台服务协议和交易规则，应当在其首页显著位置公开征求意见，采取合理措施确保有关各方能够及时充分表达意见。修改内容应当至少在实施前七日予以公示。平台内经营者不接受修改内容，要求退出平台的，电子商务平台经营者不得阻止，并按照修改前的服务协议和交易规则承担相关责任。"可见，法律明确规定平台方修改服务协议时要在显著位置公开征求意见并预留 7 日的公示期，此项规定应为平台方必须做到的合规要点。

除了设计公示制度外，我们建议平台方还可以开设专栏，专用于存放新版和旧版公示制度。协议在被公示前，平台方还可发布协议变更的公示通知，提示用户注意，并可设计征求意见的邮箱或者联系方式，以便用户联系平台方，并提出宝贵的意见和建议。

1.7.4 合规设计之协议集中式管理

我们认为，平台方除了在用户注册前需要尽到用户注册协议的强提示义务外，还需要对用户注册的协议，如平台服务协议、购买协议、隐私政策等，进行集中式管理，以方便用户完成注册后容易再次翻阅协议内容。

1.7.5 总结

综上所述，我们认为，平台方合规设计的方案包括但不限于用户注册的强提示义务；用户协议中设置"账户安全保管义务"的条款；平台方增加同意修订权限条款，变更合同内容时须提前 7 日公示；对协议进行集中式的管理。

实际上，所谓合规设计，就是仅能解决监管层面的问题，在一定程度上增加人们对电子合同的信任，但无法从根本上解决电子合同存在的信任不足问题。我们认为，根本的解决方案是采取可靠的电子签名技术。

《电子签名法》第 13 条规定："电子签名同时符合下列条件的，视为可靠的电子签名:(一)电子签名制作数据用于电子签名时,属于电子签名人专有;(二)签署时电子签名制作数据仅由电子签名人控制;(三)签署后对电子签名的任何改动能够被发现;(四)签署后对数据电文内容和形式的任何改动能够被发现。当事人也可以选择使用符合其约定的可靠条件的电子签名。"由该条款可知,可靠的电子签名由电子签名人专有(可解决"否认注册"的问题);仅由电子签名人控制(可解决"否认控制"的问题);签署后任何改动能被发现(可解决"易被篡改"的问题)。综上可知,电子合同的解决方案取决于技术的发展,而何时"可靠的电子签名"才能在市场上被普遍推广,则需要各方协力推进。

第 2 章　数字经济产业的基石：网络安全与源代码保护

在数字经济产业时代，网络安全是悬挂在企业头上的"达摩克利斯之剑"。于外而言，在中国境内建设、运营、维护和使用网络的企业需要严格遵循网络实名制要求，切实做好网络安全等级保护及履行网络安全审查；于内而言，源代码体现数字经济企业的核心竞争力，一旦源代码被泄露必将对企业造成毁灭性的打击，因此保护源代码是企业的应有之举。正确认识网络安全的制度要求、履行网络安全项下的合规义务并保护企业的源代码，是企业稳步发展的基石。

2.1　网络实名制认证模式的特点及相关刑事风险

《中华人民共和国刑法》（以下简称《刑法》）第 286 条规定："网络服务提供者不履行法律、行政法规规定的信息网络安全管理义务，经监管部门责令采取改正措施而拒不改正，有下列情形之一的，处三年以下有期徒刑、拘役或者管制，并处或者单处罚金：（一）致使违法信息大量传播的；（二）致使用户信息泄露，造成严重后果的；（三）致使刑事案件证据灭失，情节严重的；（四）有其他严重情节的。单位犯前款罪的，对单位判处罚金，并对其直接负责的主管人员和其他直接责任人员，依照前款的规定处罚。有前两款行为，同时构成其他犯罪的，依照处罚较重的规定定罪处罚。"

虽然《刑法》对"有其他严重情节的"并未作出具体规定，但在 2019 年 10 月 21 日最高人民法院、最高人民检察院发布的《关于办理非法利用信息网络、帮助信息网络犯罪活动等刑事案件适用法律若干问题的解释》（以下称《解释》）指出"对绝大多数用户日志未留存或者未落实真实身份信息认证义务的"，认定为"有其他严重情节"，或将"处三年以下有期徒刑、拘役或者管制，并处或者单处罚金"。《解释》由此引发网络服务提供者未履行网络实名制或将入刑的讨论。

2.1.1 未履行网络实名制或将入刑的构成要件

自《解释》发布以来，网络服务提供者未履行网络实名制或将入刑的讨论甚嚣尘上，下面对未履行网络实名制或将入刑的主体、前置条件、后果等要件进行分析，厘清相关构成要件。

1. 未履行网络实名制或将入刑的主体

《刑法》第 286 条之一规定：网络服务提供者应当履行法律、行政法规规定的信息网络安全管理义务，未履行义务或将入刑。然而笔者研究发现，网络服务提供者履行的信息网络安全管理义务可能是履行网络实名制、建立网络安全等级保护制度、采用符合相关国家标准的强制性要求的网络产品或服务等义务，网络服务提供者并非均须履行网络实名制认证义务，如果提供界面浏览的网站因未与用户互动，那么无须采集用户信息，此种情况下并不需要履行网络实名制认证义务。

《解释》规定网络服务提供者包括提供信息网络接入、计算、存储、传输服务，信息网络应用服务，利用信息网络提供的通信、能源等公共服务的单位。那么，这些单位中哪些单位需要履行网络实名制认证义务呢？《中华人民共和国网络安全法》（以下简称《网络安全法》）第 24 条规定：履行网络实名制义务的主体应是为用户办理网络接入、域名注册服务等信息网络接入服务，或者为用户提供信息发布、即时通信等信息网络应用服务的机构,其中用"等"为其他部门扩充解释留有余地,之后国家新闻出版广电总局、国家互联网信息办公室下发文件规定网络直播、网络游戏等机构也须履行网络实名制义务。我们发现,官方对网络实名制的履行机构仅作列举式规定,未有概括性定义,这使得实务中互联网企业对是否需要履行网络实名制义务产生困惑。我们认为,互联网企业倘若因法律规定或商业需要,须用户注册账号、提供身份信息等资料,那么均应主动履行网络实名制义务。

2. 未履行网络实名制或将入刑的前置条件

网络服务提供者需要履行网络实名制义务,如其不依法履行义务,必不会立刻受到刑事处罚。根据《刑法》第286条的规定,网络服务提供者不履行网络实名制的义务,在"经监管部门责令采取改正措施而拒不改正"的前提下,才可能触发入刑风险。换言之,网络服务提供者未履行网络实名制,只有在被监管部门处以行政处罚后仍拒不履行网络实名制的义务,才有可能触发刑事风险,面临牢狱之灾。

如何认定上述所谓"监管部门"呢?根据《网络安全法》第61条规定:"未要求用户提供真实身份信息,或者对不提供真实身份信息的用户提供相关服务的,由有关主管部门责令改正。"虽然该规定并未明确网络实名制的监管机构,但《互联网用户账号名称管理规定》规定未履行网络实名制的互联网企业由互联网信息办公室依据职责依法予以处罚;《关于防止未成年人沉迷网络游戏的通知》规定未落实网络实名制的互联网游戏公司,各地出版管理部门有权责令限期改正,直至吊销相关许可。由此可知,网络实名制是由多个部门监管,而具体由哪些部门监管当前尚无定论,但由于网络实名制涉及网络安全事项,所以国家网信部门、电信主管部门和公安部门都是重要的监管机构。

3. 未履行网络实名制或将入刑的后果

《刑法》第286条规定,未履行网络实名制的网络服务提供者,如果主体是个人，那么个人将可能面临"三年以下有期徒刑、拘役或者管制，并处或者单处罚金"的处罚；如果主体是单位，那么单位将可能面临罚金处罚，并对单位直接负责的主管人员和其他直接责任人员依照"三年以下有期徒刑、拘役或者管制，并处或者单处罚金"的规定处罚；如果网络服务提供者在不履行网络实名制的同时，构成其他犯罪的，将依照处罚较重的规定定罪处罚。

网络服务提供者如果从事网络经营业务，就必须取得"基础电信业务经营许可证"或者"增值电信业务经营许可证"，而根据《电信业务经营许可管理办法》的规定，公司才具备申请上述许可证的条件，这意味着个人无法取得许可证。同时，履行网络实名制意味着较大的成本压力，无法从事网络增值电信业务的个人也难以承担。由此可以看出，《刑法》第286条的规定侧重于规范的主体是单位的经营活动。

2.1.2 目前网络实名制的认证模式

由于网络服务提供者如不履行网络实名制义务，确有受到刑事处罚的风险，因此履行网络实名制成为网络服务提供者的强制性义务。但是，不同于现实世界中的个人，互联网经营者和用户分别处于线上匿名的两端，那么如何确保用户提供的身份信息是真实的。换言之，如何保证网络服务提供者已经切实履行网络实名制的认证义务呢？

1. 我国网络实名制的发展

1997年，公安部发布《计算机信息网络国际联网安全保护管理办法》，其中规定互联单位、接入单位及使用计算机信息网络国际联网的法人和其他组织应当"建立计算机信息网络电子公告系统的用户登记和信息管理制度"，首次规定互联网企业要收集用户的互联网信息，但对应收集哪些信息未做详细说明。2000年的《互联网信息服务管理办法》进一步规定：收集的用户信息应当包括"上网用户的上网时间、用户账号、互联网地址或者域名、主叫电话号码等"，但截至 2002 年，我国尚未严格要求互联网企业应收集用户的身份信息并实名认证，只要求上网服务经营场所，如网吧等应对"上网消费者的身份证等有效证件进行核对、登记，并记录有关上网信息"❶。

2012 年全国人民代表大会常务委员会发布《关于加强网络信息保护的决定》，该决定指出网络服务提供者有权"要求用户提供真实身份信息"❷，正式对互联网企业提出履行网络实名制的要求。以《关于加强网络信息保护的决定》的出台为分水岭，此后涉及互联网的多数监管规定均要求互联网企业须采取网络实名制的措施，如《网络安全法》规定"用户不提供真实身份信息的，网络运营者不得为其提供相关服务"；《互联网用户账号名称管理规定》"要求互联网信息服务使用者通过真实身份信息认证后注册账号"；《互联网直播服务管理规定》要求"对互联网直播用户进行基于移动电话号码等方式的真实身份信息认证，对互联网直播发布者进行基于身份证件、营业执照、组织机构代码证等的认证登记"等。

2. 网络实名制采用"实名 + 验证"的模式

由上文可知，法律规定网络服务提供者应采用技术手段，让用户上传其真实身份信息，网络服务提供者应对用户上传的身份信息进行认证。换言之，当前网络服务提供者履行网络实名制主要采用"实名 + 验证"的认证模式。

我国法律规定网络服务提供者应采用"实名 + 验证"的认证模式，主要是因为一些用户会出于各种目的故意隐藏真实身份，所以如果对用户上传的身份信息一律认定为真实，就会导致信息采集不准确。针对上述问题，中央机构编制委员会于 2001 年 3 月 27 日批准公安部成立全国公民身份证号码查询服务中心（以下简称"NCIIS 系统"），负责建设、管理和运营全国公民身份信息系统，为政府部门、社会各界提供公民身份信息认证和统计分析服务。NCIIS 系统主要提供简项核查、返照核查（不对外提供）和人像对比 3 种实名验证服务。简

---

❶ 徐晓日，刘旭妍. 论网络实名制下的个人数据保护 [J]. 电子政务，2019（7）：56-66.
❷ 详见《关于加强网络信息保护的决定》第 6 条规定。

项核查是核对身份证和姓名是否一致;返照核查为"简项核查+网纹照片返回";人像对比为"简项核查+人脸比对(不返回照片)"。在3种方式中,简项核查最为常见,其流程见图2-1。

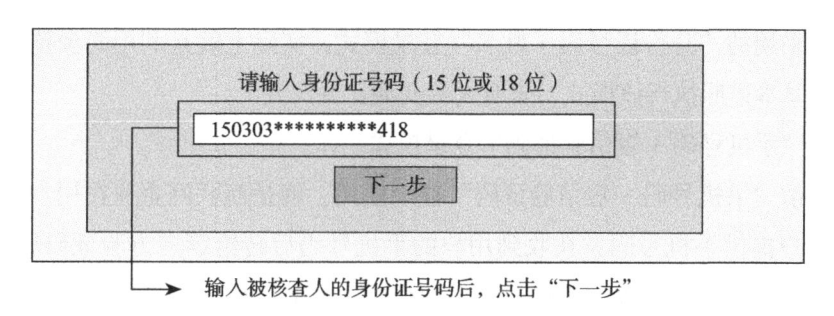

```
请输入身份证号码(15位或18位)
150303**********418
下一步
```

→ 输入被核查人的身份证号码后,点击"下一步"

图 2-1 简项核查的流程

虽然NCIIS系统对外开放实名认证接口,但行政资源的有限性必然与实名认证机构的海量性存在突出的矛盾,因此NCIIS系统对外只为有限的身份证接口服务商提供认证服务,其他实名认证机构只能向身份证接口服务商寻求认证服务。2012年,公安部向国家发展和改革委员会(以下简称"国家发展改革委")递交《关于申请保留身份认证服务收费标准的函》,申请对身份认证服务进行收费。2012年年底,国家发展改革委发布《关于重新核定全国公民身份证号码查询服务中心收费标准等有关问题的通知》,同意NCIIS系统对外收费,自此实名认证开始成为一项市场性经营业务。虽然国家发展改革委于2016年下发《关于废止部分规章和规范性文件的决定》,废止上述收费通知,但实名认证业务经过多年发展,身份证接口服务商在向其他互联网企业提供身份认证服务时仍按市场价格收费。

3. 网络实名制认证模式的场景化设计

互联网企业根据"实名+验证"的认证模式,在现实中衍生出多种场景化设计模式。常见的场景化设计模式主要有"手机号码+短信验证码"登录模式、"身份证号码+姓名"登录模式、"第三方应用接口"登录模式。

1)"身份证号码+姓名"登录模式

所谓"身份证号码+姓名"登录模式,就是互联网企业在用户注册时要求用户提供身份证号码和姓名。互联网企业在收到用户的身份证号码和姓名信息后,向身份证接口服务商进行身份证号码核验,核验无误即完成认证。互联网企业所采用的"身份证号码+姓名"登录模式,实际上就是利用简项核查验证服务,基本遵照执行该模式,未有大的变动。

2)"手机号码+短信验证码"登录模式

所谓"手机号码+短信验证码"登录模式,就是互联网企业在用户注册时要求用户提供手机号码,在收到用户的手机号码后转给第三方验证码服务商,第三方验证码服务商收到手机号码后向机主发送验证码,机主收到验证码后在注册界面填入验证码,如果验证码一致,则注册成功。由于手机号码已完成实名认证,所以互联网企业在"实名+验证"认证模式中的"实名"环节已提高实名的精确度,接着在"验证"环节将信息发给接口服务商进行核验,完成二次认证,进一步提高实名的精确度。

3)"第三方应用接口"登录模式

所谓"第三方应用接口"登录模式,就是互联网企业在用户注册时引导用户从第三方应用接口,如微博、微信、支付宝等登录,以获得用户微博、微信、支付宝的相关信息。由于微博、微信、支付宝完成网络实名制的程度较高,因此经第三方接口导入用户身份信息的真实性有较多保障。在提高"实名"环节准确度的同时,再通过身份信息的核验完成二次认证,从而提高网络实名制的精确度。

2.1.3 目前网络实名制认证模式不足造成入刑风险的原因

根据《解释》的规定,网络服务提供者"未落实真实身份信息认证义务的"将被视为"有其他严重情节",或有入刑风险。如何理解"未落实真实身份信息认证义务"呢?根据《网络安全法》的规定,网络服务提供者"在与用户签订协议或者确认提供服务时，应当要求用户提供真实身份信息"。笔者认为，该规定赋予网络服务提供者很大的监管义务，即如果用户未提供真实身份信息则是网络服务提供者的责任，网络服务提供者应承担相应责任，甚至有入刑风险。因此，网络服务提供者在进行"实名+验证"的过程中，不仅要保证"实名"环节的准确度，而且要保证"验证"环节的准确度。然而，笔者注意到，目前网络实名制认证模式存在准确度不足问题，这使得现有的网络服务提供者仍面临入刑风险。

1. 技术水平有限，认证精准度不足

根据《网络安全法》规定，网络服务提供者在为用户办理固定电话、移动电话等入网手续时要履行网络实名制认证义务。一般来说，电信运营商在为用户提供入网服务时，通常要求用户本人前往营业厅，在提供身份证验证时还须进行人脸识别，人脸信息和身份证信息一致方为入网手续办理完毕。这种认证方式的真实性较高。

而互联网企业在履行网络实名制时，如何确定用户提供的身份信息是真实可靠的呢？根据前文所述，在"实名"环节中，互联网企业可在场景化设计中运用"手机号码+短信验证码""第三方应用接口"等认证模式,但就"手机号码+短信验证码"认证模式而言，手机号码仍然存在无法对应真实用户的情形。在现实中已经出现"验证码平台"的黑色产业，即不良商贩通过购买大量私人电话卡，通过"验证码平台"提供的软件大量注册各类应用平台上的账号，并自动将收到的验证码短信发回到"验证码平台"，"验证码平台"随即将对应的手机号码、验证码直接发给下游各类"客户"使用，并收取一定的费用。❶ 这种情形使得互联网企业履行网络实名制时无法发挥应有的作用。对"第三方应用接口"认证模式而言，微信、微博等接口仅授权第三方应用获取平台用户的头像、昵称、地区等信息，不提供用户的身份信息，并且微信目前已

---

❶ 购买大量企业电话卡为网络黑灰产业掩饰身份 [EB/OL]. (2018-05-02) [2023-04-05]. https://www.163.com/dy/article/DGPK6NJ105129QAF.html.

开发使用虚拟头像和虚拟名称接入第三方应用的技术，因此互联网企业试图通过微信等获取用户的身份信息无法实现。

实际上，目前已有金融机构利用人脸识别技术进行网络实名认证，如"同花顺""天天基金"等金融 App 运营商，它们在用户注册时不仅需要上传身份证的正反面信息，还需要进行人脸识别，确保人脸信息和身份证信息核验一致。该方式与电信运营商线下进行实名认证的方式一致，均能完成较高程度的实名认证。然而由于人脸识别技术对成本要求较高，所以中小型互联网企业根本无力承担。此外，网络实名制无法提高精准度的根本原因在于当前互联网的 IP 地址资源稀缺，无法实现 IP 地址与计算机的一一对应。❶此情况受限于当前社会的技术发展水平，无法通过人为手段进行干预。因此，现有网络实名制认证模式存在技术水平有限、精准度不足的问题。

2. 买卖数据的黑灰产业逐步发展

随着互联网的高速发展，特别是 5G 时代的到来，个人数据逐渐成为重要的稀缺资源。例如，在 NCIIS 系统开启验证收费模式后，如果申请验证的内容在 5 项以下（含 5 项），每次收费 5 元；申请验证的内容在 5 项以上，每次收费 10 元；如果根据用户需求提供人口数据信息汇总、加工或重新制作等服务，收费标准为每次 50 元。以上是 NCIIS 系统对身份证接口服务商的收费情况。身份证接口服务商获得合法授权后，对海量申请验证的互联网企业也会进行较高收费。

市面上，诸多大数据公司甚至互联网企业，在发现身份验证服务存在巨大的市场需求后，不顾自身无合法的授权资质，纷纷投入其中。一些身份证接口服务商在获取 NCIIS 系统接口后违规将查询接口卖出，并非法缓存公民个人身份信息，以供下游公司查询牟利；一些大数据公司利用自身积累的大量用户身份信息，伪装成身份证接口服务商，非法对外提供身份验证服务；一些互联网企业在前期的网络实名制认证中缓存大量用户身份信息，非法对外提供二次身

---

❶ 孟雨. IPv6 时代将能实现真正的网络实名制 [J]. 计算机与网络，2018，44（17）：13.

份验证服务。即便如此，市场上需要进行身份验证的互联网企业仍是海量，供需的不平衡状况孕育了买卖身份信息的市场，买卖数据的黑灰产业逐步发展壮大。

买卖数据的黑灰产业发展使得身份证接口服务商的水准参差不齐。互联网企业基于验证成本的考量，倾向于寻找验证价格低廉的接口服务商，而验证价格低廉的接口服务商无法保证用户身份信息的准确度。在这种情况下进行的网络实名制认证无法保证用户身份信息的真实性。由此可见，在黑灰产业发展的当下，互联网企业网络实名制认证的准确度将受到较大影响。

3. 预防监管不足，缺乏制度保障

根据上文所述，网络实名制认证模式的准确度不足的原因之一是买卖数据的黑灰产业发展。笔者认为，买卖数据的黑灰产业发展的重要原因是相关部门的预防监管力度不够，并缺少制度保障措施。数据买卖、无资质验证等黑灰产业的违法交易行为不断被曝出，如考拉征信服务有限公司因涉嫌非法提供身份证返照查询 9800 多万次，获利 3800 万元，相关负责人被警方逮捕[1]；杭州魔蝎数据科技有限公司、上海新颜人工智能科技有限公司、杭州存信数据科技有限公司等大数据公司因涉嫌非法获取数据，相关负责人被警方逮捕[2]等。

事前预防监管不足的深层原因是缺乏制度保障。经研究发现，对于我国的个人信息至今尚未有专门系统的法律规定，除了《网络安全法》中有"网络信息安全"专章外，其他法律对个人信息的规范均为零散规定。此外，个人信息规制内容极为分散，侧重于金融、互联网、母婴、物流等行业，所涉领域杂乱，各领域的规范措施不够细致。整体而言，个人信息在法律上的规范密度不足，制度保障力度不够。我国法律对个人信息的零散规定见表 2-1。

---

[1] 涉嫌泄露亿条公民信息 考拉征信被查 [EB/OL].（2019-11-21）[2023-04-05]. https：//baijiahao.baidu.com/s?id=1650768624839295310&wfr=spider&for=pc.

[2] 风声鹤唳！大数据公司接连被查，同盾科技被卷入 [EB/OL].（2019-09-17）[2023-04-05]. http：//finance.sina.com.cn/chanjing/cyxw/2019-09-17/doc-iicezzrq6539911.shtml.

表 2-1　我国关于个人信息法律法规的规范性文件

规范性文件名称	个人信息相关的法律规定	效力层级
《中华人民共和国民法总则》（2017 年 10 月发布）	第 110 条、第 111 条	法律
《中华人民共和国侵权责任法》（2010 年 7 月发布）	第 2 条、第 62 条	法律
《中华人民共和国消费者权益保护法》（2013 年 10 月修改）	第 29 条、第 50 条、第 56 条	法律
《中华人民共和国统计法》（2009 年 6 月修改）	第 9 条、第 39 条	法律
《中华人民共和国居民身份证法》（2011 年 10 月修改）	第 6 条、第 13 条、第 19 条、第 20 条	法律
《中华人民共和国商业银行法》（2015 年 8 月修改）	第 29 条	法律
《中华人民共和国执业医师法》（2009 年 8 月修改）	第 22 条、第 37 条	法律
《中华人民共和国网络安全法》（2016 年 11 月发布）	第四章　网络信息安全	法律
《中华人民共和国邮政法》（2015 年 4 月修改）	第 3 条、第 36 条、第 64 条	法律
《中华人民共和国未成年人保护法》（2012 年 10 月修改）	第 39 条、第 69 条	法律
《中华人民共和国母婴保健法》（2017 年 11 月修改）	第 34 条	法律
《中华人民共和国妇女权益保障法》（2018 年 10 月修改）	第 42 条	法律
《中华人民共和国传染病防治法》（2013 年 6 月修改）	第 12 条、第 68 条	法律
《中华人民共和国律师法》（2017 年 9 月修改）	第 38 条	法律
《中华人民共和国电信条例》（2016 年 2 月修改）	第 65 条	行政法规
《征信业管理条例》（2013 年 1 月发布）	第 3 条	行政法规
《快递暂行条例》（2018 年 3 月发布）	第 4 条	行政法规
《保安服务管理条例》（2009 年 10 月发布）	第 25 条、第 30 条、第 43 条	行政法规

2.1.4　对网络实名制认证模式的重构

由于现有的网络实名制认证模式受到技术水平、数据黑灰产业、缺乏制度保障等因素影响，导致认证的精准度不足，所以互联网企业仍面临入刑风险。为提高网络实名制的认证精准度、减少互联网企业的入刑风险，笔者认为可以开发网络可信空间技术，建立数据的全生命周期保护，完善多层级的监管体系。

1. 开发网络可信空间技术

对于开发网络可信空间技术，笔者认为可从两个方面入手，即普及生物特征识别技术、建立电子身份证标识（eID）的网络身份管理制度。在生物特征识别技术上，如前文所述，金融领域的互联网企业已将人脸识别技术应用于网络实名制认证。由于生物特征识别技术安全系数高、破译难度大，所以基于生物特征识别技术的网络实名制认证的真实性更可靠，但人脸识别技术的成本较高，多数中小型互联网企业难以承受。鉴于此，笔者认为指纹识别技术是生物特征识别技术的一种，相较于人脸识别技术成本也较低，适合互联网企业应用。在建立 eID 的网络身份管理制度上，笔者认为可以由政府相关部门组织开发用于线上、线下识别的公民身份证件，并确保发放给公民的数字身份具有唯一性，从而真正实现网络实名制。❶

所谓指纹识别技术，是当前较为可靠的生物识别技术之一，即利用人们的指纹唯一性来识别人的身份。❷ 由于公安部在制作居民身份证时已经提取用户指纹，因此我们建议公安部可以有针对性地开放指纹数据库，用户注册登录互联网企业的应用程序时应输入指纹数据，互联网企业对收集的指纹数据与公安部开放的接口进行指纹信息验证，从而落实网络实名制义务。当然，单纯依靠指纹识别技术，难免因指纹数据泄露而影响实名认证的精确度，因此可以配套建立 eID 的网络身份管理制度。eID 是以公民身份号码为基础，由公安部公民网络身份识别系统基于我国密码算法统一为中国公民生成的数字标记，在确保签发给每个公民的数字身份唯一性的同时，可以尽可能减少公民身份明文信息在网上的传播。在我国，eID 有别于用于线上身份识别的第二代身份证，主要用于线上身份识别。❸

---

❶ 杨珂，王俊生. 基于 eID 的网络身份制与个人信息保护法律制度研究 [J]. 信息安全研究，2019，5（5）：440-447.

❷ 张玲峰，肖忠良，李晶. 基于生物识别技术的网络实名制系统的开发 [J]. 科技与信息，2019（2）：117.

❸ 汪志鹏，杨明慧，吕良. 基于 eID 的网络可信身份体系建设研究 [J]. 信息网络安全，2015，15（9）：97-100.

综上所述，我国政府相关部门可以给每位互联网公民发放 eID 身份证件，同时采集互联网公民的指纹数据，将 eID 身份证件与指纹数据进行绑定，增强 eID 身份信息的唯一性。今后互联网企业在进行网络实名认证时，直接采集并验证公民的 eID 身份信息，以落实网络实名认证义务。

2. 建立数据的全生命周期保护

互联网企业、身份证接口服务商及其他大数据公司能缓存公民身份信息，进行数据买卖，进而影响网络实名认证的准确性。笔者认为，其内在原因是企业内部未建立一套数据的全生命周期保护合规指引。经研究，笔者认为，建立企业数据的全生命周期保护，应该在数据采集、存储、使用、转让和共享等方面做到合规操作。

在数据采集上，首先数据公司应做到合法，即数据采集者不应以欺诈、诱骗、误导的方式收集个人数据，禁止从非法渠道获取个人数据、非法缓存用户身份信息；其次，数据公司应遵循最少必要原则，只能在用户注册登录时采集用户最少数量的身份信息。在数据存储上，数据公司在采集用户身份信息后，宜立即进行去标识化处理，并采取技术和管理方面的措施将去标识化后的信息与可用于恢复识别个人的信息分开存储，在存储个人生物识别信息时应采用技术措施确保信息安全后再进行存储，如将个人生物识别信息的原始信息与摘要分开存储，或仅存储摘要信息。在数据使用上，数据公司应采取最少授权的访问控制策略，使其只能访问职责所需最少够用的个人信息，且仅具有完成职责所需最少的数据操作权限，并对身份信息的重要操作设置内部审批流程。在数据转让和共享上，数据公司应事先开展个人信息安全影响评估，并根据评估结果采取有效的保护身份信息主体的措施；对转让方和共享方开展尽职调查，确保转让对象身份的合法性等。

当前，随着个人数据价值的凸显，一些数据公司无法抵抗诱惑，走上违法犯罪道路。数据公司建立数据的全生命周期保护是从企业内部风控合规的角度进行方案设计，这意味着数据公司须从内部着手铲除违法的可能性。这一策略从短期来看成本投入较高，但数据合规必然是相关监管部门加强监管的重要领域，因此从长远来看自觉做好公司的数据合规是有利无害的。

2.1.5 总结

《解释》的出台把未履行网络实名制或有入刑风险推至风口浪尖。经研究发现，符合要求的互联网企业未履行网络实名制确有入刑的风险。在实务中，网络实名制的认证模式主要是"实名+验证"，并且为了提高验证的精准度，互联网企业纷纷采用各种场景化的认证方式，但由于技术水平受限、市场衍生个人数据黑灰产业及制度缺陷等诸多问题，当前网络实名认证的精准度有待提高。笔者认为，可通过开发网络可信空间技术、建立数据的全生命周期保护、完善多层级的监管体系等助力提高网络实名认证的精准度，以避免互联网企业入刑的风险，但受限于主观、客观的多种因素，网络实名制认证的精准度仍然无法达到百分之百。笔者认为，该履行要求已达监管部门的要求，互联网企业大都能避免入刑风险。

2.2 网络安全等级保护制度的发展历史及特色

网络安全等级保护制度是指对网络（含信息系统、数据）实施分等级保护、分等级监管，对网络中使用的网络安全产品实行按等级管理，对网络中发生的安全事件分等级响应、处置的制度。网络安全等级保护制度经过制度的提出、工作启动及规模推进等阶段。

2.2.1 安全等级保护制度的提出

《中华人民共和国计算机信息系统安全保护条例》（生效日期为 1994 年 2 月

18日，下称"1994年条例"）第9条规定："计算机信息系统实行安全等级保护。安全等级的划分标准和安全等级保护的具体办法，由公安部会同有关部门制定。"该条例第一次提出计算机信息系统要实行安全等级保护制度。那么，何谓"计算机信息系统"呢？该条例第2条进一步指出："本条例所称的计算机信息系统，是指由计算机及其相关的和配套的设备、设施（含网络）构成的，按照一定的应用目标和规则对信息进行采集、加工、存储、传输、检索等处理的人机系统。"

在1994年条例出台后的10年中，由于对网络安全缺乏重视，以及相关部门对网络安全等级保护制度尚处于摸索阶段，所以公安部并未会同有关部门制定安全等级的划分标准和安全等级保护的具体办法。2003年9月7日，中共中央办公厅、国务院办公厅联合发布《国家信息化领导小组关于加强信息安全保障工作的意见》（中办发〔2003〕27号，下称"2003年意见"）再次重申：为进一步提高信息安全保障工作的能力和水平，维护公众利益和国家安全，促进信息化建设健康发展，要实行信息安全等级保护。至此，信息安全等级保护开始从计算机信息系统安全保护制度上升为国家信息安全保障基本制度。

2.2.2 安全等级保护工作的启动

在"2003年意见"发布后，公安部开始会同国家保密局、国家密码管理局、国务院信息化工作办公室（已撤销）联合开展信息安全等级保护调研，着手制定安全等级的划分标准和安全等级保护的具体办法。2007年6月，公安部、国家保密局、国家密码管理局、国务院信息化工作办公室联合发布《信息安全等级保护管理办法》（生效日期为2007年6月22日，下称"2007年办法"），规定安全等级的划分标准及安全等级保护的具体操作办法。

在定级方面，"2007年办法"第6条规定："国家信息安全等级保护坚持自主定级、自主保护的原则。信息系统的安全保护等级应当根据信息系统在国家安全、经济建设、社会生活中的重要程度，信息系统遭到破坏后对国家安全、社会秩序、公共利益以及公民、法人和其他组织的合法权益的危害程度等因素确定。"第7条规定，按照信息系统受到破坏后对公民、法人和其他组织、国家安全、社会秩序和公共利益的损害程度，将安全保护等级分为5级。

在备案方面，"2007年办法"第15条规定："已运营（运行）或新建的第二级以上信息系统，应当在安全保护等级确定后30日内，由其运营、使用单位到所在地设区的市级以上公安机关办理备案手续。"

在整改方面，"2007年办法"第11—13条规定，"运营、使用单位应当按照国家信息安全等级保护管理规范和技术标准，使用符合国家有关规定，满足信息系统安全保护等级需求的信息技术产品，开展信息系统安全建设或者改建工作"。与此同时，国家标准化管理委员会等机构陆续出台技术标准和管理规范，如《信息安全技术　信息系统安全通用技术要求》（GB/T　20271—2006）、《信息安全技术　网络基础安全技术要求》（GB/T　20270—2006）、《信息安全技术　操作系统安全技术要求》（GB/T　20272—2006）、《信息安全技术　数据库管理系统安全技术要求》（GB/T　20273—2006）、《信息安全技术　服务器安全技术要求》（GB/T　21028—2007）、《信息安全技术　终端计算机系统安全等级技术要求》（GA/T　671—2006）等，以及《信息安全技术　信息系统安全管理要求》（GB/T　20269—2006）、《信息安全技术　信息系统安全工程管理要求》（GB/T　20282—2006）、《信息系统安全等级保护基本要求》等。

在测评或自查方面，"2007年办法"第14条规定："信息系统建设完成后，运营、使用单位或者其主管部门应当选择符合本办法规定条件的测评机构，依据《信息系统安全等级保护测评要求》等技术标准，定期对信息系统安全等级状况开展等级测评。"

在"2007年办法"发布后不久，公安部、国家保密局、国家密码管理局、国务院信息化工作办公室联合下发《关于开展全国重要信息系统安全等级保护定级工作的通知》（公信安〔2007〕861号），要求全国有关部门对重要信息系统开展安全等级保护定级工作。自此，安全等级保护工作正式启动。

2.2.3 安全等级保护工作的规模推进

随着"2007年办法"的出台及《关于开展全国重要信息系统安全等级保护定级工作的通知》的发布，全国安全等级保护工作如火如荼地开展。2010年3月，公安部出台《关于推动信息安全等级保护测评体系建设和开展等级测评工作的通知》（公信安〔2010〕303号），鼓励更多企业开展信息安全等级保护测评工作，并督促备案单位自觉开展测评工作。2010年12月，公安部和国务院国有资产监督管理委员会联合出台《关于进一步推进中央企业信息安全等级保护工作的通知》，要求中央企业全面推进等级保护工作。

特别是2016年发布的《网络安全法》明确规定"国家实行网络安全等级保护制度"，并细化网络运营者的安全保护义务，如制定内部安全管理制度和操作规程，确定网络安全负责人，落实网络安全保护责任；采取防范计算机病毒和网络攻击、网络侵入等危害网络安全行为的技术措施；采取监测、记录网络运行状态、网络安全事件的技术措施，并按照规定留存相关的网络日志不少于6个月；采取数据分类、重要数据备份和加密等措施等。此外，《网络安全法》进一步规定，如果网络运营者不履行前述义务的，由有关主管部门责令改正，给予警告；拒不改正或者导致危害网络安全等后果的，处1万元以上10万元以下罚款，对直接负责的主管人员处5000元以上5万元以下罚款。我国开始安全等级保护制度法治化，从国家战略的高度重视安全等级保护工作。

2.2.4 安全等级保护工作的创新

从"1994年条例"的发布到2017年《网络安全法》的实施，安全等级保护制度已经走过20多年，在实务中形成了一套完整的等级保护工作制度、流程，制定一整套规范指引，包括但不限于《信息安全技术 信息系统安全通用技术要求》（GB/T 20271—2006）、《信息安全技术 网络基础安全技术要求》（GB/T 20270—2006）《信息安全技术 操作系统安全技术要求》（GB/T 20272—2006）、

《信息安全技术　数据库管理系统安全技术要求》（GB/T 20273—2006）、《信息安全技术　服务器安全技术要求》（GB/T 21028—2007）、《信息安全技术　终端计算机系统安全等级技术要求》（GA/T 671—2006）等技术标准，以及《信息安全技术　信息系统安全管理要求》（GB/T 20269—2006）、《信息安全技术　信息系统安全工程管理要求》（GB/T 20282—2006）、《信息系统安全等级保护基本要求》等管理规范。

20多年来，我国的安全等级保护一直限定于"1994年条例"中指出的"信息系统"保护，即对"计算机及其相关的和配套的设备、设施（含网络）构成的，按照一定的应用目标和规则对信息进行采集、加工、存储、传输、检索等处理的人机系统"的保护。然而技术发展日新月异，随着云计算、物联网、移动互联网的出现，新技术也会出现网络安全问题，也需要对其进行保护。鉴于此，2019年5月10日，国家市场监督管理总局、国家标准化管理委员会正式发布《信息安全技术　网络安全等级保护基本要求》，对前述技术标准和管理规范进行更新调整，如将定级对象由原来的信息系统扩展至云计算、物联网、移动互联及工业控制系统等；除原定级环节、备案环节、建设整改环节、等级测评环节和安全监管环节之外，增加新的安全要求等。总体而言，如果说前20年的安全等级保护制度是围绕"信息系统"展开，那么新版安全等级保护制度开始围绕"网络安全"展开。

2.2.5　安全等级保护工作的实际操作

具体而言，安全等级保护工作分为5个环节，即定级环节、备案环节、建设整改环节、等级测评环节和安全监管环节。

在定级环节，我国实行"自主定级、自主保护"原则，即网络运营者针对具体的定级对象，根据定级对象的"业务信息"类型和"系统服务"类型在国家安全、经济建设、社会生活中的重要程度，以及信息系统遭到破坏后对国家安全、社会秩序、公共利益及公民、法人和其他组织的合法权益的危害程度等

因素，确定定级对象的等级。根据"2007年办法"的规定，定级对象的等级共分为五级，定级对象的确认见下文。❶

5.1 信息系统

5.1.1 定级对象的基本特征

作为定级对象的信息系统应具有如下基本特征：

a）具有确定的主要安全责任主体；

b）承载相对独立的业务应用；

c）包含相互关联的多个资源。

注1：主要安全责任主体包括但不限于企业、机关和事业单位等法人，以及不具备法人资格的社会团体等其他组织。

注2：避免将某个单一的系统组件，如服务器、终端或网络设备作为定级对象。

在确定定级对象时，云计算平台或系统、物联网、工业控制系统及采用移动互联技术的系统在满足以上基本特征的基础上，还需分别遵循5.1.2、5.1.3、5.1.4、5.1.5的相关要求。

第一级是信息系统受到破坏后，会对公民、法人和其他组织的合法权益造成损害，但不损害国家安全、社会秩序和公共利益。

第二级是信息系统受到破坏后，会对公民、法人和其他组织的合法权益产生严重损害，或者对社会秩序和公共利益造成损害，但不损害国家安全。

第三级是信息系统受到破坏后，会对社会秩序和公共利益造成严重损害，或者对国家安全造成损害。

第四级是信息系统受到破坏后，会对社会秩序和公共利益造成特别严重损害，或者对国家安全造成严重损害。

第五级是信息系统受到破坏后，会对国家安全造成特别严重损害。

定级对象的等级确认方式见图2-2。

---

❶ 引自《信息安全技术 网络安全等级保护定级指南》，该指南由国家市场监督管理总局、国家标准化管理委员会于2020年4月28日发布。

第2章 数字经济产业的基石：网络安全与源代码保护

```
┌─────────────────┐              ┌─────────────────┐
│ 确定业务信息受到破坏时 │              │ 确定系统服务受到破坏时 │
│    所侵害的客体      │              │    所侵害的客体      │
└────────┬────────┘              └────────┬────────┘
         ↓                                 ↓
┌─────────────────┐              ┌─────────────────┐
│ 综合评定对客体的侵害程度 │          │ 综合评定对客体的侵害程度 │
└────────┬────────┘              └────────┬────────┘
         ↓                                 ↓
┌─────────────────┐              ┌─────────────────┐
│ 确定业务信息安全保护等级 │          │ 确定系统服务安全保护等级 │
└────────┬────────┘              └────────┬────────┘
         ↓                                 ↓
         └───────┬───────────────────────┘
                 ↓
        ┌─────────────────┐
        │ 确定定级对象的安全保护等级 │
        └─────────────────┘
```

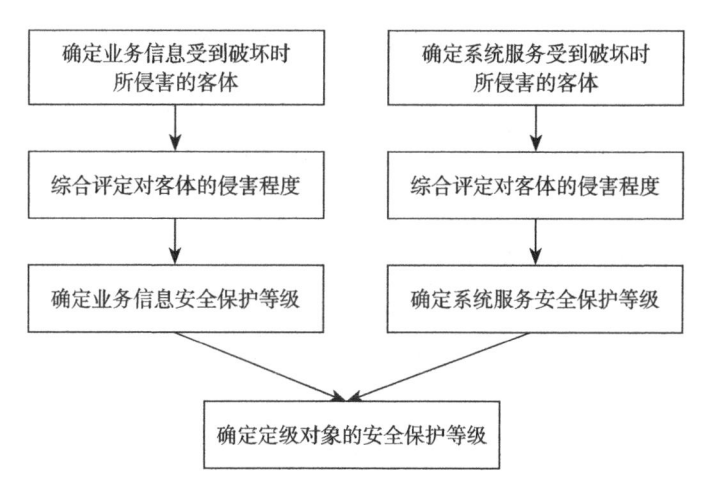

图 2-2　定级对象的等级确认方式

资料来源：2020年4月28日发布的《信息安全技术　网络安全等级保护定级指南》。

根据业务信息安全被破坏时所侵害的客体及对相应客体的侵害程度，依据业务信息安全保护等级矩阵（见表2-2）。可得到业务信息安全保护等级。

表 2-2　业务信息安全保护等级矩阵

业务信息安全被破坏时所侵害的客体	对相应客体的侵害程度		
	一般损害	严重损害	特别严重损害
公民、法人和其他组织的合法权益	第一级	第二级	第二级
社会秩序、公共利益	第二级	第三级	第四级
国家安全	第三级	第四级	第五级

资料来源：2020年4月28日发布的《信息安全技术　网络安全等级保护定级指南》。

根据系统服务安全被破坏时所侵害的客体及对相应客体的侵害程度，依据系统服务安全保护等级矩阵（见表2-3）可得到系统服务安全保护等级。

表 2-3 系统服务安全保护等级矩阵

系统服务安全被破坏时所侵害的客体	对相应客体的侵害程度		
	一般损害	严重损害	特别严重损害
公民、法人和其他组织的合法权益	第一级	第二级	第二级
社会秩序、公共利益	第二级	第三级	第四级
国家安全	第三级	第四级	第五级

资料来源：2020 年 4 月 28 日发布的《信息安全技术　网络安全等级保护定级指南》。

等级保护对象定级工作的一般流程如图 2-3 所示。

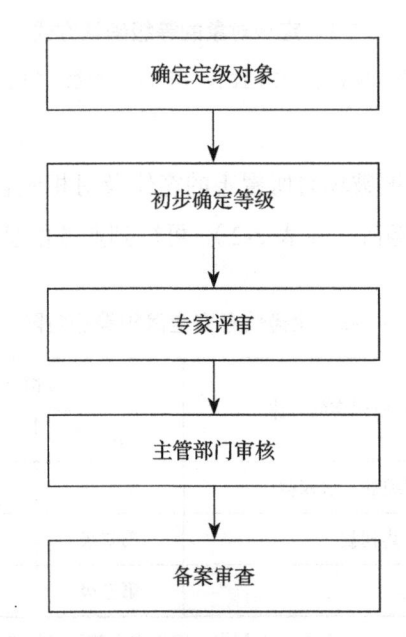

```
确定定级对象
    ↓
初步确定等级
    ↓
  专家评审
    ↓
 主管部门审核
    ↓
  备案审查
```

图 2-3　等级保护对象定级工作的一般流程

资料来源：2020 年 4 月 28 日发布的《信息安全技术　网络安全等级保护定级指南》。

信息系统安全保护等级审批流程如下。

1. 信息系统等级评审

初步确定信息系统安全保护等级后，可以聘请专家进行评审。运营、使用单位或主管部门参照专家评审意见最后确定信息系统安全保护等级，形成定级报告。当专家评审意见与信息系统运营、使用单位或主管部门意见不一致时，由运营、使用单位或主管部门自主决定信息系统安全保护等级。对拟确定为第四级以上的信息系统，由运营、使用单位或主管部门请国家信息安全保护等级专家评审委员会评审。

2. 信息系统等级审批

信息系统运营、使用单位初步确定安全保护等级后，有主管部门的，应当经主管部门审核批准。单位自建信息系统（与上级单位无关）的等级确定后是否上报上级主管部门审批，由单位自行决定。这里的主管部门一般是指行业上级主管部门或监管部门。单位跨省或者全国统一联网运行的信息系统必须由其上级主管部门统一定级、统一审批，确保同类系统不存在因地区差异而造成不一致的问题。

3. 公安机关审核

《信息安全等级保护管理办法》第 15 条规定：信息系统运营、使用单位或者其主管部门应当在信息系统安全保护等级确定后 30 日内，到公安机关办理备案手续。公安机关收到备案材料后，应对信息系统所定安全保护等级的准确性进行审核。经审核合格的，公安机关出具《信息系统安全等级保护备案证明》。公安机关的审核是定级工作的最后一道防线，应严格审核、高度重视。对于定级不准的备案单位，在通知其整改的同时，应当建议备案单位组织专家进行重新定级评审，并报上级主管部门审批。备案单位仍然坚持原定等级的，公安机关可以受理其备案，但应当书面告知其承担由此产生的责任和后果，经上级公安机关同意后，同时通报备案单位上级主管部门。

在备案环节，按照《信息安全等级保护备案实施细则》规定：网络运营者应当在信息系统安全保护等级确定后 30 日内，到公安机关公共信息网络安全监察部门办理备案手续。办理备案手续时，应当首先到公安机关指定的网址下载并填写备案表，准备好备案文件，然后到指定的地点备案。备案时，应当提交《信息系统安全等级保护备案表》（一式两份）及其电子文档。第二级以上信息系统备案时需提交《信息系统安全等级保护备案表》中的表一、表二、表三；第三级以上信息系统还应当在系统整改、测评完成后 30 日内提交《信息系统安全等级保护备案表》表四及其有关材料。

备案表格具体内容见表 2-4 和表 2-5。

表 2-4 备案表格之信息系统情况具体内容

01 系统名称		
03 系统承载业务情况	业务描述	
04 系统服务情况	服务范围	☑ 全国 □20 全省（区、市）　　□21 跨地（市、区）跨 0 个 □30 地（市、区）内　　□99 其他
	服务对象	□1 单位内部人员　□2 社会公众人员　☑3 两者均包括　□9 其他
05 网络系统平台	覆盖范围	□1 局域网　□2 城域网　☑3 广域网　□9 其他
	网络性质	□1 业务专网　☑2 互联网　□9 其他
06 系统互联情况		☑1 与其他单位系统连接　　□2 与本行业其他系统连接 ☑3 与本单位其他系统连接　　□9 其他

第 2 章　数字经济产业的基石：网络安全与源代码保护

续表

	序号	产品类型	数量	使用国产品率		
				全部使用	全部未使用	部分使用及使用率
07 关键产品使用情况	1	安全专用产品	3	☑	□	□　%
	2	网络产品	2	☑	□	□　%
	3	操作系统	2	□	☑	□　%
	4	数据库	2	□	☑	□　%
	5	服务器	2	☑	□	□　%
	6	其他	0	☑	□	□　%
	序号	服务类型		服务责任方类型		
				本行业（单位）	国内其他服务商	国外服务商
	1	等级测评 ☑有 □无		□	☑	□

注：因为表格部分内容不宜展示，所以用灰色遮盖。

表 2-5　备案表格之信息系统定级情况具体内容

	损害客体及损害程度	级别
01 确定业务信息安全保护等级	□仅对公民、法人和其他组织的合法权益造成损害	□第一级
	☑对公民、法人和其他组织的合法权益造成严重损害 ☑对社会秩序和公共利益造成损害	☑第二级
	□对社会秩序和公共利益造成严重损害 □对国家安全造成损害	□第三级
	□对社会秩序和公共利益造成特别严重损害 □对国家安全造成严重损害	□第四级
	□对国家安全造成特别严重损害	□第五级
	损害客体及损害程序	级别
02 确定系统服务安全保护等级	□仅对公民、法人和其他组织的合法权益造成损害	□第一级
	☑对公民、法人和其他组织的合法权益造成严重损害 □对社会秩序和公共利益造成损害	☑第二级
	□对社会秩序和公共利益造成严重损害 □对国家安全造成损害	□第三级
	□对社会秩序和公共利益造成特别严重损害 □对国家安全造成严重损害	□第四级

续表

	☐ 对国家安全造成特别严重损害	☐ 第五级
03 信息系统安全保护等级	☐ 第一级　☑ 第二级　☐ 第三级　☐ 第四级　☐ 第五级	
04 定级时间		
05 专家评审结果		
06 是否有主管部门		
07 主管部门名称		
08 主管部门审批定级情况		
09 系统定损情况报告		
备案审核民警：	审核日期：	

注：因为表格部分内容不宜展示，所以用灰色遮盖。

在整改环节，按照《关于开展信息安全等级保护安全建设整改工作的指导意见》的要求，网络运营者要建立健全并落实符合相应等级要求的安全管理制度。一是信息安全责任制，明确信息安全工作的主管领导、责任部门、人员及有关岗位的信息安全责任；二是人员安全管理制度，明确人员录用、离岗、考核、教育培训等管理内容；三是系统建设管理制度，明确系统定级备案、方案设计、产品采购使用、密码使用、软件开发、工程实施、验收交付、等级测评、安全服务等管理内容；四是系统运维管理制度，明确机房环境安全、存储介质安全、设备设施安全、安全监控、网络安全、系统安全、恶意代码防范、密码保护、备份与恢复、事件处置、应急预案等管理内容。建立并落实监督检查机制，定期对各项制度的落实情况进行自查和监督检查。

此外，网络运营者还需开展信息安全等级保护安全技术措施建设，制订符合相应等级要求的信息系统安全技术建设整改方案，落实相应的物理安全、网络安全、主机安全、应用安全和数据安全等安全保护技术措施，建立并完善信息系统综合防护体系，提高信息系统的安全防护能力和水平。

图 2-4~图 2-5 为笔者为服务单位制作的整套服务文件。

目录

1. 安全管理制度 ··· 5
   1.1 信息安全总体方针 ·· 5
       1.1.1 总则 ·· 5
       1.1.2 方针、目标和原则 ·· 6
       1.1.3 信息安全框架 ··· 7
       1.1.4 总体安全策略 ··· 8
       1.1.5 管理评审 ··· 8
   1.2 安全管理制度制定规范 ·· 9
       1.2.1 总则 ·· 9
       1.2.2 制度文档制定格式 ·· 9
       1.2.3 制度评审和修订 ·· 10
       1.2.4 发布 ··· 10
2. 安全管理机构 ··· 10
   2.1 信息安全管理部门和岗位职责 ····································· 10
       2.1.1 总则 ··· 10
       2.1.2 网络安全工作领导组织架构 ······························ 11
       2.1.3 信息安全组织与责任 ······································· 11
       2.1.4 人员岗位职责 ··· 12
   2.2 授权审批管理 ··· 15
       2.2.1 授权审批管理 ··· 15
       2.2.2 授权审批列表 ··· 16
   2.3 沟通和合作 ·· 17
       2.3.1 总则 ··· 17
       2.3.2 适用范围 ·· 17
       2.3.3 术语定义 ·· 17
       2.3.4 内部沟通 ·· 18
       2.3.5 外部沟通 ·· 21
       2.3.6 持续改进 ·· 22
       2.3.7 附则 ··· 22
   2.4 审核与检查管理 ··· 22
       2.4.1 总则 ··· 22
       2.4.2 安全检查概要 ··· 22
       2.4.3 管理规范检查列表 ·· 23
       2.4.4 技术规范检查列表 ·· 23

图2-4 笔者为服务单位制作的整套服务文件1

- 故障业务安全演备份恢复 .docx
- 026 应急预案培训记录表 .docx
- 025 资产销毁记录表 V1.0.doc
- 024 备份介质使用记录表 V1.0.doc
- 023 数据恢复申请表 V1.0.doc
- 022 数据备份记录表 V1.0.doc
- 021 备份工作汇总表 V1.0.doc
- 020 安全补丁安装更新记录表 V1.0.doc
- 019 安全补丁安装计划和实施方案 V1.0.doc
- 017 系统日志分析报告 .docx
- 016 网络升级改造评审记录 1.docx
- 015 系统测试验收报告 V1.0.doc
- 014 设备操作维护记录表 V1.0.doc
- 013 机房设备维护记录表 V1.0.doc
- 012 机房巡检记录表 V1.0.doc
- 010 计算机中心机房故障处理报告 .docx
- 009 机房出入登记表 V1.0- 修改 .doc
- 8 关键岗位考核记录表 .doc
- 008 访问记录表 V1.0- 打印签字 .doc
- 007 人员培训记录表 V1.0- 打印签字 .doc
- 006 信息安全培训计划表 V1.0- 修改 .doc
- 005 关键岗位安全协议书 V1.0.doc
- 004 保密协议书 V1.0 打印签字 .doc
- 003 通用变更记录表 V1.0.doc
- 002 通用申请审批表 V1.0.doc
- 001 资产清单列表 V1.0.xlsx

图 2-5 笔者为服务单位制作的整套服务文件 2

在测评和自查环节，按照《关于开展信息安全等级保护安全建设整改工作的指导意见》的要求，网络运营者要选择由省级（含）以上信息安全等级保护工作协调小组办公室审核并备案的测评机构，对第三级（含）以上信息系统开展等级测评工作。等级测评机构依据《信息系统安全等级保护测评要求》等标准对信息系统进行测评，对照相应等级安全保护要求进行差距分析，排查系统安全漏洞和隐患并分析其风险，提出改进建议，按照公安部制定的信息系统安全等级测评报告格式编制等级测评报告。经测评未达到安全保护要求的，要根据测评报告中的改进建议，制订整改方案并进一步进行整改。各部门要及时向受理备案的公安机关提交等级测评报告。对于重要部门的第二级信息系统，可以参照上述要求开展等级测评工作。

具体而言，测评事项的主要内容见表2-6~表2-7。

在安全监督环节，根据"2007年办法"第3条规定："公安机关负责信息安全等级保护工作的监督、检查、指导。"因此，公安机关会定期检查网络运营者对信息安全等级保护工作的落实情况，如未严格按照安全等级保护制度要求落实，可根据《网络安全法》、"2007年办法"等规定，对相关的网络运营者进行处罚。

表2-6 控制点分布

层面	类别	控制点
技术	物理安全	机房位置选择、物理访问控制、防盗窃和防破坏、防雷击、防火、防水和防潮、防静电、温湿度控制、电力供应、电磁防护
	网络安全	结构安全、访问控制、安全审计、边界完整性检查、入侵防范、恶意代码防范、网络设备防护
	主机安全	身份鉴别、安全标记、访问控制、可信路径、安全审计、剩余信息保护、入侵防范、恶意代码防范、资源控制
	应用安全	身份鉴别、安全标记、访问控制、可信路径、安全审计、剩余信息保护、通信完整性、通信保密性、抗抵赖、软件容错、资源控制
	数据安全及备份恢复	数据保密性、数据完整性、备份与恢复
管理	安全管理制度	管理制度、制定和发布、评审和修订
	安全管理机构	岗位设置、人员配备、授权和审批、沟通和合作、审核和检查
	人员安全管理	人员录用、人员离岗、人员考核、安全意识教育和培训、外部人员访问管理
	系统建设管理	系统定级、安全方案设计、产品采购和使用、自行软件开发、外包软件开发、工程实施、测试验收、系统交付、系统备案、等级测评、安全服务商选择
	系统运维管理	环境管理、资产管理、介质管理、设备管理、监控管理和安全管理中心、网络安全管理、系统安全管理、恶意代码防范管理、密码管理、变更管理、备份与恢复管理、安全事件处置、应急预案管理

表 2-7 控制点在 1~4 级测评标准中的数量分布情况

层面	类别	1级测评标准	2级测评标准	3级测评标准	4级测评标准
技术	物理安全	7	10	10	10
	网络安全	3	6	7	7
	主机安全	4	6	7	9
	应用安全	4	7	9	11
	数据安全及备份恢复	2	3	3	3
管理	安全管理制度	2	3	5	3
	安全管理机构	4	5	5	5
	人员安全管理	4	5	11	5
	系统建设管理	9	9	13	11
	系统运维管理	9	12	13	13
总数	—	48	66	83	77
级差	—	—	18	7	4

表 2-8 为笔者整理的未落实安全等级保护制度的相关处罚案例。

表 2-8 未落实安全等级保护制度的相关处罚案例

处罚对象	执法机关	违规行为	处罚措施
某社区服务中心工作人员	公安局网警大队	利用服务部门内网非法获取个人信息	移送公安机关办理
某省直属事业单位	公安机关网警	未按照《网络安全法》规定采取内部安全管理制度和操作规程等措施	警告并责令改正
某职业技术学院	公安局网警支队	未落实网络安全管理制度，未采取网络安全防护措施，网络日记留存少于6个月	警告并责令改正
某事业单位	公安机关网警	未落实网络安全管理制度，未采取网络安全防护措施，网络日记留存少于6个月	罚款

2.2.6 律师在安全等级保护工作中大有可为

笔者在服务互联网企业时,发现互联网企业大多只聘请网络安全机构为其进行安全等级保护制度的搭建,而将律师排除在外。其原因是大多数互联网企业认为,安全等级保护定级后涉及技术措施的整改,因此安全等级保护工作属于网络安全机构的业务范畴,与律师无关。通常而言,网络安全机构擅长为互联网企业提供技术措施的整改服务,但对于制度整改服务,网络安全机构大多会给互联网企业一套范本,这些范本只作为提交备案的资料,并不符合其实际情况,也未在实际业务开展中落地实施,导致实务中在技术措施完成整改后仍出现问题,然后律师进场提供互联网合规服务。由于是事后提供服务,所以律师与网络技术服务人员无法有效沟通,技术措施整改与法律合规出现割裂和断层,存在重复尽调、无效尽调、服务过程沟通不畅、衔接困难等问题。

实际上,笔者认为安全等级保护工作的开展应该是律师和网络安全机构同时进场,双方在有效配合的基础上,既构建符合等级测评的技术措施,又便于制订符合企业实际需要的制度方案。对于企业而言,这无疑是效率最高的处理方式。

2.3 网络安全审查制度的历史沿革、相关概念及审查流程●

《网络安全审查办法(2021)》第 2 条指出:网络安全审查制度,是指对影响或可能影响国家安全的关键信息基础设施运营者采购的网络产品和服务,数据处理者开展的数据处理活动,依法进行安全审查的制度。网络安全审查制度经过各种演变,而且其中的相关概念比较模糊,因此成为实际操作中的难点和争议焦点。

● 蒋晓焜,严也宽. 网络安全系列(三):一文读懂网络安全审查制度 [EB/OL]. (2022-01-19) [2023-10-20]. https://mp.weixin.qq.com/s/ToMC6_dkpv6DooSrE4X7DQ.

2.3.1 网络安全审查制度的历史沿革

2016 年，全国人民代表大会常务委员会颁布的《网络安全法》第 35 条规定："关键信息基础设施的运营者采购网络产品和服务，可能影响国家安全的，应当通过国家网信部门会同国务院有关部门组织的国家安全审查。"该条款确定网络产品和服务的安全审查制度。

2017 年，国家互联网信息办公室发布《网络产品和服务安全审查办法（试行）》[下称"2017 年版办法（试行）"，已失效]，初步落地网络安全审查制度。2017 年版办法（试行）的生效日期与《网络安全法》的施行日期同为 2017 年 6 月 1 日，发布时间较为急迫，缺乏论证，如其标题所示，仅有"试行"作用。例如，2017 年版办法（试行）规定：关系国家安全的网络和信息系统采购的重要网络产品和服务，应当经过网络安全审查，并且采用第三方评价与政府持续监管相结合的方式进行监管。但是，由于对"重要网络产品和服务"的定义难以把握，实务中容易变成全部网络产品和服务均需进行网络安全审查，关乎国家安全的大事不可马虎，并且审查主体一旦涉及第三方，容易导致权力寻租。因此，2019 年，国家互联网信息办公室另行发布《网络安全审查办法（征求意见稿）》[下称"2019 年版办法（征求意见稿）"]。2019 年版办法（征求意见稿）指出：审查对象为"关键信息基础设施运营者采购的网络产品和服务"且出现"影响或可能影响国家安全的"，才需要进行网络安全审查；监管主体不再包括外界第三方评价，而由中央网络安全和信息化委员会统一领导网络安全审查工作，国家互联网信息办公室会同国家发展改革委、工业和信息化部、公安部、国家安全部、商务部、财政部、中国人民银行、国家市场监督管理总局、国家广播电视总局、国家保密局、国家密码管理局建立国家网络安全审查工作机制；网络安全审查办公室设在国家互联网信息办公室，负责组织制定网络安全审查相关制度规定和工作程序、组织网络安全审查、监督审查决定的实施。2019 年版办法（征求意见稿）还对网络安全审查的流程及主动审查、被动审查的条件做了详细规定。2020 年，国家互联网信息办公室在征求意见并做修改后，正式发布《网络安全审查办法》(下称"2020年版办法")。

2021年,随着数据成为国家的第五大生产要素,我国开始从国家战略高度重视数据安全。2021年6月30日,滴滴全球股份有限公司(以下简称"滴滴")在美国纽约证券交易所上市成为《网络安全审查办法》将监管对象扩大至"网络平台运营者开展数据处理活动"的重要动因。滴滴上市后第2天,网络安全审查办公室对滴滴实施网络安全审查。滴滴上市后第10天,国家互联网信息办公室发布《网络安全审查办法(修订草案征求意见稿)》[下称"2021年版办法(征求意见稿)"]。2021年版办法(征求意见稿)新增"数据处理者开展数据处理活动,影响或可能影响国家安全的,应当按照本办法进行网络安全审查""掌握超过100万用户个人信息的运营者赴国外上市,必须向网络安全审查办公室申报网络安全审查"等。2021年12月28日,在吸收征求意见的基础上,《网络安全审查办法》(下称"2021年版办法")正式发布,并于2022年2月15日正式生效。

2.3.2 网络安全审查制度的相关概念

对于如何理解《网络安全审查办法》中的"关键信息基础设施运营者""网络平台运营者"等核心概念,一直以来争论不休。笔者认为,核心概念的厘清是理解《网络安全审查办法》的基础,必须熟练掌握。

1. 何为"关键信息基础设施运营者"

笔者认为,要理解何为"关键信息基础设施运营者",首先需要理解"关键信息基础设施"的内涵。《网络安全法》第31条规定:"国家对公共通信和信息服务、能源、交通、水利、金融、公共服务、电子政务等重要行业和领域,以及其他一旦遭到破坏、丧失功能或者数据泄露,可能严重危害国家安全、国计民生、公共利益的关键信息基础设施,在网络安全等级保护制度的基础上,实行重点保护。关键信息基础设施的具体范围和安全保护办法由国务院制定。"因此，国务院在2021年7月30日正式发布《关键信息基础设施安全保护条例》，该条例第2条规定："本条例所称关键信息基础设施，是指公共通信和信息服务、能源、交通、水利、金融、公共服务、电子政务、国防科技工业等重要行业和领域的，以及其他一旦遭到破坏、丧失功能或者数据泄露，可能严重危害国家安全、国计民生、公共利益的重要网络设施、信息系统等。"

可见，关键信息基础设施主要包括影响国家基础设施建设的重要网络设施、信息系统。那么，何为"重要网络设施"和"信息系统"呢？2020年7月22日，公安部发布《贯彻落实网络安全等级保护制度和关键信息基础设施安全保护制度的指导意见》，其中规定："应将符合认定条件的基础网络、大型专网、核心业务系统、云平台、大数据平台、物联网、工业控制系统、智能制造系统、新型互联网、新型通信设施等重点保护对象纳入关键信息基础设施。关键信息基础设施清单实行动态调整机制，有关网络设施、信息系统发生较大变化，可能影响其认定结果的，运营者应及时将相关情况报告保护工作部门，保护工作部门应组织重新认定，将认定结果通知运营者，并报公安部。"

据此可初步判断，所谓重要网络设施和信息系统，就是符合认定条件的基础网络、大型专网、核心业务系统、云平台、大数据平台、物联网、工业控制系统、智能制造系统、新型互联网、新型通信设施等。

在理解"关键信息基础设施"的内涵后，就不难理解"运营者"概念了。根据2020年版办法第20条规定："本办法中关键信息基础设施运营者是指经关键信息基础设施保护工作部门认定的运营者。"那么，关键信息基础设施保护工作部门有哪些呢？《关键信息基础设施安全保护条例》进一步给出了答案，该条例第2条规定："本条例所称关键信息基础设施，是指公共通信和信息服务、能源、交通、水利、金融、公共服务、电子政务、国防科技工业等重要行业和领域的，以及其他一旦遭到破坏、丧失功能或者数据泄露，可能严重危害国家安全、国计民生、公共利益的重要网络设施、信息系统等。"该条例第8条规定："本条例第2条涉及的重要行业和领域的主管部门、监督管理部门是负责关键信息基础设施安全保护工作的部门。"由此可见，关键信息基础设施安全保护工作部门主要包括公共通信和信息服务、能源、交通、水利、金融、公共服务、电子政务、国防科技工业等重要行业和领域的主管、监管部门，具体来说主要包括工业和信息化部、国家发展改革委、交通运输部、水利部、中国人民银行、中国银行保险监督管理委员会、中国证券监督管理委员会、国防部等。

综上所述，工业和信息化部、国家发展改革委、交通运输部、水利部、中国人民银行、中国银行保险监督管理委员会、中国证券监督管理委员会、国防部如果能够出具认定关键信息基础设施运营者的名单，则该名单是更具权威性的认定文件；如未能出具具体名单，则应在《关键信息基础设施安全保护条例》的基础上，辅以关注上述部门的动态，以便追踪认定关键信息基础设施运营者的最新方法。

2. 何为"网络平台运营者"

实际上，2021年版办法（征求意见稿）中新增的监管对象并非"网络平台运营者"，而是"数据处理者"。所谓"数据处理者"，根据《数据安全法》第3条关于"数据处理"的定义，"数据处理者"主要指开展"数据的收集、存储、使用、加工、传输、提供、公开等"行为的运营者。然而，2021版《网络安全审查办法》将"数据处理者"修改为"网络平台运营者"，那么对于"网络平台运营者"，2021年版《网络安全审查办法》并未作出界定。2021年版《网络安全审查办法》第7条规定：掌握超过100万用户个人信息的网络平台运营者赴国外上市，必须申报网络安全审查，这是否意味着传统的制造业虽然掌握超过100万用户个人信息，但因为不属于网络平台运营者，在国外上市就不需要进行网络安全审查了呢？

《网络安全法》第76条第（三）款规定："网络运营者，是指网络的所有者、管理者和网络服务提供者。"该条款虽然提及的仅是网络运营者，而非网络平台运营者，但结合《互联网平台分类分级指南（征求意见稿）》中的相关定义和分类，大体可以知道网络平台运营者可能是网络平台的所有者、管理者和网络服务提供者。网络平台大体分为网络销售类平台、生活服务类平台、社交娱乐类平台、信息资讯类平台、金融服务类平台以及计算应用类平台（见表2-9）。

表 2-9 网络平台的作用及功能

网络平台类型	网络平台的作用	网络平台的功能
生活服务类平台	连接人与服务	服务功能
社交娱乐类平台	连接人与人	社交娱乐功能
信息资讯类平台	连接人与信息	信息资讯功能
金融服务类平台	连接人与资金	融资功能
计算应用类平台	连接人与计算能力	网络计算功能

因此，所谓"平台"不仅包括第三方平台，还包括自营平台等，且此类平台涵盖面极广，既可以提供商品、服务、劳动力、信息，也可以提供金融资金、计算能力等。有实务专家提出，当企业掌握了100万以上用户个人信息时，其如果不涉及通过网络提供服务，则是无法想象的。确实，在互联网时代，几乎所有大型企业都需要搭建平台以实现货销全球，因此笔者认为"网络平台运营者"就是网络平台的所有者、管理者和网络服务提供者。

2.3.3 网络安全审查制度的审查流程

2017年版办法（试行）对网络安全审查制度的审查流程并未做过多规定，但此后无论是2019年版办法（征求意见稿）、2020年版办法，还是2021年版办法（征求意见稿）、2021年版《网络安全审查办法》，都对网络安全审查的流程做了较为详细的规定。当然，2021年版《网络安全审查办法》在之前版本及征求意见稿的基础上做了新增和修改。

首先，对关键信息基础设施运营者而言，当事人在采购网络产品和服务时，应当预判该产品和服务投入使用后可能带来的国家安全风险，如认为影响或者可能影响国家安全的，应当向网络安全审查办公室申报网络安全审查，同时当事人应当要求网络产品和服务提供者配合网络安全审查；对网络平台运营者而言，如当事人掌握超过100万用户个人信息赴国外上市的，必须向网络安全审查办公室申报网络安全审查。

其次，当事人申报网络安全审查，应当提交的材料包括申报书，关于影响或者可能影响国家安全的分析报告，采购文件、协议、拟签订的合同或者拟提交的首次公开募股（IPO）等上市申请文件，网络安全审查工作需要的其他材料等。

再次，网络安全审查办公室应当自收到审查申报材料起10个工作日内，确定是否需要审查并书面通知当事人。网络安全审查办公室认为需要开展网络安全审查的，应当自向当事人发出书面通知之日起30个工作日内完成初步审查，包括形成审查结论建议和将审查结论建议发送给网络安全审查工作机制成员单位、相关部门征求意见；情况复杂的，可以延长15个工作日。网络安全审查工作机制成员单位和相关部门应当自收到审查结论建议之日起，在15个工作日内书面回复意见。网络安全审查工作机制成员单位、相关部门意见一致的，网络安全审查办公室以书面形式将审查结论通知当事人；意见不一致的，按照特别审查程序处理，并通知当事人。

最后，如果因为意见不一致进入特别审查程序的，网络安全审查办公室应当听取相关单位和部门意见，进行深入分析评估，再次形成审查结论建议，并征求网络安全审查工作机制成员单位和相关部门意见，按程序报中央网络安全和信息化委员会批准后，形成审查结论并书面通知当事人。特别审查程序一般应当在90个工作日内完成，情况复杂的可以延长。

当然，网络安全审查办公室要求提供补充材料的，当事人、网络产品和服务提供者应当予以配合。提交补充材料的时间不计入审查时间。

前文所述均为当事人主动报请网络安全审查的情形。实际上，无论是2020年版《网络安全审查办法》还是2021年版《网络安全审查办法》，都规定了网络安全审查工作机制成员单位的主动审查职权，即认为影响或者可能影响国家安全的网络产品和服务及数据处理活动,由网络安全审查办公室按程序报中央网络安全和信息化委员会批准后,依照本办法的规定进行审查。滴滴在美国上市正是经由中央网络安全和信息化委员会在极短时间内正式批准采取网络安全主动审查职权的典型案例。

2.3.4 网络安全审查制度的其他问题

2021年9月1日,《数据安全法》正式施行,明确规定我国要建立数据安全审查制度。随后,《网络安全审查办法》进行了最新修订,将网络平台运营者开展数据处理活动影响或者可能影响国家安全等情形纳入网络安全审查范围,并明确要求掌握超过100万用户个人信息的网络平台运营者赴国外上市必须申报网络安全审查,主要目的是进一步保障网络安全和数据安全,维护国家安全。笔者认为,网络安全审查制度与数据安全审查制度并非同一种制度,数据安全审查制度的审查范围远不只是掌握超过100万用户个人信息的网络平台运营者赴国外上市必须申报网络安全审查这一类别,但如何理解数据安全审查制度仍有待进一步研究。

此外,网络安全审查的材料申报也已经明确为向中国网络安全审查技术与认证中心提交,该中心设立网络安全审查咨询窗口为企业提供咨询。如果对《网络安全审查办法》有不理解的地方,也可直接通过电话或者邮箱咨询,甚至当面咨询。

2.4 网络安全视域下"翻墙"上网的正确姿态

2.4.1 引言

网络安全一直是国家安全机构的监管要点。由于"翻墙"上网属于网络安全事项,所以一直以来也是监管机构关注的重点。2017年,工业和信息化部发布《关于清理规范互联网网络接入服务市场的通知》,该通知规定互联网用户

"未经电信主管部门批准，不得自行建立或租用专线（含虚拟专用网络 VPN）等其他信道开展跨境经营活动"。2018 年 12 月 28 日，广东省韶关市公安局依据《中华人民共和国计算机信息网络国际联网管理暂行规定》（简称《计算机信息网络国际联网管理暂行规定》）第 6 条、第 14 条规定，以"擅自建立、使用非法定信道进行国际联网"为由，对一名"翻墙"的个人处以 1000 元人民币的行政处罚。该事件成为目前已知的互联网用户"翻墙"被罚的典型案例。

消息一出，顿时引发社会热议。数字经济企业，尤其是从事跨境经营活动的企业，对其避开国内监管、使用非法定信道进行国际联网的行为颇为担忧，担心其"翻墙"行为导致行政处罚甚至刑事风险。在网络安全监管力度日趋加大的当下，数字经济企业"翻墙"从事经营的行为的法律风险确实在不断增加。为减少数字经济企业的担忧，笔者梳理相关的法律文件，在分析国际联网运作模式的基础上指出数字经济企业"翻墙"可能存在的法律风险，同时提出其应对此类法律风险的建议。

2.4.2 国际联网运作模式概述

《计算机信息网络国际联网管理暂行规定》中指出："计算机信息网络国际联网，是指中华人民共和国境内的计算机信息网络为实现信息的国际交流，同外国的计算机信息网络相联接。"我国法律规定：中国境内的计算机信息网络直接进行国际联网，必须使用邮电部国家公用电信网提供的国际出入口信道。国际出入口信道主要设置在国际通信业务集中的中心城市，如上海、深圳等地。

目前，中国境内能同国外的计算机信息网络直接联接的互联网络有 4 个，分别是中国公用计算机互联网、中国金桥信息网、中国教育和科研计算机网、中国科技网。其中，我国政府允许法人、个人及其他组织用户在一定条件下，通过接入单位的接入网络连接到中国公用计算机互联网，以实现上外网的目的。这里的"接入单位"，是指获得工业和信息化部审批，取得经营许可证，能够接入互联网络进行国际联网的计算机信息网络。比较知名的接入单位有中国移动通信集团有限公司、中国联合网络通信集团有限公司、中国电信集团有限公司等网络供应商。个人、法人和其他组织使用的计算机或者计算机信息网络需要接入接入网络的，应当征得接入单位的同意，并办理登记手续。用户在网络正式联通之日起 30 日内，应到所在地的省、自治区、直辖市人民政府公安机关指定的受理机关办理备案手续。

综上所述，国际联网运作模式的流程如图 2-6 所示。

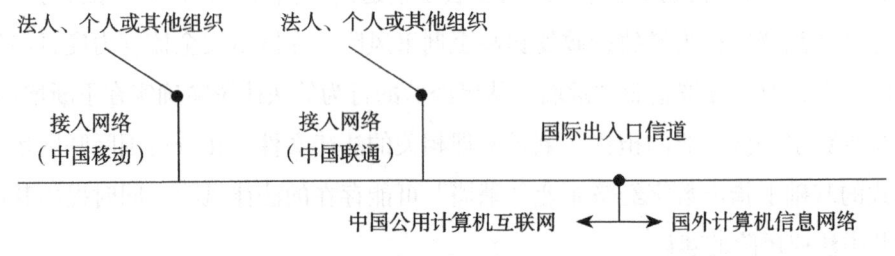

图 2-6　国际联网运作模式的流程

2.4.3　企业"翻墙"可能存在的法律风险

据悉，中国境内一些从事跨境经贸交易的中小企业可能并没有严格按照法律规定的国际联网运作模式上外网，而是私自租用虚拟专用网络进行"翻墙"活动。笔者了解到的一些中小企业进行国际球联网的 IT 结构如图 2-7 所示。

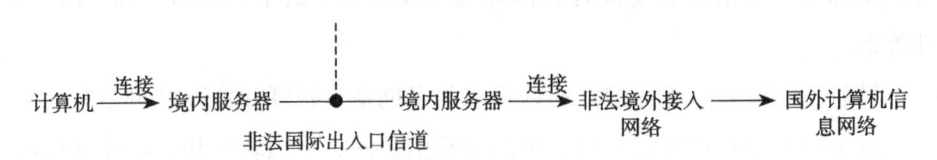

图 2-7　中小企业国际联网的 IT 结构

由图 2-7 可以看出，一些中小企业进行国际联网时使用非法的国际出入口信道，同时通过非法境外接入网络联接至国外互联网的行为不符合法律规定，其"翻墙"行为存在着法律风险。其中，企业面临的主要法律风险有行政处罚风险和刑事处罚风险。

1. 行政处罚风险

《计算机信息网络国际联网管理暂行规定》指出：个人、法人和其他组织进行国际联网，如果未使用国际出入口信道或者未接入接入网络，违反其中任何一项规定，那么"由公安机关责令停止联网，给予警告，可以并处15000元以下的罚款；有违法所得的，没收违法所得"。

由于一些企业的"翻墙"行为既未使用合法的国际出入口信道，也未接入合法的接入网络，甚至未使用境内的互联网络，已经违反《计算机信息网络国际联网管理暂行规定》，公安机关有权责令这些企业停止国际联网行为，同时给予警告，并处15000元以下罚款。公安机关还可以没收这些企业跨境经营的违法所得收入，使其多年的跨境经营活动"竹篮打水一场空"。当一些员工根据公司要求上外网或员工的职务行为被认定为"翻墙"行为时，该公司便有受到行政处罚的风险。广东省已有按此规定对个人处以行政罚款的案例，说明公安机关对个人、法人及其他组织的"翻墙"行为有实施行政查处的趋势，企业不得不对此保持警惕。

公安机关在处罚企业"翻墙"的同时，能否对企业负责人或其他主管人员作出连带行政处罚呢？笔者查阅相关法律，并未发现此类规定。根据行政法"法无规定不处罚"的原则，公安机关确定对企业进行行政处罚的同时，按理不会追究企业相关人员的责任。但需注意的是，"翻墙"行为是企业的行为，还是企业内部人员的行为，公安机关会依据证据作出判断。当公安机关认为"翻墙"行为系企业人员所为时，企业相关人员仍有受到行政处罚的风险。

2. 刑事处罚风险

企业的"翻墙"行为如果仅触犯行政法规，其后果还不算严重，严重的是"翻墙"行为有时会给企业相关人员带来"牢狱之灾"。为分析"翻墙"行为是否会给企业带来刑事处罚风险，笔者在中国裁判文书网上以"VPN 翻墙"为关键词，共检索出刑事案件 7 件（见表 2-10）。

表 2-10 "翻墙"行为触犯罪名一览

裁判文书号	法院	案情	触犯罪名
（2018）豫 12 刑终 271 号	河南省三门峡市中级人民法院	非法出售可访问境外互联网网站的 VPN "翻墙" 服务	提供侵入、非法控制计算机信息系统程序、工具罪
（2018）沪 0113 刑初 1606 号	上海市宝山区人民法院		
（2017）粤 1971 刑初 250 号	广东省东莞市第一人民法院		
（2017）粤 0307 刑初 1824 号	广东省深圳市龙岗区人民法院	通过翻墙软件收集国家领导人不实言论，在国内媒体上散布涉恶性政治谣言	寻衅滋事罪
（2018）豫 1623 刑初 224 号	河南省商水县人民法院	借助翻墙软件，在境外发布色情视频，并以此牟利	制作、复制、出版、贩卖、传播淫秽物品牟利罪
（2016）冀 08 刑终 343 号	河北省承德市中级人民法院	利用翻墙软件下载邪教组织内容材料，并制作成小册子、光盘等宣传品进行宣传	利用邪教组织破坏法律实施罪
（2018）鲁 0811 刑初 489 号	山东省济宁市任城区人民法院	利用翻墙软件，在境外网站多次捏造散布虚假信息，随意贬损诽谤国家领导人	诽谤罪

从表 2-10 可以看出，虽然因"翻墙"获罪的案件还很少，说明"翻墙"行为并非执法机关着力整治的领域，但特别值得注意的是这些案件都从 2016 年开始出现，并且逐年增加，说明网络安全执法的力度逐年加大。

同时，表 2-10 中的 7 起案件有 4 起案件的犯罪人获刑是因为借助"翻墙"软件，或散布谣言，或宣扬邪教，或传播淫秽物品。笔者认为，企业只要合规经营，规范企业工作人员不利用"翻墙"软件散播危害国家、社会的不实言论，一般不会触犯上述罪名。此外，表 2-10 案件中有 3 起案件的犯罪人获刑缘于其非法出售可访问境外互联网网站的 VPN "翻墙"服务，按理说该行为与企业

"翻墙"开展经贸活动并无关联。然而，仔细推敲会发现，3起案件的犯罪人所触犯的罪名为"提供侵入、非法控制计算机信息系统程序、工具罪"，当企业员工因工作需要"翻墙"上外网时，其使用"翻墙"的VPN被执法机关认定为企业提供，则该罪名可能同样适用于企业。

所谓提供侵入、非法控制计算机信息系统程序、工具罪，是指提供专门用于侵入、非法控制计算机信息系统的程序、工具，或者明知他人实施侵入、非法控制计算机信息系统的违法犯罪行为而为其提供程序、工具。该犯罪行为情节严重的，将被处以3年有期徒刑或拘役，同时如果是单位犯此罪的，对单位判处罚金，并对其直接负责的主管人员和其他直接责任人员依照各款规定处罚。该罪名为一般罪名，并没有特定主体指向，所以如果销售者向企业出售"翻墙"软件的行为触犯刑法，那么企业为员工提供"翻墙"软件的行为也可能被视为"提供专门用于侵入、非法控制计算机信息系统的程序、工具"，倘若情节严重，企业也会触犯"提供侵入、非法控制计算机信息系统程序、工具罪"。此时，企业主管人员和其他直接责任人员也将面临相应的处罚。虽然截至目前执法机关只打击非法出售VPN的经营者，但是如果国家网络安全政策呈缩紧态势，那么接下来是否会重拳打击企业的"翻墙"行为不得而知，所以企业在这方面须保持警惕。

2.4.4 企业应对法律风险的建议

虽然一些中小企业的"翻墙"行为早已存在，但执法部门并未重拳打击企业乃至个人的"翻墙"行为，使"翻墙"行为在很长时间里被普遍认为是一种"合理"的存在。然而2012年伊始，我国开始重视网络安全，规范网络安全治理进入快车道，2012年工业和信息化部发布《关于进一步规范因特网数据中心（IDC）业务和因特网接入服务（ISP）业务市场准入工作的通告》，2011年国家互联网信息办公室成立，2016年《中华人民共和国电信条例》（以下简称《电信条例》）修订，2017年工业和信息化部发布《关于清理规范互联网网络接入服务市场的通知》，2017年《网络安全法》颁布实施，国家的网络安全政策逐年趋紧的态势可见一斑。笔者认为，虽然目前尚未出现企业因"翻墙"行为受到行政或刑事处罚的案例，但企业的预防措施仍需尽早安排。下面提出几点建议以供参考。

1. 开通国际互联网专线，合法连接境外网络

《计算机信息网络国际联网管理暂行规定》第10条规定："个人、法人和其他组织（以下统称用户）使用的计算机或者计算机信息网络，需要进行国际联网的，必须通过接入网络进行国际联网。"可见，企业需要进行国际联网，必须通过接入单位的接入网络，以开通国际互联网专线的方式合法连接境外网络。此种开通国际互联网专线的方法是避免法律风险的最佳途径。据笔者了解，中国移动通信集团有限公司等大型网络供应商均有提供国际专线服务，企业通过拨打客服热线可得到专人上门安装专线的服务。国际专线的费用按月计算，根据专线的规模每月的费用从上千到上万不等。企业开通国际互联网专线后，仍然应当遵守法律法规要求，避免访问境外非法或敏感的网站。

2. 内设屏蔽网关，只允许访问境外必要网站

《电信条例》第56条规定：任何组织或者个人不得利用电信网络制作、复制、发布、传播危害国家、政府、社会和他人的不良信息。从前文"翻墙"行为触犯的罪名可以看出，"翻墙"行为触犯刑法的多数原因是互联网用户访问境外非法或敏感的网站，并且进行散播活动。因此，笔者认为，如果企业不设置国际互联网专线，那么可在公司内部设置屏蔽网关，只允许内部工作人员访问境外必要的网站，以减少法律风险。

3. 完善内部管理章程，加强对员工"翻墙"的培训

"翻墙"是企业跨境从事经贸交易的客观需要。当设置国际互联网专线仍无法满足企业跨境贸易的需求时，企业能做的便是完善内部的管理章程，加强对员工"翻墙"的规范培训，要求员工工作时不浏览非法或敏感的网站，同时企

业须妥善保管内部管理章程、培训材料，并按时保留及备份网络日志，以作为企业面临法律风险时的抗辩证据。

2.5 网络安全视域下如何下架境外侵权网站 ❶

由于数字经济企业基本是涉网企业，所以经常会遭遇网络侵权。一般来说，网络安全侵权案件的核心问题是证据的收集和确定，但更关键的问题是侵权主体的锁定。由于网络犯罪隐秘性强，所以在司法实践中往往难以有效认定侵权主体，导致数字经济企业无法快速有效地提起刑事控告或民事诉讼，使得刑事犯罪十分猖獗。对于该类无法快速锁定侵权主体的案件，笔者建议企业先做好证据的收集和确定，在利用技术手段、司法途径寻找侵权方的同时，为避免侵权危害进一步扩大，可先采取措施下架侵权方的侵权网站。

笔者在处理侵权网站下架的案件中，发现侵权方经常将服务器设置在境外以逃避境内监管。遇到这类情形时，多数数字经济企业只能望洋兴叹。因此，笔者结合实操中成功下架境外侵权网站的经验，为数字经济企业提供下架境外侵权网站的一些方法和思路。

2.5.1 下架境外侵权网站方式之一：律师函

侵权方虽然把服务器设置在境外，但最终目的还是获取境内的相关利益。因此，侵权方建立的侵权网站通常会设置网页聊天工具、QQ或者微信等商务联系方式。通常而言，我们可以通过以上联系方式向侵权网站客服发送电子律师函，要求对方下架侵权网站。即使侵权方在收到律师函后仍不下架侵权网站，也会对侵权方起到震慑作用，如侵权方客服由于害怕成为共犯，会主动联系律师提供侵权方的相关资料。

除了侵权方提供的商务联系方式外，还可以通过查询网站网络内容服务商

---

❶ 李金招，蒋晓焜，严也宽.下架境外侵权网站教程 [EB/OL].（2022-04-22）[2023-12-16]. https://mp.weixin.qq.com/s/pezj0_ETxgicVYFMm9Nb2A.

备案信息、域名查询协议信息、域名系统相关信息找到其他联系方式（有时需要注册成为会员才能查到侵权方在服务器备案的电话号码、邮件或者姓名）。笔者曾通过查询网络内容服务商备案信息、域名查询协议信息、域名系统相关信息，成功找到侵权方的电话号码和邮件，并通过电话号码和邮件查到侵权方的身份证信息，进而锁定侵权方，推进后续的刑事控告或民事诉讼。

2.5.2　下架境外侵权网站方式之二：行政投诉

虽然侵权方将服务器设置在境外，但如果侵权网站信息明显涉及违法违禁、涉黄涉毒等内容，我们就可以向国内相关监管部门进行举报。具体的行政投诉渠道如下。

一是可以登录中央网信办违法和不良信息举报中心（网址为 https：//www.12377.cn/），在"举报入口"中点击侵权类型按钮。

侵权类项下又具体分为多种类型的侵权，如知识产权侵权类、盗版侵权类等。如果侵权类型是知识产权侵权类，就可点击知识产权侵权，之后网站会自动跳转到全国12315平台（https：//www.12315.cn/）；如果侵权类型是盗版侵权类，就可点击盗版侵权类，之后会跳转到中国扫黄打非网（https：//www.shdf.gov.cn/shdf/channels/740.html）。此外，也可以直接登录全国12315平台和中国扫黄打非网进行举报。

二是中国互联网络信息中心（https：//www.cnnic.net.cn/）在"公众服务"中设立域名投诉举报处理平台，可以通过该平台进行投诉。

三是在通常情况下，如果被侵权企业在当地属于纳税大户或者明星企业，或者当地政府正在加强对知识产权的保护，那么建议被侵权企业直接到当地监管部门投诉，寻求当地监管部门的帮助。

实际上，我们也可以通过国外渠道进行投诉。如果通过国外渠道投诉，首先需要确认侵权网站的服务器被放置在哪个国家，以确定向哪个国家的监管部门进行投诉。通常情况下，国外监管机构会在其官方网站留下联系方式，被侵权企业可以通过联系方式向国外监管机构投诉，有时也会取得意想不到的效果。

2.5.3 下架境外侵权网站方式之三：联系网络服务提供商

侵权方建立侵权网站时，需要购买网站域名，同时需要进行网站托管（网络托管）。网络托管是将侵权方的网站文件（内容）托管在一个安全的服务器上，以保证正常运行。因此，侵权方需要向网络服务提供商购买服务，以取得网站域名并获得网站托管服务。我们通过网站域名进行解析和检索，可以找到对应的网络服务提供商。通常而言，网络服务提供商是正规且权威的运营机构，都有官方网站对外展示，并提供相关的举报平台。我们可在找到对应的网络服务提供商后，找到其官方网站的举报平台，通过举报平台举报侵权方网站。

就我们所处理的网络侵权案件而言，通常来说，境外域名服务提供商为美国的Cloudflare，网站托管方主要为境内的阿里云、腾讯云、华为云等。前述网络服务提供商的官方网站均设有具体的举报平台。笔者曾通过在Cloudflare官方网站平台和华为云官方网站平台举报，成功下架侵权方的境外侵权网站（见图2-8、图2-9）。

发件人：Cloudflare Trust & Safety <abuse@notify cloudflare.com>
日期：8/10/2021 14∶31
收件人：<jiangxiaokun@tenetlaw.com>
主题：Cloudflare 已回复您的版权侵权投诉

Cloudflare 收到您关于 haobx.net 的版权侵权投诉。
请注意，Cloudflare 是一家提供反向代理、直通安全服务的网络服务提供商，不是托管服务提供商。Cloudflare 不控制我们客户的内容。

www.haobx.net 已获得网址：https∶//www.haobx.net/。

托管服务提供商：华云，即 AP 华为云，香港
滥用联系人：hws_security@huawei.com

我们已将您的报告通知客户，并转发给负责的托管服务提供商。

图 2-8　笔者与 Cloudflare 的邮件沟通

图 2-9　侵权网站被成功下架

处理网络侵权不仅需要法律知识、技术知识，而且由于部分侵权行为发生在境外，还需要与境外相关部门进行沟通协商，所以企业较难独自处理此类纠纷，同时对律师的综合素质要求也很高。建议企业在遇到此类问题时，为避免损失的进一步增加，可第一时间联系专业人员予以帮助，以将损失降至最低。

2.6　源代码是否属于商业秘密

众所周知，互联网企业倾尽心血研发的计算机软件体现其核心竞争力，一旦"源代码"泄露或将对企业造成毁灭性打击。在司法实务中，备受关注的焦点问题是"源代码"是否属于商业秘密。

2.6.1　"源代码"概念

《计算机软件保护条例》第 2 条规定："本条例所称计算机软件（以下简称软件），是指计算机程序及其有关文档。"第 3 条规定："……（一）计算机程序，是指为了得到某种结果而可以由计算机等具有信息处理能力的装置执行的代码

第 2 章 数字经济产业的基石：网络安全与源代码保护

化指令序列，或者可以被自动转换成代码化指令序列的符号化指令序列或者符号化语句序列。同一计算机程序的源程序和目标程序为同一作品。（二）文档，是指用来描述程序的内容、组成、设计、功能规格、开发情况、测试结果及使用方法的文字资料和图表等，如程序设计说明书、流程图、用户手册等。"

计算机程序一般指源程序（也称为"源代码"）和目标程序（也称为"目标代码"）。所谓"有关文档"，就是描述计算机程序的文字资料或者图表。因此，互联网企业研发的计算机软件主要包括源代码、目标代码和有关文档。

源代码是人类可读的计算机语言指令，主要用汇编语言和高级语言写出来的代码。目标代码就是源代码经过编译程序产生的，能被中央处理器（CPU）直接识别的二进制代码。通俗来讲，源代码是人类看得懂、机器看不懂的，目标代码是机器看得懂、人类看不懂的。对互联网企业来说，源代码关乎企业的生死存亡，因此互联网企业通常笼统地将计算机软件称为"源代码"。

2.6.2 源代码的"三性"鉴定

《中华人民共和国反不正当竞争法》（以下简称《反不正当竞争法》）第 9 条规定："……商业秘密，是指不为公众所知悉、具有商业价值并经权利人采取相应保密措施的技术信息、经营信息等商业信息。"因此，商业秘密是一种商业信息（包括技术信息和经营信息），具有秘密性（不为公众所知悉）、商业性（具有商业价值）和保密性（权利人采取保密措施）的"三性"特征。源代码属于技术信息（商业信息）❶，但其是否具有商业秘密所特有的"三性"特征呢？

1. 源代码是否具有秘密性

《计算机软件著作权登记办法》第 9 条规定："申请软件著作权登记的，应当向中国版权保护中心提交以下材料：……（二）软件的鉴别材料……"第 10

---

❶《最高人民法院关于审理侵犯商业秘密民事案件适用法律若干问题的规定》第 1 条规定"计算机程序"属于"技术信息"。

条规定:"软件的鉴别材料包括程序和文档的鉴别材料。程序和文档的鉴别材料应当由源程序和任何一种文档前、后各连续30页组成。整个程序和文档不到60页的,应当提交整个源程序和文档。除特定情况外,程序每页不少于50行,文档每页不少于30行。"

一般来说,互联网企业研发一款源代码后,首先是向中国版权保护中心申请软件著作权登记,而在申请登记前提交鉴别材料的行为是否意味着源代码已被"公众知悉"进而丧失秘密性呢?除此之外,对于以售卖软件为主业的互联网企业,如售卖数据库系统、操作系统等的软件公司,是否会因软件流入市场而源代码被"公众知悉"呢?

实际上,一款源代码通常具有数十万行代码,申请软件著作权登记时提供的代码仅为极少的部分,并且《计算机软件著作权登记办法》规定源代码可以被封存提交,这意味着源代码"不会被公众知悉",软件公司出售软件提供的是目标代码而非源代码,因此也不会丧失秘密性。在一般情况下,源代码都具有秘密性特征。

2. 源代码是否具有商业性

《最高人民法院关于审理侵犯商业秘密民事案件适用法律若干问题的规定》第7条规定:"权利人请求保护的信息因不为公众所知悉而具有现实的或者潜在的商业价值的,人民法院经审查可以认定为《反不正当竞争法》第九条第四款所称的具有商业价值。"

通常来说,研发一款源代码需要耗费互联网企业大量的人力、物力和时间,其研发源代码的目的就是利用源代码为企业创收。多数互联网企业前期大力开辟市场,是为了在占领市场后获得盈利,因此源代码具有现实的或潜在的商业价值,符合《反不正当竞争法》第9条所称的"具有商业价值"。

3. 源代码是否具有保密性

《最高人民法院关于审理侵犯商业秘密民事案件适用法律若干问题的规定》

第6条规定："具有下列情形之一，在正常情况下足以防止商业秘密泄露的，人民法院应当认定权利人采取了相应保密措施：

（一）签订保密协议或者在合同中约定保密义务的；

（二）通过章程、培训、规章制度、书面告知等方式，对能够接触、获取商业秘密的员工、前员工、供应商、客户、来访者等提出保密要求的；

（三）对涉密的厂房、车间等生产经营场所限制来访者或者进行区分管理的；

（四）以标记、分类、隔离、加密、封存、限制能够接触或者获取的人员范围等方式，对商业秘密及其载体进行区分和管理的；

（五）对能够接触、获取商业秘密的计算机设备、电子设备、网络设备、存储设备、软件等，采取禁止或者限制使用、访问、存储、复制等措施的；

（六）要求离职员工登记、返还、清除、销毁其接触或者获取的商业秘密及其载体，继续承担保密义务的；

（七）采取其他合理保密措施的。"

互联网企业一般招聘技术人员时都会与其签订保密协议和竞业限制协议，同时会对企业的计算机设备、电子设备、网络设备等采取限制使用、访问、存储或复制的措施，还会进行管理员权限设置，使不同层次的技术人员所能接触的信息不同。由上述措施可知，多数互联网企业对源代码都会采取保密措施。

2.6.3 总结

根据上文所述，互联网企业研发的计算机软件主要包括源代码、目标代码和有关文档。由于目标代码是指被直接识别的二进制代码，并不是互联网企业的核心，因此互联网企业通常笼统地将计算机软件称为"源代码"。

源代码是互联网企业的核心竞争力和生命线，具有极高的商业价值，互联网企业一般都会对其采取保护措施，保证其不为公众所知悉，因此源代码符合商业秘密的"三性"特征。

2.7 源代码泄露的类型

根据曾处理的源代码泄露案件的总结分析，笔者认为源代码的泄露大体分为主动泄露、无意泄露和被动泄露3种类型。

2.7.1 源代码的主动泄露

源代码的主动泄露分为员工泄露源代码、员工非法修改源代码2种。

1. 员工泄露源代码

多数互联网企业源代码的泄露是因为内部员工故意盗取、非法侵入、披露、允许他人使用源代码。游戏行业存在"私服"的多数原因是内部员工泄露源代码。

例如，杭州流金网络科技有限公司与厉某、杭州出征网络科技有限公司侵害商业秘密纠纷案，原告流金公司拥有《侠义Online》手机游戏。被告厉某应聘进入原告流金公司，并签订劳动合同及保密协议，从事《侠义Online》游戏的策划工作。其后，被告厉某离职，成立出征公司，开发《煮酒Online》手机游戏。将游戏《煮酒Online》与《侠义Online》对比后发现：第一，两款软件客户端文件中数据结构相同，内部文档命名及组成相同；第二，两款软件运行时，客户端界面十分相似，结构设置完全相同，构成实质性相似。

法院最终认定：原告流金公司向本院提交鉴定申请书，要求对涉案软件商业秘密的非公知性及与涉嫌侵权软件的同一性进行鉴定；被告出征公司向本院提交《关于"煮酒"源代码的技术比对意见》一份，载明"煮酒"与"侠义"存在的不同点，承认除不同点之外的其他模块代码二者相似，并认可"侠义"计算机软件源代码为非公知。

2. 员工非法修改源代码

除员工泄露源代码外，员工非法修改源代码进行牟利也是主动泄露源代码的一种情形。例如，游戏互联网企业的一些员工通过修改游戏数据库的数据，以赋予外部员工游戏角色装备、元宝等方式进行牟利。

在被告人王某对金某职务侵占罪一案中，金某在《热血传奇》中创建角色，王某利用公司的计算机进入游戏系统，通过增加、修改数据库中相关数值，在金某创建的游戏人物身上增加或修改游戏武器和装备，然后将游戏武器和装备私下卖给其他游戏玩家。在李某侵犯商业秘密一案中，李某使用权限账号擅自进入游戏数据中心查询游戏用户后台数据，获取游戏用户出售的"未鉴定"游戏装备数值属性，低价购买该"未鉴定"游戏装备，使用游戏道具将其鉴定为高数值游戏装备后低买高卖。

由上述可知，内部员工非法修改源代码也是主动泄露源代码的类型。然而，对于员工非法修改源代码是否属于侵犯互联网企业的商业秘密，在实务中法院的观点不同。在被告人王某对金某职务侵占罪一案中，法院认为王某掌握的修改数据代码虽然是技术信息，但生成的高级游戏装备、武器必须依赖特定的游戏环境才具有使用价值，一旦离开游戏环境就毫无价值，不能为权利人带来商业价值，所以不具有商业秘密的特性，进而将其认定为职务侵占罪。但在李某侵犯商业秘密一案中，法院直接判定李某违反保密协议，非法获取、使用公司的商业秘密，并从中牟利，给公司造成重大损失，其行为构成侵犯商业秘密罪。

2.7.2 源代码的无意泄露

虽然互联网企业源代码无意泄露的形式多种多样，但经过研究分析，笔者认为源代码无意泄露的情形主要有申请软件著作权时泄露、马甲包买量时泄露、共同研发源代码时泄露等3种。

1. 申请软件著作权时泄露源代码

《计算机软件著作权登记办法》第9条规定："申请软件著作权登记的，应当向中国版权保护中心提交以下材料：……（二）软件的鉴别材料……"第10

条规定:"软件的鉴别材料包括程序和文档的鉴别材料。程序和文档的鉴别材料应当由源程序和任何一种文档前、后各连续30页组成。整个程序和文档不到60页的,应当提交整个源程序和文档。除特定情况外,程序每页不少于50行,文档每页不少于30行。"

互联网企业研发一款源代码后,会第一时间通过中介机构向中国版权保护中心申请软件著作权登记。一般来说,互联网企业申请软件著作权的员工并非技术人员,并不知晓源代码的重要性。因此,当中介机构要求其提供各种材料时,为尽快申请软件著作权,员工一般会尽量满足中介机构的要求。通常情况下,提供的材料包括软件的鉴别材料,而根据《计算机软件著作权登记办法》规定,提供软件的鉴别材料如果"整个程序和文档不到60页的,应当提交整个源程序和文档"。当整个程序和文档远超过60页时,一些员工会提交整个源代码给中介机构,在这种情况下就会存在源代码被无意泄露的风险。

2. 马甲包买量时泄露源代码

所谓马甲包买量,是指互联网企业通过改变一款App的名称、互动功能等内容,将其重新制作成另一个App版本,多版本上线苹果商店或者安卓商店,以获得更高的下载量,取得更大收益。市场上马甲包买量普遍存在的原因是不同类型的用户关注点不同,有些用户关注App的名称、有些用户会被App的色彩吸引等,马甲包能使同一款App满足不同用户的需求,因而能提高获客率。

由于苹果商店或者安卓商店的上架审核制度较为严格,同一款App很难反复上架成功,因此市场上出现了帮助互联网企业上架应用商店的企业。笔者曾为客户审核多份协助其上架商店的技术协议,也曾电话咨询该类企业,得知马甲包要上线商店,须提供马甲包的代码给该类企业,其中可能存在源代码泄露的风险。

3. 共同研发时泄露源代码

由于一些互联网企业本身没有足够的技术人员进行源代码研发,或者出于资源互补的考虑，所以互联网企业之间会进行源代码的合作开发。在合作研发的过程中，互联网企业可能会在协议里约定"合作研发的知识产权归双方共同所有"。由于协议可能未对"知识产权"进行界定，因此会出现哪些"知识产权归双方共同所有"及共有一方是否有权许可第三方使用等问题。

《中华人民共和国专利法》第14条规定，专利共有人一方可以单独以普通许可方式许可他人实施该专利。《民法典》第861条规定，技术秘密共有人一方未经双方协商约定，不得擅自许可第三方实施该项技术秘密。《中华人民共和国著作权法实施条例》第9条规定，合作作品不能协商一致，又无正当理由的，一方有权许可第三方使用。由此可见，不同的权利类型有不同的许可规定。一旦合作研发的双方所界定的"知识产权"类型不明、所制定的协议含糊不清，就可能会出现共有源代码的一方以合法的方式授权第三方使用，而共有源代码的另一方无法制止的情况。

2.7.3 源代码的被动泄露

源代码的被动泄露是指第三方通过非法入侵的形式进行源代码的窃取或者在源代码中植入附加程序。此类型在游戏行业很常见，俗称"私服"和"外挂"。

"私服"，是指违法行为人在窃取互联网公司的源代码后，私自架设服务器，以运营与互联网公司同款网络游戏进行牟利的行为。"外挂"，是指违法行为人未窃取互联网公司的源代码，而只是在互联网公司的源代码中植入与主体程序一同运行、扩展其功能的附加程序，其在网上贩售牟利的是附加程序。

在司法实践中，法院一般将窃取源代码并私自架设服务器的行为界定为"复制发行计算机软件"，定为侵犯著作权罪。然而，对于兜售外挂软件的违法行为人，法院的判决则不同。有的法院认为，兜售外挂软件的行为属于"出版、印刷、复制、发行业务"，根据《关于审理非法出版物刑事案件具体应用法律若干问题的解释》第15条规定，被认定为构成非法经营罪；有的法院认为，网络游戏外挂程序复制互联网游戏程序源代码中的部分内容，研发网络游戏外挂程序须以网络游戏原有程序为基础，存在复制网络游戏数据的客观事实，因此被认定为构成侵犯著作权罪；有的法院认为，违法行为人提供侵入计算机系统的附加程序，因此被认定为构成提供侵入、非法控制计算机信息系统程序、工具罪。

2.7.4　总结

综上所述，源代码的泄露大体分为主动泄露、无意泄露和被动泄露3种类型。其中，主动泄露主要分为内部员工主动泄露及非法修改源代码两种类型；无意泄露的类型多种多样，这里仅就"申请软件著作权时泄露""马甲包买量时泄露"和"共同研发时泄露"作简要分析；被动泄露包括窃取源代码和植入附加程序两种类型。

2.8　源代码被动泄露的诉讼策略

前文简要分析源代码被动泄露的类型及可能对应的刑事风险。实际上，在笔者处理的源代码泄露案件中，互联网企业在源代码失窃后更想知道采用何种方式进行维权更合适。以下对源代码被动泄露的诉讼策略展开分析。

2.8.1　源代码被动泄露的刑事策略分析

第三方盗取互联网企业的源代码，一般涉及刑事上的侵犯著作权罪和侵犯商业秘密罪。

1. 涉嫌侵犯著作权罪的相关法律规定

《刑法》第217条规定："以营利为目的，有下列侵犯著作权情形之一，违法所得数额较大或者有其他严重情节的,处三年以下有期徒刑或者拘役,并处或者单处罚金;违法所得数额巨大或者有其他特别严重情节的,处三年以上七年以下有期徒刑,并处罚金:(一)未经著作权人许可,复制发行其文字作品、音乐、电影、电视、录像作品、计算机软件及其他作品的。"

《关于办理侵犯知识产权刑事案件具体应用法律若干问题的解释(一)》第5条规定:"以营利为目的,实施刑法第二百一十七条所列侵犯著作权行为之一,违法所得数额在三万元以上的,属于'违法所得数额较大';具有下列情形之一的,属于'有其他严重情节',应当以侵犯著作权罪判处三年以下有期徒刑或者拘役,并处或者单处罚金:(一)非法经营数额在五万元以上的;(二)未经著作权人许可,复制发行其文字作品、音乐、电影、电视、录像作品、计算机软件及其他作品,复制品数量合计在一千张(份)以上的;(三)其他严重情节的情形。以营利为目的,实施刑法第二百一十七条所列侵犯著作权行为之一,违法所得数额在十五万元以上的,属于'违法所得数额巨大';具有下列情形之一的,属于'有其他特别严重情节',应当以侵犯著作权罪判处三年以上七年以下有期徒刑,并处罚金:(一)非法经营数额在二十五万元以上的;(二)未经著作权人许可,复制发行其文字作品、音乐、电影、电视、录像作品、计算机软件及其他作品,复制品数量合计在五千张(份)以上的;(三)其他特别严重情节的情形。"

《关于办理侵犯知识产权刑事案件具体应用法律若干问题的解释(二)》第2条规定:"刑法第二百一十七条侵犯著作权罪中的'复制发行',包括复制、发行或者既复制又发行的行为。侵权产品的持有人通过广告、征订等方式推销侵权产品的,属于刑法第二百一十七条规定的'发行'。非法出版、复制、发行他人作品,侵犯著作权构成犯罪的,按照侵犯著作权罪定罪处罚。"

案例:赵某元、赵某保侵犯著作权罪案

【审理法院】江苏省高级人民法院

【案号】(2012)苏知刑终字第0003号

【判决日期】2012-12-18

【案情】2009年2月,被告人赵某元、赵某保以营利为目的,未经《热血传奇》游戏中国运营商上海某网络发展有限公司许可租用网络服务器,私自架设网络游戏服务器运营《热血传奇》,用银行卡绑定支付平台,供网络游戏玩家通过网银转账、游戏点卡充值等方式付费。至案发,赵某元运营"私服"游戏的非法经营数额为629113.70元,赵某保非法经营数额为79663.70元。

法院判决认为:被告人赵某元、赵某保以营利为目的,未经著作权人许可,复制、发行其计算机软件作品,情节严重,其二人行为均已构成侵犯著作权罪。❶

案例:李某强、方某俊等侵犯著作权案

【审理法院】江苏省常州市天宁区人民法院

【案号】(2019)苏0402刑初616号

【判决日期】2020-08-07

【案情】2019年,NC Soft 和上海数龙科技有限公司签订《永恒之塔》(Aion)授权书,将网络游戏《永恒之塔》在中国的运营、发行等全部相关著作权、商标权等知识产权的维权权利授予上海数龙科技有限公司。2018年5月,被告人李某强通过非正规渠道获取《永恒之塔》服务端程序,后未经著作权人许可,以营利为目的,租用服务器搭建《永恒之塔》私服。2018年10月底,被告人李某强、方某俊、石某稳商量后,利用被告人李某强获取的《永恒之塔》服务端程序共同搭建、经营名为《永恒之塔大师服》网络私服游戏,并通过向游戏玩家出售游戏装备和给玩家上权限、转职获利,获利金额由被告人李某强及石某稳各分得三成、被告人方某俊分得四成。

法院判决认为:被告人李某强、方某俊、石某稳、王某兵以营利为目的,未经著作权人许可,复制发行其计算机软件,情节特别严重,其行为均已构成侵犯著作权罪,系共同犯罪。❷

综上所述,如第三方盗窃源代码后私自架设服务器,违法所得收入在3万元以上或复制品发行数量(下载量)在1000张以上或非法经营数额在5万元以上的,应当以侵犯著作权罪判处3年以下有期徒刑或者拘役,并处或者单处罚金;如违法所得收入在15万元以上或复制品发行数量(下载量)在5000张以上或

---

❶ 引自中国裁判文书网。

❷ 引自中国裁判文书网。

非法经营数额在 25 万元以上的，应当以侵犯著作权罪判处 3 年以上 7 年以下有期徒刑，并处罚金。

2. 涉嫌侵犯商业秘密罪的相关法律规定

《刑法》第 219 条规定："有下列侵犯商业秘密行为之一，给商业秘密的权利人造成重大损失的，处三年以下有期徒刑或者拘役，并处或者单处罚金；造成特别严重后果的，处三年以上七年以下有期徒刑，并处罚金：（一）以盗窃、利诱、胁迫或者其他不正当手段获取权利人的商业秘密的。"

《关于办理侵犯知识产权刑事案件具体应用法律若干问题的解释（三）》第 3 条规定："采取非法复制、未经授权或者超越授权使用计算机信息系统等方式窃取商业秘密的，应当认定为刑法第二百一十九条第一款第（一）项规定的'盗窃'。以贿赂、欺诈、电子侵入等方式获取权利人的商业秘密的，应当认定为刑法第二百一十九条第一款第（一）项规定的'其他不正当手段'。"

《关于办理侵犯知识产权刑事案件具体应用法律若干问题的解释（三）》第 4 条规定："实施刑法第二百一十九条规定的行为，具有下列情形之一的，应当认定为'给商业秘密的权利人造成重大损失'：（一）给商业秘密的权利人造成损失数额或者因侵犯商业秘密违法所得数额在三十万元以上的；（二）直接导致商业秘密的权利人因重大经营困难而破产、倒闭的；（三）造成商业秘密的权利人其他重大损失的。给商业秘密的权利人造成损失数额或者因侵犯商业秘密违法所得数额在二百五十万元以上的，应当认定为刑法第二百一十九条规定的'造成特别严重后果'。"

第三方盗取互联网企业的源代码，按照法律的规定，也可适用侵犯商业秘密罪，但笔者检索实务案例后发现，实际上很少有违法行为人适用侵犯商业秘密罪定罪量刑。究其原因，笔者认为盗窃行为一般较为隐秘，取证难度大且涉及技术问题，给定罪量刑造成不小的难度；而侵犯著作权罪的适用难度小，并且二者的量刑基础都是 3 年以下或者 3~7 年，因此在实务中多适用侵犯著作权罪而非侵犯商业秘密罪。

2.8.2 源代码被动泄露的民事策略分析

第三方盗取互联网企业的源代码一般涉及民事上的著作权侵权和不正当竞争。

1. 涉及不正当竞争的法律规定

《反不正当竞争法》第 6 条规定："经营者不得实施下列混淆行为，引人误认为是他人商品或者与他人存在特定联系：（一）擅自使用与他人有一定影响的商品名称、包装、装潢等相同或者近似的标识；（二）擅自使用他人有一定影响的企业名称（包括简称、字号等）、社会组织名称（包括简称等）、姓名（包括笔名、艺名、译名等）；（三）擅自使用他人有一定影响的域名主体部分、网站名称、网页等；（四）其他足以引人误认为是他人商品或者与他人存在特定联系的混淆行为。"

《反不正当竞争法》第 17 条规定："经营者违反本法规定，给他人造成损害的，应当依法承担民事责任。经营者的合法权益受到不正当竞争行为损害的，可以向人民法院提起诉讼。"第 18 条规定："经营者违反本法第六条规定实施混淆行为的，由监督检查部门责令停止违法行为，没收违法商品。违法经营额五万元以上的，可以并处违法经营额五倍以下的罚款；没有违法经营额或者违法经营额不足五万元的，可以并处二十五万元以下的罚款。情节严重的，吊销营业执照。"

2. 涉及著作权侵权的法律规定

《中华人民共和国著作权法》第 10 条规定："著作权包括下列人身权和财产权：……（五）复制权，即以印刷、复印、拓印、录音、录像、翻录、翻拍、数字化等方式将作品制作一份或者多份的权利；（六）发行权，即以出售或者赠与方式向公众提供作品的原件或者复制件的权利；……（十二）信息网络传播权，即以有线或者无线方式向公众提供使公众可以在其选定的时间和地点获得作品的权利；……"

第 2 章　数字经济产业的基石：网络安全与源代码保护

《最高人民法院关于审理侵害信息网络传播权民事纠纷案件适用法律若干问题的规定》第 3 条规定："网络用户、网络服务提供者未经许可，通过信息网络提供权利人享有信息网络传播权的作品、表演、录音录像制品，除法律、行政法规另有规定外，人民法院应当认定其构成侵害信息网络传播权行为。通过上传到网络服务器、设置共享文件或者利用文件分享软件等方式，将作品、表演、录音录像制品置于信息网络中，使公众能够在个人选定的时间和地点以下载、浏览或者其他方式获得的，人民法院应当认定其实施了前款规定的提供行为。"

案例：江苏某网络技术有限公司、上海某网络科技有限公司与厦门某网络股份有限公司、广州某信息科技有限公司著作权侵权及不正当竞争纠纷案

【审理法院】广东省广州市天河区人民法院

【案号】（2016）粤 0106 民初 350 号

【判决日期】2017-04-07

【案情】《传奇霸业》是江苏某网络技术有限公司研发并享有著作权的网络游戏，该公司授权上海某网络科技有限公司独家运营涉案游戏。两个原告发现两个被告开发并运营的网页游戏《战天》部分抄袭涉案游戏素材。双方经协商签订和解协议，两个被告承诺删除侵权素材并保证不再侵权。因为两个被告再次实施侵权行为，所以两个原告起诉请求判令两个被告立即停止侵权及不正当竞争行为，公开向其赔礼道歉、消除影响，并连带赔偿其损失 100 万元及合理费用 3.3 万元。

两个被告是《战天》游戏的开发商及运营商，同属国内网络游戏市场的经营者，二者所运营的游戏类型相同、游戏玩家重合度高，存在密切的同业竞争关系。两款游戏对外公测时间接近，两个被告虽在其开发运营的《战天》游戏中使用江苏某网络技术有限公司享有著作权的美术作品，并且就该侵权行为在与江苏某网络技术有限公司达成和解的情况下，仍继续使用江苏某网络技术有限公司享有著作权的部分美术作品，但该行为仍属于著作权侵权法律关系调整范畴。在本院对江苏某网络技术有限公司的著作权侵权主张已予以支持的情况下，上海某网络科技有限公司就同一侵权行为主张不正当竞争不应获得支持，本院对于相关诉讼请求，不再予以支持。❶

---

❶ 引自中国裁判文书网。

【案例】 某科技（北京）有限公司、某资讯股份有限公司与上海某网络科技有限公司、北京某互联信息服务有限公司著作权侵权纠纷、不正当竞争纠纷案

【审理法院】 上海市徐汇区人民法院

【案号】（2012）徐民三（知）初字第295号

【判决日期】 2013-08-23

【案情】 原告起诉：被告某公司系《神仙道》网页游戏的合作运营商，三个被告于某公司所有的网站（sina.com.cn）中联合运营《神仙道》网页游戏，在游戏中未经两个原告授权许可，擅自使用其享有著作权的《仙剑奇侠传五》游戏中姜云凡、小蛮、唐雨柔、龙幽人物形象的美术作品，侵害了原告享有的作品复制权、信息网络传播权。三个被告使用上述人物形象进行宣传，与原告发行《仙剑奇侠传五》游戏时使用的包装、装潢相似，足以造成社会公众混淆，误认被告运营的游戏系原告制作发行，被告某公司在宣传中使用仙剑网页版，多次提及原告制作的仙剑游戏，以混淆、误导社会公众，故三个被告行为构成擅自使用知名商品特有包装、装潢及虚假宣传不正当竞争。

法院认为：某公司在运营《神仙道》网页游戏前，已经能通过公开渠道接触上述人物形象的美术作品，而在本案审理期间被告某公司未向本院说明上述人物形象的制作者或来源，故涉案页面中被告某公司使用的人物形象不存在合法来源。综上所述，本院认定涉案页面中的人物形象侵害了原告享有的姜云凡、小蛮、唐雨柔、龙幽人物形象美术作品的著作权。被告某公司只是在涉案页面二使用两个原告享有著作权的人物形象美术作品，未在涉案页面二对其运营的《神仙道》网页游戏或者上述人物……与《仙剑奇侠传五》存在关联进行宣传，而且侵权时《仙剑奇侠传五》的知名度有限，相关公众对上述人物的认知度有限，不会对两款游戏产生混淆、误认；因此原告指控涉案页面二中的美术作品同时构成擅自使用知名商品特有包装、装潢及虚假宣传不正当竞争缺乏依据，本院不予支持。❶

　　违法行为人盗取互联网企业源代码并私自架设服务器的行为也符合民事上著作权侵权及不正当竞争的规定，按理可以以著作权侵权和不正当竞争为案由提起诉讼，但根据笔者检索的案例可以发现，该类案例更多为游戏素材抄袭，对于是否窃取源代码无法判断，因此违法程度不及犯罪，退而选择民事诉讼。

---

❶ 引自中国裁判文书网。

此外，值得注意的是，互联网企业同时提出著作权侵权和不正当竞争的诉请后，多数法院也可能认为侵权行为属于著作权侵权法律关系调整范畴，在支持著作权侵权主张成立的情况下，就同一侵权行为不再支持不正当竞争。

2.8.3 总结

对于源代码的被动泄露，从刑事角度分析，违法行为人盗取源代码的行为涉嫌侵犯著作权罪和侵犯商业秘密罪，但笔者经检索案例后发现，在实践中违法行为人很少适用侵犯商业秘密罪，其原因是盗窃行为一般较为隐秘，取证难度大且涉及技术问题，对定罪量刑造成不小的难度，而侵犯著作权罪的适用难度小，并且二者的量刑基础都是 3 年以下或者 3~7 年，因此实务中多适用侵犯著作权罪而非侵犯商业秘密罪；从民事角度分析，违法行为人盗取互联网企业源代码并私自架设服务器的行为符合民事上著作权侵权及不正当竞争的规定，但根据笔者检索的案例发现，源代码失窃多数采取刑事方式解决而非民事诉讼，即使采取民事诉讼的方式，互联网企业同时提出著作权侵权和不正当竞争的诉请后，多数法院也可能认为侵权行为属于著作权侵权法律关系调整范畴，在支持著作权侵权主张成立的情况下，就同一侵权行为不再支持不正当竞争。

2.9 源代码对外侵权的潜在风险

前文主要介绍互联网企业自研的源代码性质、泄露风险及维权措施，给人的感觉是互联网企业的源代码似乎只有被侵权的风险，而无对外侵权的可能性。其实不然，互联网企业研发源代码的过程，也存在对外侵权的风险。这种风险来源于互联网企业的程序员所使用的代码如果是开源代码，就会受到开源代码所附带的开源许可证的约束。有些开源许可证要求使用该开源代码进行二次开源，二次开源的代码需要对外公开，不得闭源。一旦闭源，就会违反开源许可证的规定，存在侵权的潜在风险。

2.9.1 开源运动的来龙去脉

在分析源代码为何存在对外侵权的潜在风险前，笔者认为有必要介绍开源运动的来龙去脉，以便读者对侵权风险有更详细的了解。

开源运动起源于 20 世纪五六十年代的美国，当时计算机限于军用和学校研究。1965 年，美国贝尔实验室（隶属于美国国际电话电报公司，即 AT&T）合作开发出 Unix 操作系统。由于 AT&T 受到反垄断的压力，所以于 1958 年该实验室与美国司法部签订和解协议，承诺不进入计算机领域，于是将 Unix 操作系统以近乎免费的方式授权各高等院校使用。

20 世纪七八十年代，家用计算机开始普及，计算机市场迅速发展，软件也被列入著作权登记范畴。AT&T 被拆分为 8 家公司，这意味着之前其与司法部签订的和解协议不再生效。AT&T 顺势进入计算机行业，并要求各高等院校此后须按期付费才能使用 Unix 操作系统。

AT&T 的上述行为被认为违反"黑客精神"（自由开放精神），以理查德·马修·斯托曼（Richard Matthew Stallman）为首的先驱开启了开源软件运动。他们以"重现软件界合作互助的团结精神"为名，在 net.unix-wizards 新闻组发表著名的 GNU 宣言，目标是创建一套完全自由的操作系统。这套操作系统应遵循 4 个原则：一是使用软件的自由；二是开源软件可根据使用者的需要进行修改；三是可重新分发拷贝，有与他人分享的自由；四是改进程序，有为使他人受益而散发软件的自由。

在斯托曼等人的共同努力下，Linux 操作系统应运而生，并对外免费开源使用。受开源运动的影响，目前有不少软件都做了开源，但这些软件在开源的同时，规定程序员如果使用这些开源软件就必须遵照所附带的开源许可证的要求，如修改的地方需要放置修改说明、新增代码需要再次开源等。

2.9.2 开源许可证的类型

根据前文所述，当前有不少开源软件在允许他人使用的同时，要求他人遵循开源许可证的要求。经研究，笔者总结目前市面上主要的开源许可证类型，并对其简要分析。

实际上，开源许可证是由开放源代码促进会（OSI）组织颁发的，目前市面上通过该组织认证的开源许可证有 83 种，但 80% 的开源软件使用的开源许可证不超过 10 种，开源许可证的主要类型如图 2-10 所示。

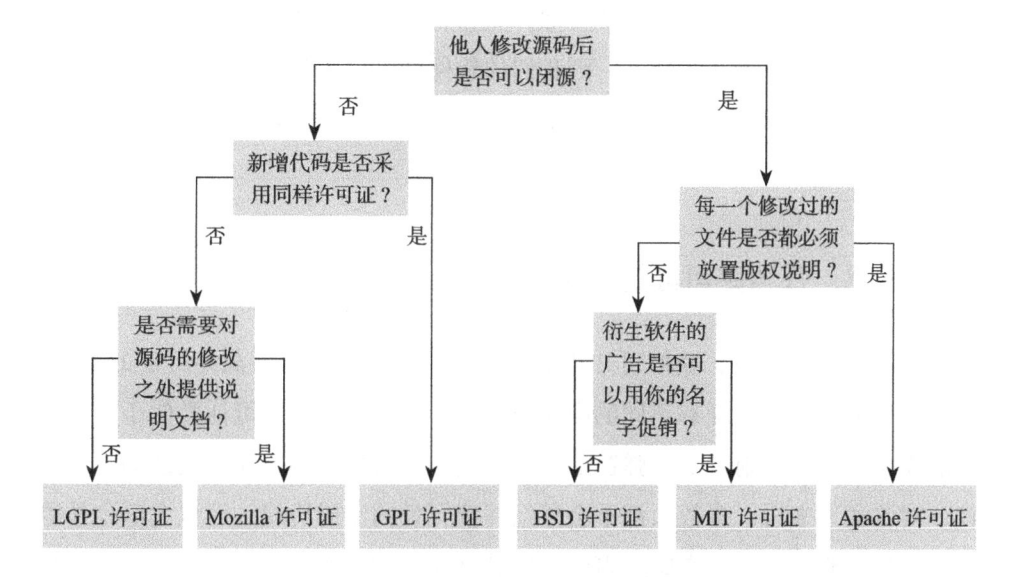

图 2-10 开源许可证的主要类型

从图 2-10 可以看出，MIT 许可证应该是其中最宽松的许可证。实际上，MIT 许可证是市面上较受欢迎的许可证，有接近 50% 的开源软件都采用 MIT 许可证。使用 MIT 许可证的开源软件允许闭源，只需要满足两个条件：一是必须明确指出开源软件的版权人；二是必须包含 MIT 许可证原文。

BSD 许可证与 MIT 许可证的唯一区别是它不能使用原始创作者及贡献者的信息进行二次宣传，如使用谷歌 BSD 许可的开源软件改造后做成自己的软件，不能使用谷歌及二次开源者进行促销宣传。

Apache 许可证则允许永久授权他人版权和专利权，但商标权仍归属 Apache 许可证所有人。此外，根据图 2-10，Apache 许可证要求程序员在每次修改及每个修改处都标注清楚修改人、修改内容和修改时间。

GPL 许可证应该是上述许可证中相对严格的一种。GPL 许可证要求使用该软件后必须再次开源，并且二次开源的软件必须再使用 GPL 许可证，以保持开源的持续性和稳定性。此类软件的典型即是前文提及的 Linux，因为 GPL 许可证的规定，Linux 的所有变种，如 Red Hat、CentOS、Ubuntu 等都必须免费开源。

LGPL 许可证与 GPL 许可证类似，但它属于弱传染性的许可证，规定通过类库引用的方式使用开源软件，则我们的软件可以不用开源，商业软件可以使用 LGPL 软件且不用开源自己的代码。❶ Mozilla 许可证与 LGPL 许可证类似，也属于弱传染性的许可证。

2.9.3 开源许可证的法律效力

根据前文的分析，我们可知市面上开源软件大都附有开源许可证的要求，而且不同的开源许可证有不同的限制要求。实际上，开源许可证类似于第一次注册淘宝账号时所附带的以弹窗形式或者链接形式提示用户注意阅读的注册协议。对普通人来说，多数人都不会仔细阅读冗长的注册协议，而且大部分开源许可证都是英文协议，增加了程序员阅读协议的障碍。那么，该类开源许可证是否具有法律上的约束力呢？实际上，开源许可证在美国已经得到法院判决的支持。

在 2008 年鲍勃·雅各布森（Bob Jacobsen）与马特·卡泽（Matt Katzer）案件❷中，雅各布森和其团队开发了一个名为"爪哇"的模型火车控制软件，

---

❶ 漫谈开源许可证 [EB/OL].（2019-01-26）[2020-01-03]. https：//mp.weixin.qq.com/s/rZ5BMvot8hFJTrRYmvhTFQ.

❷ 顾紫翚.影响美国互联网的 20 个大案 [EB/OL].（2020-07-17）[2023-04-05]. https：//blog.csdn.net/weixin_42255349/article/details/107421173.

第2章 数字经济产业的基石：网络安全与源代码保护

并把它放在著名的开源软件网站 Source Forge 上供公众免费下载。该模型火车控制软件使用艺术许可协议。该许可证允许他人自由复制、分发和修改软件，但必须注明原作者的名字并说明源代码来源，将所开发的新版本软件放在指定的开源网站上供公众下载，以及在软件包中说明该版本软件与雅各布森开发的标准版之间的区别等。之后，该项目的部分源代码被卡泽及其公司卡明德（KA-MIND）并入其开发的产品，但卡泽和卡明德并没有遵循 Artistic 许可证的条款。基于这些理由，雅各布森于 2006 年向旧金山联邦法院提起诉讼，控告卡泽与卡明德公司侵犯其著作权。此外，他还向法院提出临时禁令的申请，要求法院下令禁止卡泽与卡明德继续发布、销售侵犯其著作权的产品。

法院认为，该案的核心问题在于卡泽和卡明德公司违反的条款究竟是许可的条件，还是合同中的契约。法院发现，Artistic 许可协议所使用的表述方式清楚地表明其条款构成复制、修改和发布该软件的条件。同时，这些条件对版权所有者能够保留从下游用户的作品中获益的能力至关重要，如通过要求修改或分发该软件的用户保留对源文件的引用，其他用户就可以从"下游"的发布中了解到"上游"项目，进而参与"爪哇"的改良工作。虽然许可人仅要求被许可人遵循 Artistic 许可协议的条款（包括附上版权声明等），而不是向被许可人收取许可使用费，但这种方式应得到同样的法律认可。因此，在没有版权声明和未标注对原始文件修改的情况下，修改和分发受版权保护的材料的行为超出 Artistic 许可协议的范围，可能构成侵犯版权。

实际上，开源许可证的法律效力不仅在美国得到法院的认可，而且在中国"柚子（北京）移动技术有限公司等与数字天堂（北京）网络技术有限公司侵犯著作权纠纷案"中，法院也间接认可开源许可证 GPL 协议的法律效力，"根据 GPL 协议的相关规定，GPL 协议的许可客体是在 GPL 协议许可下批准的受版权保护的程序及基于该程序的衍生产品或修订版本。对于原告涉案 3 个插件而言，在其所处文件夹中并无 GPL 开源协议文件，而 HBuilder 软件的根目录下亦不存在 GPL 开源协议文件的情况下，尽管 HBuilder 软件其他文件夹中包含 GPL 开源协议文件，但该协议对涉案 3 个插件并无拘束力。据此，涉案 3 个插件并不属于该协议中所指应被开源的衍生产品或修订版本,二被告认为原告软件为开源软件的相关抗辩理由不能成立"❶。

2.9.4 总结

互联网企业的程序员所使用的代码如果是开源代码,那么需要受到开源代码所附带的开源许可证约束。市面上常见的开源许可证主要有 MIT 许可证、BSD 许可证、Apache 许可证、GPL 许可证、Mozilla 许可证和 LGPL 许可证。不同的许可证有不同的约束要求,而且开源许可证的法律效力已被美国法院直接认可,中国法院也从侧面认可了开源许可证的法律效力。因此,如果互联网企业的程序员使用 GPL 许可证、Mozilla 许可证或 LGPL 许可证进行二次开源,开源后选择闭源并采取保密措施进行保护,就违反了开源许可证的要求,有侵权的潜在风险。

2.10 源代码保护的合规设计

2.10.1 互联网企业须做好保密措施

源代码是一种技术信息,属于商业信息,具有秘密性(不为公众所知悉)、商业性(具有商业价值)和保密性(权利人采取保密措施)的"三性"特征,符合法律上界定的"商业秘密"。互联网企业内部员工如果盗取源代码或非法修改源代码,重则涉嫌构成侵犯著作权罪或侵犯商业秘密罪,轻则承担民事责任。

笔者认为互联网企业应做好保密措施,大抵可从如下方面入手:一是与程序员签订保密协议或者在合同中约定保密义务;二是通过章程、培训、规章制

---

❶ 引自中国裁判文书网。

度、书面告知等方式，对能够接触、获取源代码的员工、前员工、供应商、客户、来访者等提出保密要求；三是对涉密的机房、办公场所等生产经营场所限制来访者或者进行区分管理；四是以标记、分类、隔离、加密、封存、限制能够接触或者获取的人员范围等方式，对源代码及其载体进行区分和管理；五是对能够接触、获取"源代码"的计算机设备、电子设备、网络设备、存储设备、软件等，采取禁止或者限制使用、访问、存储、复制等措施；六是要求离职员工登记、返还、清除、销毁其接触或者获取的源代码及其载体并继续承担保密义务等。

2.10.2 慎用马甲包买量

由于市面上协助互联网企业上架应用商店的技术公司需要使用互联网企业的代码，以便用"代码混淆""代码修改"等技术手段通过应用商店的审核，才能帮助互联网企业成功上架马甲包，在这一过程中或存在源代码泄露风险。因此，笔者建议，互联网企业如无必要，慎用马甲包买量；即使需要马甲包买量，也要注意保护源代码的安全，更好的方式是提供目标代码给对方或者对源代码做技术保护后确定无任何风险时再提供代码给对方。

2.10.3 申请软件著作权做例外交存或封存

《计算机软件著作权登记办法》第 9 条规定："申请软件著作权登记的，应当向中国版权保护中心提交以下材料：……（二）软件的鉴别材料……"第 10 条规定："软件的鉴别材料包括程序和文档的鉴别材料。程序和文档的鉴别材料应当由源程序和任何一种文档前、后各连续 30 页组成。整个程序和文档不到 60 页的，应当提交整个源程序和文档。除特定情况外，程序每页不少于 50 行，文档每页不少于 30 行。"如果互联网企业研发源代码后向中国版权保护中心申请软件著作权登记时出现鉴别材料泄露的情况，那么将可能导致互联网企业的源代码因为公众所知悉而不再符合秘密性的特征，进而使得源代码丧失商业价值。

《计算机软件著作权登记办法》第 12 条规定："申请软件著作权登记的，可以选择以下方式之一对鉴别材料作例外交存：（一）源程序的前、后各连续的 30 页，其中的机密部分用黑色宽斜线覆盖，但覆盖部分不得超过交存源程序的 50%；（二）源程序连续的前 10 页，加上源程序的任何部分的连续的 50 页；（三）目标程序的前、后各连续的 30 页，加上源程序的任何部分的连续的 20 页。文档作例外交存的，参照前款规定处理。"第 13 条规定："软件著作权登记时，申请人可以申请将源程序、文档或者样品进行封存。除申请人或者司法机关外，任何人不得启封。"因此，笔者建议在委托中介机构申请著作权登记时，可连带委托中介机构进行例外交存或者封存，以尽可能地降低源代码泄露的风险。

2.10.4 合作研发源代码时须审慎拟订协议

由于一些互联网企业没有足够的技术人员进行源代码研发，或者出于资源互补的考虑，互联网企业之间会进行源代码的合作开发。在合作研发的过程中，互联网企业一般会在合作协议里约定"合作研发的知识产权归双方共同所有"，但由于协议未对"知识产权"进行界定，也没有对共有一方是否有权许可第三方使用源代码的问题进行约定，因此导致在实际中出现较多纠纷。

笔者建议合作研发源代码时须重视合作协议的拟订，特别是知识产权相关条款的拟订。笔者认为关于知识产权的条款内容可以拟订为"本合同在履行过程中形成的各类成果的知识产权归双方所有，包括但不限于著作权、专利权、商标权等，双方均有权使用。任何一方均有权自行决定其使用方式，且使用收益归各自所有，无须向对方支付收益分成或费用"。

2.10.5 采取源代码技术保护措施，必要时提起刑事控告

源代码的被动泄露是第三方通过非法入侵进行源代码的窃取或在源代码中植入附加程序。当出现此情况时，实际上互联网企业多数采取侵犯著作权罪的刑事控告手段。

笔者建议互联网企业研发出源代码后，应做好源代码的技术保护，如可以采取数字版权管理（DRM）、序列号保护技术、内容扰乱系统（CSS）或Denuvo防篡改等技术。当源代码遭受外部攻击导致丢失时，互联网企业应第一时间选择报案，采取刑事控告手段处理此类纠纷。

2.10.6 慎选开源代码，仔细研读开源许可证

笔者建议互联网企业研发的源代码应尽可能减少使用强制开源的开源软件，如确实需要使用开源软件，在使用前应仔细研读该开源软件的开源许可证，确认该开源许可证所属类型，尽量减少使用或者不使用 GPL 许可证、Mozilla 许可证或 LGPL 许可证。

2.11 源代码侵权的诉讼之道

在司法实践中，源代码侵权一直以来都是诉讼的难点，其关键是侵权事实认定困难。一般而言，源代码侵权会按商业秘密侵权或著作权侵权进行认定，进而要求源代码具有商业秘密的"三性"特征，或以著作权保护的客体是作品为由，要求当事人论证业务代码是否属于作品，或要求对方提供源代码以进行"同一性"的司法鉴定，这就极大地增加了胜诉难度。

笔者在一起源代码侵权案件中，以违约责任作为请求权基础，利用计算机软件开发合同的法律关系，在历经10余个小时庭审后，避开仲裁庭对商业秘密的"三性"认定、著作权保护的客体认定及"同一性"的司法鉴定，成功获得胜诉裁决。

2.11.1 源代码侵权中普遍性争议难点及规避办法

当事人与 A 公司签订技术开发合同，约定委托 A 公司进行一款手游的开发。A 公司对了解或接触到的商业秘密及其他机密和信息均应严格保守秘密，对基于履行合同而开发制作的一切产品的知识产权排他地完全属于当事人独占所有。合同签订后，当事人依约付款，顺利获得手游项目并上线运营。之后，当事人发现 A 公司开发并上架的一款手游与自己之前委托其开发的手游相似，通过技术对比发现两款游戏的两段游戏代码高度相似，因此希望通过维权手段保护自身合法权益。

1. 避开著作权的保护客体认定

源代码侵权案件的难点是侵权事实的认定。如果源代码侵权被法院按著作权侵权进行认定，那么需要举证证明当事人的源代码属于著作权保护的客体，即源代码应被认定为作品进行保护。然而在上述案件中，当事人只获取 A 公司手游的两段游戏代码，其他业务代码是否属于作品有待商榷，一旦被认定为不属于作品，就意味着存在败诉风险。鉴于此，笔者以违约责任作为请求权基础，以 A 公司违约为由，向合同约定的仲裁机构提起仲裁申请。对此，A 公司向仲裁机构提交《仲裁审理范围的异议申请书》，认为其虽然依据技术开发合同提起仲裁申请，但当事人是基于计算机软件著作权侵权纠纷主张权利，应将著作权侵权纠纷部分从仲裁庭审理范围中予以排除。

仲裁庭认为，申请人依据技术开发合同中的仲裁条款及其他合同约定提起本案仲裁，故申请人的请求权基础仅限于合同违约。虽然案涉合同部分条款约定在一定程度上存在合同违约和著作权侵权的竞合，但正如被申请人在答辩中所提到的，著作权的保护客体为作品，并非业务代码本身，更不是业务代码的片段，技术开发合同约定条款以双方达成合意的方式使被申请人承担更为严格的合同义务。因此，被申请人是否存在违约行为与被申请人是否侵犯申请人的计算机软件著作权并非同一个问题。

第2章 数字经济产业的基石：网络安全与源代码保护

2. 避开商业秘密的"三性"认定

除可能被按著作权侵权认定外，源代码侵权还可能被法院按商业秘密侵权认定，那么还需要举证证明当事人的源代码具有商业秘密的"三性"特征，即"秘密性""保密性""商业价值性"，但是"三性"的举证难度较大，必要时甚至需要做"非为公众所知悉"的司法鉴定（一般刑事案件需做该类鉴定），以确保源代码具有"秘密性"特征。该司法鉴定一方面鉴定费用高达10万~20万元，另一方面鉴定时间特别长，无益于当事人的实际需求。

当A公司在抗辩中提出根据《中华人民共和国反不正当竞争法》第9条，权利人作为商业秘密主张保护的技术信息应当符合商业秘密的构成要件，即秘密性、保密性和商业价值性，且缺一不可时，笔者立即提醒仲裁庭，本仲裁案件为合同纠纷，不属于侵权案件，根据技术开发合同保密条款的约定，保密信息不仅包括商业秘密，还包括合同约定的其他信息，因此本案件中的两段业务代码不应按商业秘密进行认定。对此，仲裁庭最终根据技术开发合同的保密条款进行相关事实认定。

3. 避开"同一性"的司法鉴定

就笔者处理过的源代码侵权案件，一般情况下，法院会要求被告方也提供自己的源代码，再将原告、被告双方的源代码进行"同一性"的司法鉴定比对。为了规避侵权风险，如果源代码较为简单，被告方甚至可以临时制作出一款相同运行功能且与原告方完全不同的源代码，在此基础上的"同一性"司法鉴定反而不利于原告方的主张。

鉴于此，笔者向仲裁庭申请专家辅助人出庭，并制作两段侵权代码的侵权对比PPT。在庭审中，专家辅助人通过现场投影讲解两段侵权代码对比图，从而使仲裁庭认定：申请人主张手游项目的××函数和××函数所运行的代码片段与被申请人手游项目中的同名函数所运行的代码片段存在实质性相似，被申请人存在使用申请人手游项目中部分业务代码的行为，违反合同约定，应当承担相应的法律责任。

2.11.2 源代码侵权中个案性争议难点及解决路径

前述案件从当日上午 9 点 30 分开庭至 22 点 30 分结束庭审，历时 10 余个小时。庭审中的争议除前述普遍性争议难点外，还存在个案性的争议问题，如合同终止后知识产权条款的效力认定、反编译取得的计算机软件程序的效力认定等。

1. 合同终止后知识产权条款的效力认定

该案件的有趣之处是技术开发合同约定了有效期条款，即合同有效期为 1 年。除保密条款约定永久有效外，知识产权条款并未作出相应约定。对此，A 公司抗辩：技术开发合同第 10 条约定合同有效期限，同时合同第 6 条特别明示"本保密条款的期限为永久，不因案涉合同的终止而终止"。由此可见，技术开发合同第 6 条是其有效期限的唯一例外，因此包括知识产权在内的合同条款的效力已经因合同在 2018 年 1 月终止而终止。

对此，我们认为虽然知识产权条款不属于合同的结算和清理条款，但在技术开发合同中知识产权条款和保密条款都属于从合同义务，不应因为合同终止而终止。根据对案涉合同的文义解释和体系解释，诉争协议自签订之后仅 1 年内有效，由于手游从开发直至交付完成已近 1 年，而手游只有在开发完成后才算具备完整的知识产权，具有知识产权保护的可能性，因此知识产权条款不应随合同终止而终止。

仲裁庭认为，根据对案涉合同的文义解释和体系解释，结合双方拟订合同时的真实意思表示，合同第 10 条所约定的"本合同产品制作完成且甲方付清所有款项后，本合同自动终止"仅针对的是被申请人向申请人交付开发完成的游戏产品、申请人向被申请人支付合同价款的主合同义务，并不意味着双方之间的附随义务也随之终止。与保密和知识产权有关的纠纷通常在软件交付使用后才会发生，如果附随义务随着合同有效期届满而终止，就显然不符合双方当事人订立合同的初衷，因此该本案的审理范围应当包括保密条款和知识产权条款的约定。

2. 反编译取得的计算机软件程序的效力认定

除了前述争议问题外，A公司在庭审中还提出当事人因反编译而取得的计算机软件代码为非法取得，并不能作为合法的证据来源。虽然之后因A公司自行提交计算机软件代码，使得当事人通过技术手段取得的代码未能作为证据提交，但通过公开渠道检索，我们认为在司法实践中通过反编译所获得的代码是可以作为证据使用的，具有证明能力。例如，在南京某高新技术有限公司诉江苏某信息科技有限公司、刘某侵害计算机软件著作权纠纷一案［最高人民法院（2021）最高法知民终406号］中，法院接受反编译软件程序，并在庭审中表示"原审法院组织双方使用Beyond Compare比对软件，抽取部分未来SVN源代码、云蜻蜓安装文件反编译后的源代码进行比较，发现部分被该软件判断为不同的代码行中主要的差别仅为变量名称不同"。又如，在东莞市某电子科技有限公司诉深圳市某科技有限公司侵害计算机软件著作权一案［最高人民法院（2021）最高法知民终354号］中，原审法院经审理认定事实为：将深圳市某科技有限公司主张的盐度计测量软件V1.0目标代码文件与东莞市某电子科技有限公司被诉侵权产品的软件目标代码文件进行同一性比对。鉴定方法是将二者的目标代码文件直接进行比对，如存在差异，则通过反编译获取反编译代码，再作进一步人工分析。通过第一步直接比对，结论是二者相同字节占总数的比例为69.35%，因二进制比对结果存在较大差异，鉴定机构又通过IDA Pro工具软件进行反编译得到反编译代码文件，再针对差异部分作语义分析。

2.11.3 源代码侵权案件总结

前述案件的有趣之处是既有学理争议、司法实务争议，又有技术问题分析。如何通过有效的诉讼策略既能节省当事人的诉讼成本，又可以增加胜诉概率，是源代码侵权案件可以深入研究的问题。

结合处理此类案件的实务经验，笔者认为，如果希望以合同关系作为保障当事人源代码被泄露时的权利依据，那么企业在订立技术开发合同时应妥善设置保密条款和知识产权条款，包括确定保密条款的保密客体范围、知识产权条款的主体保护范围。关于有效期条款应根据企业的主体身份进行设计，如企业为技术开发的委托方且合同整体偏向于保护委托方权益的，建议不要设置有效期条款；如果企业为技术开发的受托方且合同整体偏向于保护委托方权益的，可增加有效期条款，并约定知识产权条款、保密条款的有效期，以充分保护自身权益。

第 3 章 数字经济产业的流量：广告宣传

数字经济产业的盈利模式与传统制造业存在显著区别。传统制造业多采取"一手交钱一手交货"的支付方式，盈利模式是销售商品或者提供服务。对数字经济产业来说，其盈利模式大多是利用累积的流量进行商业变现，变现的途径多为接受广告投放。此外，数字经济产业的宣传发布途径也多为投放广告。由此可见，数字经济产业的流量就是广告宣传。因此，无论是开拓市场的需要，还是创收的需要，数字经济产业都需要了解广告宣传的规定和风险控制。

3.1 是广告主，还是广告发布者

《中华人民共和国广告法》（以下简称《广告法》）第 2 条规定："在中华人民共和国境内，商品经营者或者服务提供者通过一定媒介和形式直接或者间接地介绍自己所推销的商品或者服务的商业广告活动，适用本法。"该条款是对"广告宣传"所下的定义，因此如果某些商业活动被认定是"广告宣传"，就要适用《广告法》。

就前述条款来说，笔者认为互联网企业应着重关注的第一个关键点是"商品经营者或者服务提供者"。根据《广告法》规定，所谓商品经营者或者服务提供者，即为"广告主"，是指为推销商品或者服务，自行或者委托他人设计、制作、发布广告的自然人、法人或者其他组织。除"广告主"外，《广告法》《互联网广告管理办法》还明确广告经营者、广告发布者、广告代言人和互联网信息服务提供者。其中,广告经营者是指接受委托提供广告设计、制作、代理服务的自然人、法人或者其他组织;广告发布者是指为广告主或者广告主委托的广告经营者发布广告的自然人、法人或者其他组织;广告代言人是指广告主以外的,在广告中以自己的名义或者形象对商品、服务作推荐、证明的自然人、法人或者其他组织;互联网信息服务提供者是指为他人发送、发布广告的活动提供信息服务的场所或者平台。

3.1.1 广告主与广告代言人

在实际操作层面,广告主(商品经营者或者服务提供者)在与广告代言人签订代言合同时,经常会以聘用代言人为产品经理或者其他员工的形式增强代言的效果,那么代言人以产品经理或者其他员工的名义对外所作的宣传是代言宣传,还是广告主自我宣传呢?

一些互联网企业的法定代表人经常出镜,为自己的公司进行商业宣传,如聚美优品"我为自己代言"的系列广告。新冠疫情期间,很多公司的法定代表人纷纷直播带货,如西贝莜面村的法定代表人等。公司法定代表人的代言活动是广告主自我宣传,还是代言人宣传呢?

《民法典》第161条规定:"民事主体可以通过代理人实施民事法律行为。"第162条规定:"代理人在代理权限内,以被代理人名义实施的民事法律行为,对被代理人发生效力。"因此,互联网企业的法定代表人本就代表公司,作为广告主推荐企业产品,该宣传行为属于职务行为,可归为"自我宣传"。如果企业的投资人或股东,甚至明星或企业员工作为产品经理推广商品或者服务,那么以上代言人在法律关系层面难以界定为代理人,可归为"代言人行为",应受到《广告法》对于广告代言人的约束,如"不得为其未使用过的商品或者未接受过的服务作推荐、证明";不得利用不满10周岁的未成年人作为广告代言人;不得为"医疗、药品、医疗器械""保健食品"做广告等。

3.1.2 广告发布者与互联网信息服务提供者

除广告主与广告代言人在实务中存在难以清晰界定的问题外，广告发布者与互联网信息服务提供者也存在界限模糊的问题。

一般而言，淘宝、京东、微信作为互联网巨头，吸引许多用户入驻或使用它们的平台。从这个角度来看，淘宝、京东、微信应是互联网信息服务提供者。但淘宝、京东、微信实际上也对外承接广告业务，从承接广告业务的层面看，又是广告发布者。因此，这类互联网巨头的角色常常出现混同，如何有效区分它们的业务角色非常重要。

对于淘宝，笔者曾在其页面输入关键词"图书音像"进行检索，发现检索页面上出现的第一幅图片和第二幅图片的右下角标注"广告"字样，说明淘宝是广告发布者，应按照《广告法》的要求，对广告主的主体身份、相关行政许可及广告内容证明文件进行审核；检索页面上的第三幅图片和第四幅图片右下角未标注"广告"字样，而是"阿里旺旺"标志，说明这些图片项下是店家的店铺信息，淘宝应是互联网信息服务提供者。

京东首页上常有商品或者服务的宣传图片，如果这些图片被认定为商业广告活动，则京东应是互联网信息服务提供者，按照《广告法》第45条规定："公共场所的管理者或者电信业务经营者、互联网信息服务提供者对其明知或者应知的利用其场所或者信息传输、发布平台发送、发布违法广告的，应当予以制止。"在点击京东具体店铺信息后，通常在店铺左侧会看到关于商品或者服务的介绍，那么京东应是广告发布者，按照《广告法》的要求，应对广告主的主体身份、相关行政许可及广告内容证明文件进行审核。

在微信公众号文章页面底端常有商品或者服务的宣传图片，并有"广告"字样。一般来说，如果标有"广告"字样，并且图片在"广告"字样下方的，那么这是微信所承接的广告，微信应是广告发布者，按照《广告法》的要求，应对广告主的主体身份、相关行政许可及广告内容证明文件进行审核；如果没有标注"广告"字样，或者有标"广告"字样且图片在"广告"字样上方的，那么微信应是互联网信息服务提供者。

3.2 广告的媒介和产品属性

《广告法》第 2 条规定："在中华人民共和国境内，商品经营者或者服务提供者通过一定媒介和形式直接或者间接地介绍自己所推销的商品或者服务的商业广告活动，适用本法。"该条款是对"广告宣传"所下的定义，因此如果一些商业活动被认定是"广告宣传"，就要适用《广告法》。

就前述条款来说，笔者认为互联网企业应着重关注的关键点还有"一定媒介和形式""推销的商品或者服务"。

3.2.1 何为"一定媒介和形式"

《互联网广告管理暂行办法》第 3 条规定："本办法所称互联网广告，是指通过网站、网页、互联网应用程序等互联网媒介，以文字、图片、音频、视频或者其他形式，直接或者间接地推销商品或者服务的商业广告。"由此可知，对互联网企业宣传来说，"一定媒介"指"网站、网页、互联网应用程序等"，但也可能包括电视台、广播电台、户外广告、楼梯广告等。"形式"指"文字、图片、音频、视频或者其他形式"。

3.2.2 何为"推销的商品或者服务"

根据《广告法》的规定，广告主一般对外宣传推广的都是研发的商品或者提供的服务，看似不会涉及其他形式的产品。然而在实际操作中，我们经常看到一些微博大 V 从关注微博并转发宣传内容的微博用户中随机抽取幸运微博用户，赠送小礼品甚至豪车。这类宣传的目的不是推广商品或者服务，而是增加粉丝数或者曝光度，以起到吸引流量的作用。这类宣传行为是否受到《广告法》的规制呢？

笔者通过检索实务中的案例发现，市场监督管理部门应将微博转发抽奖、朋友圈集赞等宣传模式统一纳入监管范围，适用《广告法》，而且需要受极限用语、虚假广告等内容的约束，进行这类宣传的互联网企业应特别注意。

3.3 你看到的广告是广告吗

《广告法》第 2 条规定："在中华人民共和国境内，商品经营者或者服务提供者通过一定媒介和形式直接或者间接地介绍自己所推销的商品或者服务的商业广告活动，适用本法。"该条款是对"广告宣传"所下的定义，因此如果一些商业活动被认定是"广告宣传"，就要适用《广告法》。

就前述条款来说，笔者认为互联网企业应关注的关键点还有"商业广告活动"。

《互联网广告管理办法》第 7 条："互联网广告应当具有可识别性，能够使消费者辨明其为广告。对于竞价排名的商品或者服务，广告发布者应当显著标明'广告'，与自然搜索结果明显区分。除法律、行政法规禁止发布或者变相发布广告的情形外，通过知识介绍、体验分享、消费测评等形式推销商品或者服务，并附加购物链接等购买方式的，广告发布者应当显著标明'广告'。"因此，对商业广告活动而言，广告发布者一般应显著标明"广告"字样。但是，在司法实践中，我们会发现一些广告发布者在商业宣传中并没有标注"广告"字样，他们是故意不标注，还是一些商业宣传本身不属于广告呢？

实际上，判断某个商业宣传是否属于广告一直以来都是实务中的难点，原因是很难区分宣传内容是商业必要信息还是商业广告。

3.3.1 何为"商业必要信息"

商业必要信息,是指互联网企业在推销商品或者服务时必须按照法律规定披露的信息。例如,《中华人民共和国消费者权益保护法》(以下简称《消费者权益保护法》)第 8 条规定:"消费者享有知悉其购买、使用的商品或者接受的服务的真实情况的权利。消费者有权根据商品或者服务的不同情况,要求经营者提供商品的价格、产地、生产者、用途、性能、规格、等级、主要成分、生产日期、有效期限、检验合格证明、使用方法说明书、售后服务,或者服务的内容、规格、费用等有关情况。"又如,《中华人民共和国产品质量法》(以下简称《产品质量法》)第 27 条规定:"产品或者其包装上的标识必须真实,并符合下列要求:(一)有产品质量检验合格证明;(二)有中文标明的产品名称、生产厂厂名和厂址;(三)根据产品的特点和使用要求,需要标明产品规格、等级、所含主要成分的名称和含量的,用中文相应予以标明;需要事先让消费者知晓的,应当在外包装上标明,或者预先向消费者提供有关资料;(四)限期使用的产品,应当在显著位置清晰地标明生产日期和安全使用期或者失效日期;(五)使用不当,容易造成产品本身损坏或者可能危及人身、财产安全的产品,应当有警示标志或者中文警示说明。"

由上可知,如果互联网企业在商业宣传中提及的是商品的价格、产地、生产者、用途、性能、规格、等级、主要成分、生产日期、有效期限、检验合格证明、使用方法说明书、售后服务,或者服务的内容、规格、费用等有关内容的,那么这些宣传内容很可能被认定为商业必要信息,而非商业广告,因此无须遵守《广告法》的规定,对商业宣传内容进行"广告"标注。

3.3.2 何为"商业广告"

商业广告,是指互联网企业通过网站、网页、互联网应用程序等互联网媒介,以文字、图片、音频、视频或者其他形式,直接或者间接地推销商品或者服务的商业活动行为。判断商业宣传是否为广告的最直接方式是看商业宣传是否标注为"广告"。

互联网广告包括推销商品或者服务的含有链接的文字、图片或者视频等形式的广告；推销商品或者服务的电子邮件广告；推销商品或者服务的付费搜索广告；推销商品或者服务的商业性展示中的广告（法律、法规和规章规定经营者应当向消费者提供的信息的展示依照其规定）；其他通过互联网媒介推销商品或者服务的商业广告。

3.3.3 如何区分"商业必要信息"与"商业广告"

如前所述，判断商业宣传是否为广告的最直接方式是看商业宣传是否标注为"广告"，如有标注，则为商业广告。但是，为了逃避市场监督管理部门的监管，一些广告发布者进行商业宣传时不标注"广告"字样。在这种情况下，如何判断商业宣传是"商业必要信息"，还是"商业广告"呢？

笔者认为主要有以下3种判断方法。

一是有无产生广告费用或者签订广告相关的合同文件。如果广告发布者是接受广告主委托，双方签订广告合同，并收取广告费用，则可判断该商业宣传活动为商业广告。

二是是否以营利为目的。一般来说，商业必要信息是为了履行《消费者权益保护法》或者《产品质量法》等中的法定义务所作的披露，此类披露并不会为互联网企业带来流量和创收，仅为客观的表述，难以吸引消费者；商业广告则是为了吸引消费者，提高产品或者服务的市场占有率，根本目的是营利。

三是宣传内容是否具有较强的表现力。商业广告一般会通过抒发强烈的感情或者具有很强诱导性的文字、图片来吸引消费者，并使其产生购买冲动。如果是平铺直叙地客观描述某类产品或者服务的价格、性能等特点的，则属于商业必要信息的范畴。

3.4 违禁广告禁止做

根据《广告法》的规定,违禁广告按严重程度分为特别严重违禁广告和一般严重违禁广告两类。

3.4.1 特别严重违禁广告

根据《广告法》第 57 条规定,特别严重违禁广告"由市场监督管理部门责令停止发布广告,对广告主处二十万元以上一百万元以下的罚款,情节严重的,并可以吊销营业执照,由广告审查机关撤销广告审查批准文件、一年内不受理其广告审查申请;对广告经营者、广告发布者,由市场监督管理部门没收广告费用,处二十万元以上一百万元以下的罚款,情节严重的,并可以吊销营业执照"。

特别严重违禁广告包括使用国旗、国徽等,使用国家机关及其工作人员的名义等,损害国家利益等,使用极限用语,违背社会良好风尚,损害未成年人、残疾人的身心健康等。

1. 禁止使用国旗、国徽等

《广告法》第 9 条规定:"广告不得有下列情形:(一)使用或者变相使用中华人民共和国的国旗、国歌、国徽、军旗、军歌、军徽。"实际上,这里的"国旗、国歌、国徽、军旗、军歌、军徽"应作进一步延伸,还应包括党旗、党章、红领巾等涉及国家尊严和权威的相关事项。

2. 禁止使用国家机关及其工作人员的名义等

《广告法》第 9 条规定:"广告不得有下列情形……(二)使用或者变相使用国家机关、国家机关工作人员的名义或者形象。"所谓国家机关,应指国家权力机关、审判机关和检察机关、军事机关和监察机关,但是事业单位属于参公机构，并非国家机关，原则上不在禁止范围内。所谓国家机关工作人员，应指在职的、退休的，甚至已故的国家机关领导人。

3. 禁止损害国家利益等

《广告法》第9条规定："广告不得有下列情形……（四）损害国家的尊严或者利益，泄露国家秘密。"在广告宣传中违反该条款大多是因为中国地图不完整，或者中国界线不清晰，或者各省份的颜色不统一，所以被认定为损害国家的尊严或利益。

4. 禁止使用极限用语

《广告法》第9条规定："广告不得有下列情形……（三）使用'国家级''最高级''最佳'等用语。""极限用语"主要有"最佳""最好""国家级""全球级""金牌""王牌""中国第一""全网第一""独一无二"等。例如，某（厦门）科技有限公司曾因为其网站上写有"H5游戏第一品牌"字样的广告内容，而被厦门市市场监督管理局罚款20万余元。

然而，并非所有使用极限用语的广告均违反《广告法》。如果极限用语是用于同一品牌或同一企业内部做产品的对比描述，如"顾客第一""诚信至上"等表达企业或产品的经营理念或价值追求；注册商标中的绝对化用语，如"极致"商标、"王中王"商标等；真实的数据且有限定条件的，如在"双11"当天销售额最高，并有真实数据支持的，那么在原则上都不违反《广告法》。

5. 禁止违背社会良好风尚

《广告法》第9条规定："广告不得有下列情形……（七）妨碍社会公共秩序或者违背社会良好风尚;（八）含有淫秽、色情、赌博、迷信、恐怖、暴力的内容；（九）含有民族、种族、宗教、性别歧视的内容。"因此，如果广告中出现违背社会良好风尚风气的，如通过不良用语吸引消费者关注的，都可能违反《广告法》。

6. 禁止损害未成年人、残疾人的身心健康

《广告法》第 10 条规定："广告不得损害未成年人和残疾人的身心健康。"第 40 条规定："在针对未成年人的大众传播媒介上不得发布医疗、药品、保健食品、医疗器械、化妆品、酒类、美容广告，以及不利于未成年人身心健康的网络游戏广告。"因此，如果一些广告内容会误导，甚至引诱未成年人、残疾人犯罪的，都可能违反《广告法》。

3.4.2 一般严重违禁广告

《广告法》第 58 条规定，一般严重违禁广告"由市场监督管理部门责令停止发布广告，责令广告主在相应范围内消除影响，处广告费用一倍以上三倍以下的罚款，广告费用无法计算或者明显偏低的，处十万元以上二十万元以下的罚款；情节严重的，处广告费用三倍以上五倍以下的罚款，广告费用无法计算或者明显偏低的，处二十万元以上一百万元以下的罚款，可以吊销营业执照，并由广告审查机关撤销广告审查批准文件、一年内不受理其广告审查申请"。还规定："广告经营者、广告发布者明知或者应知有本条第一款规定违法行为仍设计、制作、代理、发布的，由市场监督管理部门没收广告费用，并处广告费用一倍以上三倍以下的罚款，广告费用无法计算或者明显偏低的，处十万元以上二十万元以下的罚款；情节严重的，处广告费用三倍以上五倍以下的罚款，广告费用无法计算或者明显偏低的，处二十万元以上一百万元以下的罚款，并可以由有关部门暂停广告发布业务、吊销营业执照。"

一般严重违禁广告包括医疗、药品、医疗器械广告含有禁用内容，保健食品广告含有禁用内容，酒类广告含有禁用内容，教育、培训广告含有禁用内容，房地产广告含有禁用内容，农作物种子、林木种子、草种子等广告含有禁用内容等类型。

1.医疗、药品、医疗器械广告含有禁用内容

《广告法》第16条规定:"医疗、药品、医疗器械广告不得含有下列内容:(一)表示功效、安全性的断言或者保证;(二)说明治愈率或者有效率;(三)与其他药品、医疗器械的功效和安全性或者其他医疗机构比较;(四)利用广告代言人作推荐、证明;(五)法律、行政法规规定禁止的其他内容。"

在司法实践中,含有"治愈率""有效率""保证性承诺"的药品广告较多。例如,伊春某制药有限公司在其"东方三宝"广告中宣称"东方三宝是国内唯一一个经国家药监局批准专门解决男性肾疲劳的OTC专用药,承诺肾疲劳包治包好"。以医生、患者的名义或者做成假新闻报道的也不胜枚举,如刘某斌为不少药品做过代言,有时是苗医、蒙医,有时又是中医。最终被国家和地方工商行政管理部门查处,并进行处罚。

2.保健食品广告含有禁用内容

《广告法》第18条规定:"保健食品广告不得含有下列内容:(一)表示功效、安全性的断言或者保证;(二)涉及疾病预防、治疗功能;(三)声称或者暗示广告商品为保障健康所必需;(四)与药品、其他保健食品进行比较;(五)利用广告代言人作推荐、证明;(六)法律、行政法规规定禁止的其他内容。保健食品广告应当显著标明'本品不能代替药物'。"

在司法实践中,一些保健功能是可以适当阐述的,但不能夸大其词,如"增强免疫力"等表述可行,"防癌、抗癌"等表述可行;"辅助降血脂"等表述可行,"预防脑出血、脑血栓""预防阿尔茨海默病"等表述可行;"抗氧化"等表述可行,"治疗肿瘤""治疗白内障"等表述可行。此外,保健食品不能邀请明星做相关代言。

3.酒类广告含有禁用内容

《广告法》第23条规定:"酒类广告不得含有下列内容:(一)诱导、怂恿

饮酒或者宣传无节制饮酒；（二）出现饮酒的动作；（三）表现驾驶车、船、飞机等活动；（四）明示或者暗示饮酒有消除紧张和焦虑、增加体力等功效。"

在司法实践中，如果出现鼓动、倡导、引诱他人饮酒的行为，都可能违反《广告法》。例如，某淘宝网店发布广告语"酒是好酒，多喝点没事"，后被市场监管部门处以罚款；某酒庄有限公司在其网站和微信公众号上播放的广告视频中多次出现手中的红酒，该公司最后被市场监管部门处以 18 万元罚款。在实务中，我们发现，一般酒类广告都不会出现饮酒的行为，更多的行为是出现端杯、干杯等动作。

4. 教育、培训广告含有禁用内容

《广告法》第 24 条规定："教育、培训广告不得含有下列内容：（一）对升学、通过考试、获得学位学历或者合格证书，或者对教育、培训的效果作出明示或者暗示的保证性承诺；（二）明示或者暗示有相关考试机构或者其工作人员、考试命题人员参与教育、培训；（三）利用科研单位、学术机构、教育机构、行业协会、专业人士、受益者的名义或者形象作推荐、证明。"

在司法实践中，含有"包就业""包通过"的广告内容较多。例如，大连某职业培训学校宣传广告时提及"保证学员推荐就业率达 93% 以上"等，最终被工商部门处以 4 万元罚款。此外，以受益者名义或者明星代言也是违反《广告法》的行为。

5. 房地产广告含有禁用内容

《广告法》第 26 条规定："房地产广告，房源信息应当真实，面积应当表明为建筑面积或者套内建筑面积，并不得含有下列内容：（一）升值或者投资回报的承诺；（二）以项目到达某一具体参照物的所需时间表示项目位置；（三）违反国家有关价格管理的规定；（四）对规划或者建设中的交通、商业、文化教育设施以及其他市政条件作误导宣传。"

在司法实践中，一些房地产商在建筑面积的表述上不清楚、不准确，未标

明建筑面积或者套内建筑面积,如2017年高密市某房地产商发布楼盘广告时因对建筑面积未标明是建筑面积还是套内建筑面积,被处以5.3万元罚款。一些房地产商在建筑面积的表述上存在虚假,如上海某实业有限公司在广告中宣传"买60平方米享90平方米"。此外,由于靠近地铁或者学区的房地产更受人们青睐,因此绝大多数房地产商会以时间描述距地铁或者学区的距离,但该类广告违反《广告法》,一旦被举报调查,多数会被工商部门处罚。

6. 农作物种子、林木种子、草种子等广告含有禁用内容

《广告法》第27条规定:"农作物种子、林木种子、草种子、种畜禽、水产苗种和种养殖广告关于品种名称、生产性能、生长量或者产量、品质、抗性、特殊使用价值、经济价值、适宜种植或者养殖的范围和条件等方面的表述应当真实、清楚、明白,并不得含有下列内容:(一)作科学上无法验证的断言;(二)表示功效的断言或者保证;(三)对经济效益进行分析、预测或者作保证性承诺;(四)利用科研单位、学术机构、技术推广机构、行业协会或者专业人士、用户的名义或者形象作推荐、证明。"

在司法实践中,一些农产品企业会宣传自己的农作物种子能产生较大的经济效益,甚至援引袁隆平说过的话或者袁隆平考察水稻的图片作为广告宣传的内容,以吸引消费者。这些行为都是违反《广告法》的。

3.5 违限广告不能做

根据《广告法》第59条规定,广告主违反限制性行为将"由市场监督管理部门责令停止发布广告,对广告主处十万元以下的罚款"。广告经营者、广告发布者明知或者应知广告主有违反限制性行为仍为其设计、制作、代理、发布的,"由市场监督管理部门处十万元以下的罚款"。违反限制性行为的广告包括宣传内容不明确、引证内容不规范、专利标注不规范、宣传内容贬低他人等类型。

3.5.1 宣传内容不明确

《广告法》第 8 条规定："广告中对商品的性能、功能、产地、用途、质量、成分、价格、生产者、有效期限、允诺等或者对服务的内容、提供者、形式、质量、价格、允诺等有表示的，应当准确、清楚、明白。广告中表明推销的商品或者服务附带赠送的，应当明示所附带赠送商品或者服务的品种、规格、数量、期限和方式。法律、行政法规规定广告中应当明示的内容，应当显著、清晰表示。"

在司法实践中，不仅《广告法》要求对商品或者服务的内容、形式等表述准确、清楚、明白，《消费者权益保护法》和《产品质量法》对此均有要求。可见，广告宣传中如出现宣传内容不明确的情况，不仅违反《广告法》，而且违反《消费者权益保护法》和《产品质量法》，可能会受到不同监管机构不同程度的处罚。另外，宣传内容模糊、隐晦一直是广告宣传的弊病，如一些广告宣传"买一送一"，但实际上是买一辆车送一个轮胎或者买一部手机送一个手机壳。因此，附赠商品或服务的品种、规格、数量、期限和方式切记要明确、清晰。

3.5.2 引证内容不规范

《广告法》第 11 条规定："广告使用数据、统计资料、调查结果、文摘、引用语等引证内容的，应当真实、准确，并表明出处。引证内容有适用范围和有效期限的，应当明确表示。"

在电商广告中，广告宣传内容未标明数据来源和依据是广告违法的主要类型。很多网店店主没有《广告法》等相关的法律知识，又想在广告宣传中夸大商品或服务的销售量，制造商品或服务热销的假象，导致"职业打假人"的"恶意索赔"。例如某广告文化传播有限公司因"据新闻报道，我国收藏大军已经扩充至 8000 万"等表述，被工商部门依法罚款 5 万元。

3.5.3 专利标注不规范

《广告法》第 12 条规定:"广告中涉及专利产品或者专利方法的,应当标明专利号和专利种类。未取得专利权的,不得在广告中谎称取得专利权。禁止使用未授予专利权的专利申请和已经终止、撤销、无效的专利作广告。"

在司法实践中,涉及专利违法的情况比较常见,其原因是多数人未注意《广告法》第 12 条关于"专利产品或者专利方法"需要"标明专利号和专利种类"的规定。此外,企业的广告投放人员甚至风控合规部门人员未注意专利到期时间,一旦广告宣称时间长于专利授权时间,就可能导致使用"已经终止、撤销、无效的专利作广告",因而违反《广告法》第 12 条规定。因此,如果广告文案中涉及专利产品或者专利方法,就需要在广告页最底栏标明专利号和专利种类;未取得专利权的,不得在广告中谎称取得专利权;注意专利到期时间,一旦发现专利到期要及时续期,如果专利不再使用,应第一时间修改广告宣传中涉及专利内容的表述。

3.5.4 宣传内容贬低他人

《广告法》第 13 条规定:"广告不得贬低其他生产经营者的商品或者服务。"互联网企业在市场竞争中,经常通过与其他竞品对比凸显自己产品的优势,从而提高商品或服务的市场占有率,这种类型的广告通常被称为"对比广告"。一般来说,对比广告有泛指性对比和针对性对比。泛指性对比是用自己产品对标行业其他产品;针对性对比是具体标明与某家企业的某款产品进行对比,如将小米手机与苹果手机直接进行对比等。

目前,我国《广告法》原则上不禁止对比广告,禁止的是对比内容不客观,恶意贬低他人的商品或服务的行为,如某酒广告宣称"肯定比 1500 元以上的某台酒好喝"等。合规的对比广告应注意的方面:一是不得虚构比较内容;二是对比数据的来源应科学、准确;三是对比应客观,不得截取片面内容进行对比,语言表述应中立、客观,不得有偏向性等。

3.6 促销广告要谨慎

《广告法》第 55 条规定："违反本法规定，发布虚假广告的，由市场监督管理部门责令停止发布广告，责令广告主在相应范围内消除影响，处广告费用三倍以上五倍以下的罚款，广告费用无法计算或者明显偏低的，处二十万元以上一百万元以下的罚款；两年内有三次以上违法行为或者有其他严重情节的，处广告费用五倍以上十倍以下的罚款，广告费用无法计算或者明显偏低的，处一百万元以上二百万元以下的罚款，可以吊销营业执照，并由广告审查机关撤销广告审查批准文件、一年内不受理其广告审查申请。……广告经营者、广告发布者明知或者应知广告虚假仍设计、制作、代理、发布的，由市场监督管理部门没收广告费用，并处广告费用三倍以上五倍以下的罚款，广告费用无法计算或者明显偏低的，处二十万元以上一百万元以下的罚款；两年内有三次以上违法行为或者有其他严重情节的，处广告费用五倍以上十倍以下的罚款，广告费用无法计算或者明显偏低的，处一百万元以上二百万元以下的罚款，并可以由有关部门暂停广告发布业务、吊销营业执照。"

在司法实践中，促销活动经常因为涉嫌"虚假广告"遭受行政处罚。常见的促销广告包括抽奖促销、明星代言、广告弹窗等类型。

3.6.1 抽奖促销

在抽奖促销中，一般促销广告内容事项包括活动时间、参与用户资格、兑奖规则、最终解释权等。

在活动时间上，应明确促销活动的起止时间，并具体到秒，如截至 2021 年 8 月 20 日 23：59：59 前（不含 24：00：00 以后时间）。每个人的上网习惯、消费习惯和传统营业时间不同，如果商家的促销时间过于模糊，如宣称促销活动为 2021 年 8 月 20 日，实际促销活动截止到 2021 年 8 月 20 日 20 时，那么有人在 2021 年 8 月 20 日 21 时因看到促销活动购物后无法参与促销活动，商家很容易因涉嫌虚假宣传被消费者投诉。

在参与用户资格上，应明确以自然人、注册账号或手机ID作为参与对象。笔者处理过的案例是一家四口连接家里Wi-Fi进行抢购，并且都抢到了促销产品，但是商家后台检测到是同一个IP抢购4套产品，促销活动规定每人限购1套产品，于是产生纠纷。

在兑奖规则上，如果兑奖金额较大或者参与促销活动的消费者较多，那么应将兑奖规则进行公证，在抽奖时也做公证，以使促销活动公平公开，在消费者因未获奖而怀疑促销活动时也有抗辩的理由。

在最终解释权上，对商家来说，一般需要将"活动最终解释权归属商家所有"加在活动须知中，但该条款可能会涉嫌格式条款而被认定为无效条款。

3.6.2 明星代言

《广告法》第16条规定："医疗、药品、医疗器械广告不得含有下列内容：……（四）利用广告代言人作推荐、证明。"第18条规定："保健食品广告不得含有下列内容：……（五）利用广告代言人作推荐、证明。"第24条规定："教育、培训广告不得含有下列内容：……（三）利用科研单位、学术机构、教育机构、行业协会、专业人士、受益者的名义或者形象作推荐、证明。"第38条规定："不得为其未使用过的商品或者未接受过的服务作推荐、证明。不得利用不满十周岁的未成年人作为广告代言人。"

由上可知，明星代言商家的活动受到较多的约束，其中明星不得为保健食品广告代言，明星不得为医疗、药品、医疗器械广告代言，明星不得为未使用过的商品或者未接受过的服务作推荐、证明。同时，不满10周岁的未成年人不得作为广告代言人，教育广告不得利用科研单位、学术机构、教育机构、行业协会、专业人士、受益者的名义或者形象作推荐、证明。

3.6.3 广告弹窗

广告弹窗占违法广告的比重较大。《广告法》第 44 条规定："利用互联网发布、发送广告，不得影响用户正常使用网络。在互联网页面以弹出等形式发布的广告，应当显著标明关闭标志，确保一键关闭。"虽然《广告法》要求广告弹窗应设置"关闭标志，确保一键关闭"，但现实中很多广告弹窗表面设置"关闭标志"，而点击"关闭标志"是开启广告页面，甚至一些广告页面设置多个"关闭标志"，真正的关闭按钮被隐藏在不易发现的角落。

更有甚者，没有设置"一键关闭"的按钮，用户必须打开广告再返回才能开启正常页面。这种类型的干扰广告比较常见的是飘窗广告。

2021 年 7 月 8 日，工业和信息化部发布《大力推进 App 开屏弹窗信息骚扰用户问题整治》，试图大力整改 App 弹窗问题。可见，广告弹窗成为当前监管的重点。互联网企业在促销活动中不要做广告弹窗的尝试。

需要进一步讨论的是，融入性广告是否属于此次工业和信息化部整治的范围呢？例如，在打开微博、淘宝时，一般会弹出几秒钟广告再进入 App 首页，这类广告是否属于广告弹窗呢？笔者认为，这类广告并不属于被整治的范围，因为它们并不会对消费者造成较大的干扰。但是，当前对广告的监管力度较大，各地工商部门对文件的领会程度不同，而且工业和信息化部并未出台实施办法免除对这类广告的监管处罚，因此为避免在监管风口遭受处罚，建议互联网企业主避免做这类促销广告。

3.7 侵权广告要下架

除了前文所述的违禁广告、违限广告、促销广告外，还有一类广告需要特别注意，就是侵权广告。一般来说，侵权广告包括人身属性类的侵权广告和知识产权类的侵权广告两种。

3.7.1 人身属性类的侵权广告

《民法典》第1014条规定:"任何组织或者个人不得以干涉、盗用、假冒等方式侵害他人的姓名权或者名称权。"第1019条规定:"任何组织或者个人不得以丑化、污损,或者利用信息技术手段伪造等方式侵害他人的肖像权。未经肖像权人同意,不得制作、使用、公开肖像权人的肖像,但是法律另有规定的除外。"第1024条规定:"民事主体享有名誉权。任何组织或者个人不得以侮辱、诽谤等方式侵害他人的名誉权。名誉是对民事主体的品德、声望、才能、信用等的社会评价。"一般来说,广告宣传中经常会通过人物的言行或者举止推介商品或者服务,因此不可避免会使用人物的姓名或者肖像等,特别是明星的姓名或者肖像。

笔者在为互联网企业提供法律服务时,曾遇到企业在宣传推广中使用4位明星的网络合照,结果分别被4位明星起诉。一些企业因为使用"葛优躺"的网络照片进行公众号宣传,结果被起诉至北京互联网法庭,诸如此类的案件不胜枚举。如果互联网企业每次都等纠纷发生后再彻查公众号、微博、App及小程序中的所有宣传广告,那么不仅无法弥补被侵权方的损失,还需要耗费大量人力和物力对所有广告进行检查下架。笔者建议将风险控制在源头,企业应成立广告宣传风险控制部门,专门对广告投放的内容进行复核,复核通过后再上架宣传,尽可能从源头上规避风险。

除使用明星的网络照片进行宣传外,一些企业与明星签订代言合作协议后超范围使用明星的代言视频,如代言合作协议约定只能投放在微博和电视、广播上,但企业将代言视频发到微信朋友圈,导致企业与代言人的矛盾激化;还有代言合作协议到期后继续使用明星的代言视频,遭到明星起诉索赔百万的案件。结合实务经验,笔者认为企业与明星签订代言合作协议的事项,一定要仔细审核明星代言的范围及宣传可使用的途径,特别是合作期限及合作结束后代言视频能否继续使用等核心条款事项。

3.7.2 知识产权类的侵权广告

除了人身属性类侵权广告外，知识产权类的侵权广告也很常见，包括商标侵权、著作权侵权、专利侵权及不正当竞争。

实务中，笔者经常遇到的案件是著作权侵权，近年出现的视觉中国案件即为其中的典型。视觉中国是一家图片网站，将图片放在各大素材网站上供他人下载，再雇用专门的团队搜集使用其图片素材的企业或个人，通过发律师函索赔的形式牟取利益。由于很多互联网企业没有自己的宣传图片素材库，因此只能从网上下载图片素材进行广告宣传，但是"天下没有免费的午餐"，投放夹带侵权图片的宣传广告后带来的可能就是律师函警告。

除了图片侵权外，字体侵权也是容易被忽视的风险点。一般来说，"微软雅黑"字体如果未支付授权费，企业虽然可以将其用于写作、办公，但不能商用，一旦用于广告宣传等商业使用时就会有侵权风险。近年来，关于字体侵权的典型案件是北大方正电子有限公司起诉美国暴雪娱乐有限公司。2007年8月，北大方正电子有限公司以美国暴雪娱乐有限公司侵犯其5款字体为由，要求暴雪娱乐有限公司赔偿其损失1亿元人民币，后最高人民法院判决暴雪娱乐有限公司赔偿北大方正电子有限公司200万元人民币。

笔者认为，为避免知识产权类侵权，互联网企业应有意识建构素材库，购买常用字体的使用权，并仔细阅读使用范围，不得超出范围使用，如出现侵权行为，要主动沟通、协商解决。

3.8 广告用语使用"首创"的法律风险及应对措施●

近年来，不少数字经济企业在大促节日进行产品和服务推广时，为了凸显

● 蒋晓焜，陈晓萍. 广告用语使用"首创"的法律风险及其应对措施[EB/OL].（2021-04-30）[2023-10-20]. https://mp.weixin.qq.com/s/WFaxLtY6OArntFSkZq6CsA.

企业品牌的独创性或者产品、服务的创新性，使用极限形容词投放广告，以吸引潜在用户的注意，增加市场份额。由于"国家级""最高级""最佳"已是为公众所熟知的极限用语，所以不少企业主另辟蹊径，采用"首创"一词，以规避极限用语的监管风险，达到宣传的效果。那么，"首创"一词是否属于极限用语？如何判断其中的法律风险？如果存在法律风险，又该如何应对？

3.8.1 广告投放的法律规定

企业投放广告的目的是提高公司声誉，增加品牌知名度，该行为属于典型的广告宣传行为。根据《广告法》和《消费者权益保护法》的规定，企业发布的广告不得含有虚假或者引人误解的内容，不得欺骗、误导消费者。企业应当对广告内容的真实性负责，并且广告中不得使用"国家级""最高级""最佳"等用语。此外，根据《反不正当竞争法》的规定，经营者不得对其商品的性能、功能、质量、销售状况、用户评价、曾获荣誉等作虚假或者引人误解的商业宣传，欺骗、误导消费者。

3.8.2 广告用语使用"首创"的法律风险

首先，根据《国家工商行政管理局广告审查标准》第29条规定"广告中不得使用下列语言、文字：（一）……'首创'等无限高度的形容词"，除有充分证据证明"首创"属于客观事实外，"首创"一词通常属于广告宣传的禁用词。按照《广告法》第57条的规定，发布存在上述禁止情形的虚假广告，市场监督管理部门将责令停止发布广告，对广告主处20万元以上100万元以下的罚款；情节严重的，可以吊销营业执照，由广告审查机关撤销广告审查批准文件、一年内不受理其广告审查申请。

其次，在国家市场监督管理总局公开的行政处罚文书网（http://cfws.samr.gov.cn/）上，以"首创""中华人民共和国广告法"作为关键词进行检索后发现，截至 2021 年 4 月 27 日国家市场监督管理总局针对"首创"作出 192 份行政处罚决定书。福建省内的企业被处罚的案例包括但不限于晋江市某婴儿用品有限公司因"全球首创四用型学步带"等广告内容被处以 2000 元行政处罚；某实业有限公司因"首创圆孔精致版"等广告内容被处以 1590 元行政处罚；泉州某机械制造有限公司因"多项产品全国首创，行业领先"等广告内容被处以 4400 元行政处罚等。

最后，除因"首创"等用语遭受行政机关的行政处罚外，不少公司因"首创"等广告用词被竞争对方以"不正当竞争"为由提起诉讼。福建省内企业被处罚的案例有福州某生物工程有限公司以"南海岸鳗钙，国内首创以淡水鳗鱼脊椎骨为原料"的广告用语被福建省某生物工程有限公司起诉，并要求赔偿其 25 万元的经济损失等。

3.8.3　如何避免"首创"带来的法律风险

广告投放企业可考虑在投放广告海报时修改"首创"等用词，如将"首创"修改为"创新""专研""新颖"等。表述如符合实际情况，就不存在前述法律风险。

对于"首创"一词，广告投放企业可考虑在投放广告海报时对"首创"的具体技术进行完整表述，对"首创"的具体设备、工艺、服务进行详细说明，同时保留相关证据，并对相关创新及时进行专利申请，避免"首创"此种较为宽泛的表述带来法律风险。然而，值得注意的是，笔者研究实务案例发现，这种做法仍不可避免地会存在一定的法律风险。

3.8.4　法律风险的应对

如果广告投放企业基于商业考虑，确实需要在广告海报文案中使用"首创"等用语，但监管部门根据《广告法》《消费者权益保护法》和《反不正当竞争法》

等规定，要求对广告投放企业作出处罚，那么笔者建议广告投放企业可采取以下应对措施。

广告投放企业可抗辩在具体设备、工艺、服务上确有首创之实。广告投放企业需要对此事实进行调查统计，并应保留相关事实依据证明自己是市场上首家使用具体设备、工艺、服务的企业。但应注意的是，此处的事实依据证明难度较高，司法实践中被认可的可能性较低。

如果上述抗辩不被接受，那么建议退一步援引《广告法》第56条规定，主动承认上述行为误导消费者，使购买商品或接受服务的消费者的合法权益受到损害，并主动承担相应的民事责任。该做法可避免被监管部门援引《广告法》第55条规定，以广告投放企业的行为为虚假广告行为为由，使广告投放企业受到巨额的广告费用处罚。

与此同时，出现风险时建议第一时间销毁或修改广告海报内容，主动联系监管部门和相关的消费者、经营者，协商处理，争取获得和解的机会。

第 4 章 数字经济之游戏产业

随着游戏用户规模的持续扩大，2022 年中国游戏市场收入为 2500 亿元，游戏已经成为数字经济产业的重要组成部分；但游戏侵权现象屡禁不止，源代码与商业秘密泄露等情况突出。游戏企业大多面临知识产权侵权、商业秘密泄露、不正当竞争等风险，为规避风险有必要搭建游戏合规风险控制体系。

4.1 游戏无版号运营的法律风险

实务中，游戏一直被作为电子出版物，如果需要发行上市，就要遵照出版物发行规则取得相应的游戏版号。我们可以这样理解，游戏版号类似于纸质图书出版需要取得的书号。那么，一款游戏如果未取得游戏版号就直接发行上市，那么会遭遇哪些法律风险呢？

4.1.1 何为版署批文及游戏版号

2008 年 7 月 11 日，《国务院办公厅关于印发国家新闻出版总署（国家版权局）主要职责内设机构和人员编制规定的通知》规定：国家新闻出版总署负责在出版环节对游戏出版物的网上出版发行进行前置审批。《网络出版服务管理规定》第 27 条进一步规定，网络游戏出版运营前，须得到国家新闻出版广电总局批准许可，取得批准文号和出版物号。

批准文号和出版物号是由国家新闻出版广电总局在收到网络游戏申请表等申报材料审核通过后所下发的文件批复并授予的，如 ISBN 978-7-498-03786-2 为游戏版号。

根据《网络出版服务管理规定》，游戏公司在取得版署批文及游戏版号后，应在游戏运营中披露游戏版号信息，证明游戏已取得版号，属于合规发行。

实际上，无论是网络游戏的版号申报手续，还是网络游戏因内容、运营主体发生变化需要做变更申报，都应统一向省级出版行政主管部门提交报批手续，再由省级出版行政主管部门报国家新闻出版署批准。

4.1.2 版署批文及游戏版号的稀缺性

版署批文及游戏版号的稀缺性体现在两个方面：一是申请游戏版号的成本过高；二是主管部门对游戏版号的监管日趋严格。

游戏企业申请游戏版号的成本较高。根据《网络出版服务管理规定》，由于网络游戏属于电子出版物，所以原则上只有取得《网络出版服务许可证》的出版单位，才有资质向国家新闻出版署申请版署批文及游戏版号。而诸多游戏公司不符合申报《网络出版服务许可证》的资质条件，不能作为申报主体向主管部门申请游戏版号。此情况导致游戏公司须有偿委托有资质的出版单位代为申报游戏版号，无形中增加运营成本。

出版行政主管部门对游戏版号的监管日趋严格。2018 年以前，每年出版行政主管部门会审批通过近 7000 个游戏版号。即便如此，由于游戏市场火爆，所以游戏版号仍然供不应求。然而，2018 年 3 月 29 日，原国家新闻出版广电总局发布《游戏申报审批重要事项通知》，称因机构改革，游戏版号暂停审批。时隔 9 个月后，虽然游戏版号审批重新开启，但主管部门同时指出"随着用户人口红利等推动产业做大的因素逐渐消退，游戏产业以往一味追求数量规模、轻视品质品牌的粗放型增长方式已经难以为继"❶。为提高游戏质量，将严格审批游戏版号，估计每年游戏版号的审批量会断崖式下降。

4.1.3　无版署批文及游戏版号运营的法律风险

《网络出版服务管理规定》第51条规定："未经批准，擅自从事网络出版服务，或者擅自上网出版网络游戏（含境外著作权人授权的网络游戏），根据《出版管理条例》第六十一条、《互联网信息服务管理办法》第十九条的规定，由出版行政主管部门、工商行政管理部门依照法定职权予以取缔，并由所在地省级电信主管部门依据有关部门的通知，按照《互联网信息服务管理办法》第十九条的规定给予责令关闭网站等处罚；已经触犯刑法的，依法追究刑事责任；尚不够刑事处罚，删除全部相关网络出版物，没收违法所得和从事违法出版活动的主要设备、专用工具，违法经营额1万元以上的，并处违法经营额5倍以上10倍以下的罚款；违法经营额不足1万元的，可以处5万元以下的罚款；侵犯他人合法权益的，依法承担民事责任。"

如果网络游戏在未取得游戏版号的情况下上网运营，一旦被发现，游戏网站将有被关闭的风险。此外，网络游戏的经营所得，包括但不限于充值所得、广告所得，不仅被没收，还有被按经营额5倍以上10倍以下罚款的风险。因此，无版号运营的网络游戏经营额越高，被处罚的风险也越高。经检索，市场上无版号运营的网络游戏被处罚的案例不在少数，游戏公司应予高度重视。

4.2　网络游戏套版号的法律风险

由于游戏版号非常稀缺，所以部分游戏企业是在未取得游戏版号、面临被

---

❶ 游戏版号恢复：明年总量控制在3000左右，排队数量超7000 [EB/OL]. (2018-12-21) [2022-04-05]. https: //tech.qq.com/a/20181221/012014.htm.

处罚风险的情况下上线运营的。也有部分游戏企业因担心无游戏版号运营游戏会遭受处罚，所以采取套版号运营游戏的模式。那么，什么是网络游戏套版号？游戏套版号会面临哪些法律风险呢？

4.2.1 网络游戏套版号的原因

我国的网络游戏行业从2010年以后迎来大发展，进入网络游戏行业的企业不断增多，每年新增上万款网络游戏，市面上开始出现各种类型的网络游戏，但由于出版行政主管部门每年下发的游戏版号有限，并且审批时限较长，游戏版号供不应求。

国家新闻出版广电总局于2018年3月暂停网络游戏审批，暂缓审批时间将近一年。此外，为了保护中国青少年身心健康，促进中国网络游戏行业健康发展，国家新闻出版署发布通知，声明将严格控制新增网络游戏数量。❶ 网络游戏版号审批数量呈断崖式下降。

为了获取游戏版号，实现网络游戏的合规运营，网络游戏市场出现游戏版号买卖的灰色交易，套版号问题开始出现。

4.2.2 网络游戏套版号的操作模式

网络游戏套版号是某网络游戏为上线运营，套用某款游戏版号，达到"偷梁换柱"的目的。常见网络游戏套版号的操作模式主要有如下几类。

一是游戏公司的新款游戏套用该公司旧款游戏的版号，以实现上线运营。一些游戏公司拥有旧款不再运营的游戏的版号，甚至一些游戏公司前期就存储大量版号，待研发出新款游戏后套用旧款游戏的版号直接上线运营新款游戏。

二是游戏公司进行版号买卖，套用买来的版号上线运营游戏。有些游戏公

---

❶ 八部门发文：实施网络游戏总量调控 限制未成年人游戏时间[EB/OL].（2018-08-30）[2023-12-07]. https://baijiahao.baidu.com/s?id=1610232070115834897&wfr=spider&for=pc.

司缺少版号，便通过中介或直接与拥有游戏版号的游戏企业进行版号买卖，在签订版号买卖合同取得版号后套用版号实现上线运营。

三是游戏公司之间签订游戏授权或游戏转让协议，以实现套版号上线运营。有些游戏公司认为版号买卖风险较大，便选择更为隐蔽的方式签订游戏授权或游戏转让协议，变相得到对方的版号授权或转让，将版号套用在自己研发的新游戏上。

4.2.3 网络游戏套版号的法律风险

对于游戏公司新款游戏套用旧款游戏版号的做法，如果新、旧两款游戏的类型、名称相同，运营单位未发生变化，那么对外则有较大的迷惑性，但两款游戏的内容仍有本质区别。根据《关于移动游戏出版服务管理的通知》的规定，网络游戏的内容发生重大改变的，视为新作品，需要重新履行出版审批手续。未经审批的网络游戏，一经发现，游戏网站将有被关闭的风险，网络游戏的经营所得包括但不限于充值所得、广告所得，不仅将被没收，还有被按经营额5倍以上10倍以下罚款的风险。

对于买卖版号的做法，根据《出版管理条例》《网络出版服务管理规定》《关于移动游戏出版服务管理的通知》及相关管理规定，国家新闻出版广电总局负责网络游戏的前置审批，因此版号的取得是一种行政许可行为，不存在被交易的可能性。网络游戏公司进行版号买卖的行为，即使支付合理对价，签订交易合同，合同也可能会因为违反国家法律规定而无效。

游戏授权或转让的做法属于商业行为，属于当事人意思自治的领域。如果受让方是上线运营"转让的游戏"与"转让所得的版号"，那么属于合法的商业运作，无可非议。如果受让方上线运营的是"自己的游戏"与"转让所得的版号"，那么属于套用版号。虽然此种"偷梁换柱"的做法较为隐蔽，但其游戏内容已发生实质性变化，需要重新履行出版审批手续，未经审批，一经发现将按照《网络出版服务管理规定》关于网络游戏"无版号运营"的情况进行处罚。

4.3 未获游戏版号的网络游戏能否公测

一直以来，游戏界存在一种说法：上线发行的游戏只要不设置游戏内购，就可以在无游戏版号的情况下运营。各种游戏渠道在审核要求中规定游戏不设置内购则无须审核游戏企业是否取得游戏版号，似乎也印证了游戏公测无须游戏版号的说法。那么，未获得游戏版号是否可以进行公测呢？

4.3.1 网络游戏无版号能进行公测的声音

我们知道，网络游戏无版号运营，网络游戏公司轻则被科以罚款，重则面临牢狱之灾。特别是近年监管政策骤然紧缩，游戏公司申请游戏版号以实现合规运营显得尤为重要。但是，现实中常听到"网络游戏公测阶段不需要申请版号"的声音，有些游戏界人士认为，根据《网络游戏管理暂行办法》第2条规定"网络游戏运营是指通过信息网络提供网络游戏产品和服务，并取得收益的行为"，言外之意是，如果网络游戏只上网进行公测，为玩家提供游戏服务，但不收取玩家充值费用，就不符合该办法对"网络游戏运营"须有"取得收益"的规定，因此公测阶段的网络游戏可不需要获得版号。

4.3.2 网络游戏无版号进行公测的案例

出现这种声音源于实务中诸多游戏企业在未获得版号前径行进行游戏上网公测，有代表性的案例是游戏《绝地求生·刺激战场》。腾讯旗下光子工作室于2018年2月9日上线游戏《绝地求生·刺激战场》，因为当时尚未获得版号，所以腾讯对外声称游戏仅开放公测，不取得收益。《绝地求生·刺激战场》一上线便成为爆款游戏，玩家日活跃量上千万。此时，国家新闻出版广电总局于2018年3月暂停网络游戏审批，《绝地求生·刺激战场》自此上线一年多。2019年4月，腾讯在取得《和平精英》的游戏版号后火速下线《绝地求生·刺激战场》，并立刻上线《和平精英》，开启氪金模式。

由于《绝地求生·刺激战场》上线一年多未受到监管部门行政处罚，因此游戏界有了"网络游戏公测阶段不需要申请版号"的说法。

4.3.3 游戏无版号上网不能进行公测的法律分析

实务中的说法并不能代替法律规定。经过检索，笔者认为法律并未规定"网络游戏公测阶段不需要版号"；相反，如果网络游戏无版号，就不能上网进行公测。

首先，"网络游戏运营"和"取得版号"是两件事，二者不能等同。网络游戏虽然未取得充值等收益，但只要上网就需要取得版号。《网络出版服务管理规定》第27条规定："网络游戏上网出版前，必须向所在地省、自治区、直辖市出版行政主管部门提出申请，经审核同意后，报国家新闻出版广电总局审批。"《关于贯彻落实国务院〈"三定"规定〉和中央编办有关解释，进一步加强网络游戏前置审批和进口网络游戏审批管理的通知》进一步明确："未经新闻出版总署前置审批的网络游戏，一律不得上网，电信运营企业也不得为其提供互联网接入服务。"可见，取得版号是网络游戏上网的充分且必要条件，游戏上网公测必须获得国家新闻出版总署的前置审批。

其次，游戏公测前取得版号有明文规定。《关于移动游戏出版服务管理的通知》规定，休闲益智类网络游戏应"在预定上网出版（公测）运营至少20个工作日前"向所在地省、自治区、直辖市出版行政主管部门提出申请，经审核同意后，报国家新闻出版署审批。出版行政主管部门应在上网出版（公测）运营前（18个工作日内）做出审批答复。

最后，为规范网络出版服务秩序，促进网络出版服务业健康有序发展，网络出版物出版前应接受监督检查。《出版管理条例》的立法目的是"加强对出版活动的管理，发展和繁荣有中国特色社会主义出版产业和出版事业，保障公民依法行使出版自由的权利，促进社会主义精神文明和物质文明建设"，《网络出版服务管理规定》的立法宗旨为"规范网络出版服务秩序，促进网络出版服务业健康有序发展"，网络出版物不得含有淫秽、色情、赌博、暴力等内容。网络游戏未经前置审批径行上网公测，并不符合《出版管理条例》《网络出版服务管理规定》等法律法规的立法宗旨。

综上所述，笔者认为游戏无版号上网不能进行公测。

4.4 网络游戏利用马甲包买量的合规风险

游戏合规运营一直是监管的重点，也是监管的难点。其中，游戏企业在游戏运营中常见的做法是马甲包买量。那么，什么是马甲包买量？游戏企业利用马甲包买量是否存在法律风险呢？

4.4.1 网络游戏企业的马甲包买量

马甲包买量，是指游戏公司将一款网络游戏通过改变游戏名称、故事情节、任务内容、人物性格、角色特征、互动功能等制作成另一个版本，多版本上线苹果商店或者安卓商店，以获得更高的下载量，取得更多收益。

游戏市场上，马甲包买量普遍存在的原因是不同类型的游戏玩家兴趣点不同，有些游戏玩家热衷于通关打怪的快感，有些游戏玩家重视游戏的视觉享受，有些游戏玩家对游戏名称比较敏感。马甲包能做到用同一款游戏满足游戏玩家的不同需求，从而能提高获客率。

4.4.2 马甲包买量的法律分析

马甲包买量是否符合法律规定？笔者认为需要具体情况具体分析。

如果网络游戏未取得版号便上线运营，那么此时通过马甲包制作更多的版本上线推广，只会加重违法的程度。根据《网络出版服务管理规定》第51条的规定，本来可能只需要取消网络游戏，但由于"无版号多版本"的违法运营，所以行政监管部门会加大处罚力度，甚至对网络游戏企业进行严厉的处罚。

如果网络游戏已经取得版号，再利用马甲包上线推广，那么根据《关于移动游戏出版服务管理的通知》第6条的规定❶处理。如果马甲包彻底改变原版本的内容属性，并且更换新的游戏名称，或增加修饰词，或增加后缀，都将被视为新作品，需要重新取得版号，否则网络游戏将按照无版号运营的情形处理。如果马甲包只是对原版本做微调，不改变游戏名称，也不增加后缀，则仍属于原作品，不属于违法行为。

4.4.3 马甲包买量的实务监管思路

实务中遵循法律规定，无版号的马甲包买量将被视为无版号运营的情形进行查处。而对于有版号的马甲包买量，虽然根据《关于移动游戏出版服务管理的通知》第6条的规定，网络游戏有可能合法存在"单版号多版本"情形，但实务操作中似乎遵循另一种监管思路。

笔者在处理客户"单版号多版本"问题时，曾咨询省级出版行政监管部门，得到的答复是：实务操作中监管部门一旦发现网络游戏出现"单版号多版本"的情形，倾向于彻查，并且新版本被认定为新的网络游戏的可能性较大。同时，游戏界传阅的北京市委员会宣传部将严审游戏版号的文件也指出，网络游戏的问题包括"某未经审批的国产移动网络游戏与某批准上线的游戏，在界面、玩法等方面都极其相似，疑为同款游戏"。换言之，实务中的监管思路是一款网络游戏只能是"单版号单版本"的模式，一经发现"单版号多版本""无版号多版本"都可能面临行政处罚的风险。

---

❶《关于移动游戏出版服务管理的通知》第6条规定："已经批准出版的移动游戏的升级作品及新资料片（指故事情节、任务内容、地图形态、人物性格、角色特征、互动功能等发生明显改变，且以附加名称，即在游戏名称不变的情况下增加副标题，或者在游戏名称前增加修饰词，如《新××》，或者在游戏名称后用数字表明版本的变化，如《××2》等进行推广宣传）视为新作品，按照本通知规定，依其所属类别重新履行相应审批手续。"

4.5 《规范促销行为暂行规定》对游戏氪金行为的影响

2020年10月29日,国家市场监督管理总局发布《规范促销行为暂行规定》(以下简称《促销规定》),自2020年12月1日起正式施行。1993年12月24日原国家工商行政管理局令第19号发布的《关于禁止有奖销售活动中不正当竞争行为的若干规定》同时废止。

游戏的氪金行为,如"首充送元宝""登录大礼每天领""节日单充领豪礼""主题活动获赠礼""折扣商店享不停""节日兑换领豪礼"等活动无一例外均被纳入《促销规定》的规范范围,游戏企业对该规定应重点关注。

4.5.1 《促销规定》概述

《促销规定》是国家市场监督管理总局为规范经营者的促销行为,维护公平竞争的市场秩序,保护消费者、经营者合法权益,根据《反不正当竞争法》《中华人民共和国价格法》《消费者权益保护法》等法律和行政法规,制定的部门规章,共6章31条。

第一章"总则"共4条,主要规定《促销规定》的制定目的、制定依据、规范对象、监督管理部门和鼓励社会监督等。

第二章"促销行为一般规范"共6条,主要规定促销行为(有奖销售、价格和免费试用等促销方式)的规范准则,包括开展促销活动应落实标识制度、严格履行促销承诺、交易场所提供者应规范场所内的交易行为及设置违法行为协助处理机制、禁止假促销实行贿、奖品或赠品符合要求等。

第三章"有奖销售行为规范"共9条,主要规定有奖销售的概念、规范范畴、有奖销售应落实公示制度、有奖销售的不当行为类型、奖品金额的计算标准及销售行为建档等。

---

❶ 蒋晓焜,李金招,吴欣雅.《规范促销行为暂行规定》对游戏氪金行为的影响[EB/OL].(2020-12-31)[2022-04-05]. https://mp.weixin.qq.com/s/aaF2e9itA592FwlMHsd51Q.

第四章"价格促销行为规范"共 3 条,主要规定价格促销的透明制度及折价、减价的计算基准等。

第五章"法律责任"共 8 条,主要规定违反促销行为一般规范、有奖销售行为规范及价格促销行为规范面临的处罚风险。

第六章"附则"共 1 条,规定《促销规定》自 2020 年 12 月 1 日起正式施行。

4.5.2　游戏企业在《促销规定》中的定位

《促销规定》第 2 条规定:"经营者在中华人民共和国境内以销售商品、提供服务(以下所称商品包括提供服务)或者获取竞争优势为目的,通过有奖销售、价格、免费试用等方式开展促销,应当遵守本规定。"该条款旨在界定《促销规定》所规范的权利义务关系范畴。那么,如何理解游戏企业在该条款中的定位呢?

首先,经营者是指"从事商品生产、经营或者提供服务(以下所称商品包括服务)的自然人、法人和非法人组织"❶。游戏企业作为向广大玩家提供游戏娱乐服务的营利性法人组织,属于《促销规定》所称的"经营者"。

其次,如何理解"中华人民共和国境内"呢?此处的"境内"既包括经营者在境内进行的针对境内外消费者的促销行为,也包括经营者在境外开展的针对境内消费者的促销行为。因此,对游戏企业来说,如果一款游戏的首发地在境外,但有境内的游戏玩家,那么也会被纳入《促销规定》的规范范畴。

再次,《促销规定》的规范对象是促销行为,主要是通过有奖销售、价格、免费使用等方式开展的促销活动。对游戏企业而言,游戏内的促销行为(也称"氪金行为",以下统称氪金行为)主要包括"首充送元宝""登录大礼每天领""节日单充领豪礼""主题活动获赠礼""折扣商店享不停""节日兑换领豪礼"等活动。就上述活动来说,有些活动属于"有奖销售",如"首充送元宝""登录大礼每天领""节日单充领豪礼""主题活动获赠礼""节日兑换领豪礼"等;

---

❶《中华人民共和国反不正当竞争法》第 2 条规定。

有些活动属于"价格促销",如"折扣商店享不停"等活动。

值得注意的是,上述游戏氪金行为是游戏玩家在游戏过程中所发生的活动,那么游戏在前期的宣传、公测阶段是否也受到《促销规定》的限制呢?其实,游戏在前期主要受《广告法》的规制,但也可能受《促销规定》的规制。举例来说,Steam 游戏平台常在重要节日举办游戏折价、降价等价格促销活动,在游戏宣传、公测阶段也常以邀请码加赠送元宝或装备的方式邀请玩家试玩。如出现上述情形,则属于《促销规定》的规范范畴。

最后,如何理解《促销规定》中的消费者呢?《促销规定》第 5 条规定:"经营者开展促销活动,应当真实准确,清晰醒目标示活动信息,不得……欺骗、误导消费者或者相关公众(以下简称消费者)。"此处所称消费者不仅指已接受促销服务的对象,还包括潜在对象。例如,游戏开展"主题活动获赠礼""节日兑换领豪礼""折扣商店享不停"等活动时,该氪金活动的消费者包括该款游戏的所有玩家,而不只是实际充值、兑换奖品、完成游戏任务的游戏玩家。

此外,《促销规定》第 12 条规定:"经营者为了推广移动客户端、招揽客户、提高知名度、获取流量、提高点击率等,附带性地提供物品、奖金或者其他利益的行为,属于本规定所称的有奖销售。"因此,游戏企业在新游戏的宣传、公测阶段如果以邀请码加赠送元宝或装备的方式邀请玩家试玩,那么有可能被认定"有奖销售"行为,从而使消费者的范围扩大至相关的关注群体。

4.5.3 游戏企业氪金行为的合规建议

游戏企业主要通过有奖销售、价格等方式开展氪金活动。根据《促销规定》的要求,游戏企业的氪金行为应遵循以下合规操作。

1. 落实促销标识制度

《促销规定》第 5 条规定:"经营者开展促销活动,应当真实准确,清晰醒目标示活动信息,不得利用虚假商业信息、虚构交易或者评价等方式作虚假或者引人误解的商业宣传,欺骗、误导消费者或者相关公众(以下简称消费者)。"该规定意味着,游戏企业在开展"首充送元宝""登录大礼每天领""节日单充领豪礼""主题活动获赠礼""折扣商店享不停""节日兑换领豪礼"等氪金活动时,促销内容应清晰醒目,关键词用鲜明的字体标出,加大、加粗显示,不得虚构交易,如不得杜撰"××玩家充值××元,获得××角色"、虚构充值玩家排名等,并以滚动方式向其他玩家展示。

如果游戏企业未落实促销标识制度,构成虚假宣传,那么按照《反不正当竞争法》第20条进行处罚,即"由监督检查部门责令停止违法行为,处二十万元以上一百万元以下的罚款;情节严重的,处一百万元以上二百万元以下的罚款,可以吊销营业执照"。

2. 严格履行促销承诺

《促销规定》第6条规定:"经营者通过商业广告、产品说明、销售推介、实物样品或者通知、声明、店堂告示等方式作出优惠承诺的,应当履行承诺。"该规定意味着游戏企业作出的优惠承诺要兑现,如开展首充送元宝或者七日签到领人物角色活动的,则承诺的元宝数额、人物角色的技能或神通应符合当初的承诺。如果游戏企业未严格履行促销承诺,则"法律法规有规定的,从其规定;法律法规没有规定的,由县级以上市场监督管理部门责令改正;可处违法所得三倍以下罚款,但最高不超过三万元;没有违法所得的,可处一万元以下罚款"。

3. 规范有奖销售的公示、谎报中奖、建档等制度

游戏企业的氪金行为大多属于附赠式有奖销售,即"经营者向满足一定条件的消费者提供奖金、物品或者其他利益的有奖销售行为"。比如,"七日签到送豪礼"要求玩家满足打卡7日的条件,才能向其提供礼品;"首充送元宝"要求玩家满足第一次充值条件,才能向其赠送元宝;"节日单充领豪礼"要求在重要节日玩家满足充值要求,才能向其赠送豪礼。因此,游戏企业应重点关注有

奖销售的合规要点，逐条核查并重点整改。

1）落实公示制度

根据《促销规定》第3章"有奖销售行为规范"，游戏企业在开展附赠式有奖销售时，"应当明确公布奖项种类、参与条件、参与方式、开奖时间、开奖方式、奖金金额或者奖品价格、奖品品名、奖品种类、奖品数量或者中奖概率、兑奖时间、兑奖条件、兑奖方式、奖品交付方式、弃奖条件、主办方及其联系方式等信息"。其中，对于"奖金金额或者奖品价格"及"奖品数量或者中奖概率"，虽然网络游戏的元宝及装备、角色属于虚拟物，无法核算具体金额，也无法按照"同期市场同类商品的价格计算其金额"❶，但由于游戏的元宝需用现金充值换得，因此可依兑换比例计算其现金价值。如果游戏中的装备和角色也可用元宝进行兑换，那么也可以算出装备和角色所对应的金额。但上述计算方法要求游戏企业须严格执行充值金额与元宝的兑换比例，不得随意更改兑换制度。

如果游戏企业未落实公示制度，那么监督检查部门有权要求游戏企业停止违法行为，处5万元以上50万元以下的罚款。

2）严禁谎报中奖信息

《促销规定》第15条对谎报中奖的行为以"列举+兜底"的方式列出，包括虚构奖品、奖项、奖金金额；奖品不投放或者未全部投放市场，仅投放到特定区域，按不同时间投放市场或未按照承诺要求兑奖等。游戏企业可逐条核查是否存在条款所规定的事项，如有上述谎报行为，应立即整改。

如果游戏企业谎报中奖信息，那么监督检查部门有权要求游戏企业停止违法行为，处5万元以上50万元以下的罚款。

3）建档制度

《促销规定》第19条规定："经营者应当建立档案，如实、准确、完整地记录设奖规则、公示信息、兑奖结果、获奖人员等内容，妥善保存两年并依法接

---

❶《规范促销行为暂行规定》第18条规定。

受监督检查。"游戏企业开展有奖销售的氪金活动，应及时建档，并妥善保存至少 2 年，以便随时接受监督检查。

如果游戏企业未落实建档制度，那么县级以上市场监督管理部门有权要求游戏企业限期改正，并可以处 1 万元以下罚款。

4. 规范价格促销的透明制度及折价基准制度

虽然游戏企业的氪金行为大多属于附赠式有奖销售，但也有一些氪金活动属于价格促销行为，如"折扣商店享不停"、VIP 贵宾享有购买折扣等。因此，游戏企业在价格促销活动中也应落实价格透明制度及折价基准制度。

1）落实价格透明制度

《促销规定》第 20 条规定："经营者开展价格促销活动有附加条件的，应当显著标明条件。经营者开展限时减价、折价等价格促销活动的，应当显著标明期限。"游戏企业在开展价格促销时，如针对 VIP 玩家用户享有折扣，应显著标明成为 VIP 玩家用户的条件；如限时开展折扣活动，要显著标明折扣期限。按照现行法律规定，显著标明方式主要有加粗、颜色、下画线、放大字体等。

2）落实折价基准制度

《促销规定》第 21 条规定："经营者折价、减价，应当标明或者通过其他方便消费者认知的方式表明折价、减价的基准。"游戏企业在开展折价、减价促销时，通常会出现原始价和折扣价。根据上述规定，原始价应以方便消费者认知的方式标出，且该基准应有合理的依据。该规定意味着游戏企业不得乱标原始价，该原始价应是面向玩家的统一价，可以游戏在前 7 日内的最低成交价为基准，如果该原始价从未出现过，则应该向玩家解释。

如游戏企业未落实价格透明制度及折价基准制度，构成价格违法行为的，那么市场监督管理部门有权依据价格监管法律法规对游戏企业进行处罚。

综上所述，游戏企业应谨慎对待《促销规定》，对属于有奖销售的促销行为，应积极做好"有奖销售行为"的规范操作；对属于价格促销的促销行为，应积极做好价格促销行为的规范操作。除此之外，游戏企业还需积极落实促销标识制度、履行促销承诺，认真做好合规工作。

4.6 游戏规则的可版权性研究

一款游戏通常包括游戏名称、游戏规则、故事情节、场景地图、人物形象、文字介绍、对话旁白、背景音乐等多种元素，而我国《著作权法》并未将游戏整体定义为一种单独的作品类型，使得在学理上对游戏的知识产权保护存在整体保护和分类保护之争。司法实践中，游戏权利主体通常将网络游戏元素拆分成不同的作品类型进行保护，此种做法也得到人民法院的认可。然而，游戏规则是否具有可版权性？游戏企业在游戏规则侵权的权利主张中应注意哪些问题呢？

4.6.1 实务案例

当事人与 A 公司签订技术开发合同，约定委托 A 公司进行某款手游项目的技术开发。合同签订后，当事人依约付款，顺利取得手游项目并上线运营。之后，当事人发现 A 公司开发并上线的一款手游与自己之前委托其开发的手游相似，所以希望通过维权手段保护自身合法权益。

在发起仲裁时，笔者提出当事人的游戏和 A 公司的游戏均是以文明演进为题材的经营放置类手游。A 公司抗辩认为，从大的游戏分类上看，两款游戏都属于1991年开始运营的《文明》游戏所开创的大类别游戏，这类游戏的游戏规则基本都是模拟文明演进的过程，从石器时代一步步演进至农业时代等新时代。因此，A 公司进一步认为："著作权法保护的是思想的表达，而非思想本身。判断两个作品是否构成实质性相似，应比较的是两个作品的表达，不应在思想层面进行比较。"

4.6.2 游戏规则是思想还是表达

由于上述案件双方的争论焦点是源代码侵权，因此仲裁委并未深究游戏规则侵权问题，但是游戏规则是否具有可版权性一直是热议的焦点。具体来说，在讨论游戏规则可版权性时，常常通过思想表达二分法来确定游戏规则是否属于版权保护对象。思想表达二分法是指著作权只保护作品的表达，而不得延伸至作品的思想、程序、操作方法、原理或数学概念等元素。思想表达二分法已被国际著作权公约及多数国家的著作权法认可，如世界贸易组织《与贸易有关的知识产权协议》第9条明确约定版权的保护应该延及表述方式。

实践中，常有公司以游戏规则属于思想而非表达作为抗辩理由，如在（2014）沪一中民五（知）初字第××号案中，被告提出游戏规则不属于著作权保护范畴，《××传说》的游戏规则没有独创性，仅是抽象的思想，没有具体的表达形式。司法实务中，有法院支持此类观点，其理由主要为游戏玩法和规则不属于《著作权法》的调整对象，并认为抄袭游戏规则后为了对游戏进行说明，不可避免地会使用与原游戏说明较为接近的表达，这种相近源于思想的相同，因此此类行为虽具有不正当性，但并未违反相关知识产权法律规范。

近年来，司法实务的观点逐渐改变。在苏州某科技股份有限公司诉成都某互动科技有限公司、北京某科技有限公司侵权纠纷案［（2018）苏民终1054号］中，判决明确游戏玩法规则的特定呈现方式构成《著作权法》的保护客体，并明确游戏玩法规则表达内容和表达形式进行比对的侵权比对方法，认为在表达内容和表达形式上均构成实质性相似的，构成侵权。在苏州某网络科技股份有限公司与浙江某网络科技有限公司、上海某网络科技有限公司侵害著作权及不正当竞争纠纷案［（2019）浙民终709号］中，浙江省高级人民法院明确指出"尽管被诉游戏《××武尊》在美术、动画、音乐等方面进行了内容的再创作，但在玩法规则的特定呈现方式上利用了原告游戏《××传奇》的独创性表达，构成对原告著作权的侵害"，直接承认游戏规则属于"表达"而受《著作权法》保护。

4.6.3 游戏规则的独创性要求

当前，虽然在实务中部分法院逐渐认可游戏规则的可版权性，但法院也进一步指出，游戏规则需要在具有独创性的基础上才具有可版权性。在杭州某科技有限公司诉杭州某科技有限责任公司等著作权及不正当竞争纠纷案❶中，法院指出：游戏功能的实质是游戏的规则式玩法，属于思想范畴，对于玩家而言，通过《××模拟器》掌握游戏的规律，实现了对游戏时间一定程度的控制，难以认定消费者的利益受到了损害；《××模拟器》虽客观上存在对游戏功能的干扰，但游戏功能并不像作品或发明专利一样受到专有权利的保护，且此类干扰是所有提供游戏经验、攻略、技巧的行为都具有的，并未超过必要的限度，也不能认定被告公司的行为违反公认的商业道德和诚实信用原则，不能以《反不正当竞争法》予以保护。因此，游戏规则若要受到著作权保护应具有独创性，非属于同类游戏都具有的基础规则。

那么，如何证明游戏权利主体所主张的游戏规则并非同类游戏的基础规则，而是具有独创性的具体规则呢？具体而言，对于游戏设计本身是否构成作品应当以抽象概括的方式区分层次加以分析，一般同类游戏的基本玩法属于基础规则，属于思想范畴，不能纳入《著作权法》的保护范围。当事人主张游戏设计构成作品的，应当证明其所主张的游戏设计属于具体规则，且属于独创性表达，具体规则是在基础规则的基础上指引玩家行为的一系列机制及机制的组合，使得整个游戏的玩法与其他游戏相比具有个性或特质。例如，在苏州某网络科技股份有限公司与浙江某网络科技有限公司著作权权属、侵权纠纷案[（2019）浙民终709号]中，法院认为："……其次，《××传奇》是基于现有成熟的传奇类游戏的玩法，进行模块的选择、组合或部分新系统的开发，并在此基础上设计具体的游戏界面和游戏属性数值，其区别于现有游戏的独创性表达部分应受到《著作权法》保护，但在确定保护范围时，应将不具有独创性的表达部分和公有领域的表达内容进行剔除。《××传奇》游戏中关于'打怪升级'的游戏

---

❶ 参见（2019）浙0192民初8128号民事判决书。

玩法和三大系统的基本架构属于思想范畴，也是传奇类游戏常见的设计模式，不属于其独创；游戏的角色、技能和装备名称、孤立的属性和数值等元素本身由于表达过于简单，尚未达到《著作权法》要求的作品创造性高度；而《××传奇》游戏对于创作元素、属性与数值的取舍、安排及其对应关系，以及各个系统相互之间的有机组合形成的特定玩法规则和情节具有独创性，已达到使其区别于其他游戏的创造性高度，并能够通过操作界面内直白的文字形式或连续动态画面方式对外呈现，该特定玩法规则和情节在游戏运行整体画面中的具体表达属于受《著作权法》保护的客体。"

4.6.4 延伸思考：游戏规则与《反不正当竞争法》

游戏版权方与司法界也有运用《反不正当竞争法》对网络游戏规则进行保护的，其主要理由如下。

一是认为游戏规则尚不能获得《著作权法》的保护，并不表示这种智力创作成果法律不应给予保护。游戏的开发和设计要满足娱乐性并获得市场竞争的优势，其实现方式并不是众所周知的事实，而需要极大的创造性劳动。同时，现代的大型网络游戏通常需要投入大量的人力、物力、财力进行研发，如果将游戏规则作为抽象思想一概不予保护，那么将不利于激励创新，为游戏产业营造公平合理的竞争环境。

二是在游戏规则设计上若存在明显抄袭行为，这一行为无疑可以降低游戏开发成本；在游戏规则相似的情况下，用户游戏体验差异也较小，可以很快适应两款游戏的玩法，在一定程度上会削弱游戏版权方与游戏玩家的黏性，造成玩家群体流失，有损于游戏版权方的智力劳动成果，同时在游戏玩家中容易造成不良影响，导致游戏版权方的相关市场受损，违背商业道德和诚实信用原则，属于不劳而获的"搭便车"行为，构成不正当竞争。

同时，法院也认为《反不正当竞争法》对《著作权法》起到的主要是补充作用，倘若被诉行为可以纳入《著作权法》予以保护，就不宜再适用《反不正当竞争法》。例如，在杭州某科技有限公司诉杭州某科技有限责任公司等著作权及不正当竞争纠纷案❶中，杭州互联网法院认为单纯网络游戏中的功能模块应属于《著作权法》保护范畴，一般不宜纳入《反不正当竞争法》保护范围。因此，原告公司针对游戏中的功能模块直接主张《反不正当竞争法》保护，明显缺乏法律依据。

4.7 游戏名称的可版权性研究

在司法实践中，游戏权利主体通常将网络游戏元素拆分成不同的作品类型进行保护，此种做法也得到人民法院的认可。然而，游戏名称是否具有可版权性？

4.7.1 实务案例

2020年，当事人发现一款手机游戏未经授权，擅自将当事人的某款游戏名称作为该款手机游戏的名称。此外，该款游戏还在游戏开始页面冒用当事人游戏的批准文号等相关信息。该侵权游戏在多达十几个游戏盒子上架，并通过关键词竞价排名吸引用户下载，以每天开一个新服的趋势不断吸引更多用户，侵权范围广，侵权影响也在持续扩大。鉴于此，笔者协助当事人通过向当地游戏文旅部门投诉举报的方式，使得厦门市文化市场综合执法支队和厦门市公安局网安支队对该款游戏的运营企业开展联合查处，并对该游戏企业作出行政处罚。与此同时，为有效下架该侵权游戏，厦门市文旅市场综合执法支队向各地文化市场综合执法部门进行线索通报。各地文化执法部门协同处理，下架这款在全国各地游戏盒子上架的游戏。

---

❶ 参见（2019）浙0192民初8128号民事判决书。

4.7.2 游戏名称虽不受《著作权法》保护，但经特殊设计构成作品的除外

为了尽快下架侵权方的侵权游戏，前述案件最终以行政投诉的方式得到妥善解决。值得进一步思考的问题是，如果前述案件最终以诉讼方式处理，那么游戏名称是否具有可版权性。

一般来说，游戏名称无法作为《著作权法》保护的对象。具体而言，第一，作品名称是作品的组成部分，应与作品内容组成一个整体体现独创性表达，割裂作品与内容的关系会损害作品的独创性。第二，作品独创性要求作品具有一定的篇幅或者长度，而名称往往比较简短，可独立表达的空间不大。第三，如果对名称单独进行保护，无疑会让创作者的创作受限，不利于文艺创作。

但是，如果游戏名称因含有图形或使用字体经过特殊设计而具有审美价值，具有独创性，就可以构成《著作权法》所称的"美术作品"，可受《著作权法》保护。除此之外，如果是故意替换作品名称等行为，可从"修改权、保护作品完整权"的角度进行处理（游戏诉讼案件一般不适用），而非单独将名称认定为一个新的作品。例如，在原告青岛某影视有限公司与被告青岛某影视城有限公司、广东某文化传播有限公司、广州某出版社著作权侵权纠纷案❶中，法院认为："擅自修改《现代××》电视剧名称的行为对该作品构成歪曲、篡改，属于《中华人民共和国著作权法》第四十六条规定的'歪曲、篡改他人作品'的行为，构成对原告、青岛电视台享有的修改权和保护作品完整权的侵害。"

4.7.3 游戏名称的商标保护

商标性使用是指将能使商品或服务区别于其他商品或服务的标识，从而具有独特的指向性。网络游戏在进行各种宣传时，其名称是最直接引起玩家游戏兴趣的部分，还具有帮助玩家辨识的区分功能，实际上发挥着区分不同游戏的

---

❶ 参见（2005）青民三初字第 975 号民事判决书。

作用，因此可以认定网络游戏的名称属于商标性使用。

关于商标性使用认定，并不是《中华人民共和国商标法》列举的各种具体形式，其关键是该使用行为是否足以发挥识别商品或服务来源的作用。而商标的描述性使用是对商标专用权的限制，即非商标权利人在经营活动中，为了描述商品的外观、特点、形状等，本着善意且必要的、不会造成相关公众混淆的方式对注册商标进行使用。法院裁判时认定是否构成描述性使用，主要考虑以下3点：一是否具有使用的善意；二是其使用方式是否合理，有无超过必要的限度；三是该使用行为是否会造成相关公众的混淆。

但是，若游戏名称为一种游戏的通用名称，即该游戏名称的使用不具备指向该游戏的特定来源，而是以文字本身的含义来描述游戏内容特点，则无法受到《中华人民共和国商标法》保护。例如，在A资讯股份有限公司与B网络发展有限公司侵害商标权纠纷案［(2007)沪一中民五(知)终字第23号］中，法院认为："上诉人A公司在第41类服务上申请注册'大富翁'商标之前，'大富翁'作为一种在计算机上'按骰子点数走棋的模拟现实经商之道的游戏'已经广为人知，对于相关公众而言'大富翁'与这种商业冒险类游戏已建立起紧密的对应关系，'大富翁'已成为这种商业冒险类游戏约定俗成的名称。因此，'大富翁'文字虽然被A公司注册为'提供在线游戏'服务的商标，但是其仍然具有指代前述商业冒险类游戏的含义，A公司并不能禁止他人对这种含义的正当使用。"

4.7.4 对未注册商标的游戏名称的保护

由上可知，如果游戏企业的游戏名称未注册成商标，那么如何对该游戏名称进行保护。

如果游戏名称具有显著性，那么可以按照未注册商标保护的思路进行救济；如果游戏名称不具有显著性，但是又构成"有一定影响的标识"，那么可以从《反不正当竞争法》的角度进行救济。而通过《反不正当竞争法》对游戏名称进行保护，首先要求游戏名称须形成知名商品的特有名称，进而判断涉诉行为是否会导致相关公众对被诉对象和涉案游戏产生混淆和误认。区别于注册商标，游戏名称构成"知名服务特有名称"的前提条件是该名称在特定行业、领域被广泛、长期地使用，形成具有一定影响力的商业标志。其包含两个构成要素：一是商品或服务是知名的；二是商标名称具有显著性，能起到区分服务提供者的识别功能。例如，在广州A网络股份有限公司、广东B网络科技有限公司、广州C网络科技有限公司等与侵害商标权纠纷案[（2019）粤73民终3574号]中，法院认为："权利游戏为梦想世界系列游戏，而梦想、3D均为常见词汇，A公司、B公司并未充分证明'梦想3D'作为游戏名称具有区别商品来源的显著特征。故'梦想3D'游戏名称并不能作为知名商品特有的名称得到《反不正当竞争法》的保护。"而在北京某科技有限公司诉被告北京某网络技术有限公司、北京某网络科技有限公司、北京某科技股份有限公司侵犯著作权及不正当竞争纠纷案[（2014）京知民初字第1号]中，法院认为："《我叫××》游戏至少已经上线一年多时间，这一持续时间已足以吸收到相当多的游戏玩家。因对于手机游戏而言，游戏玩家的数量在相当程度上可以证明该游戏在相关公众中的知名，故在综合考虑该游戏已获得数十奖项，且颁奖方包括协会及众多的游戏网站等因素的情况下，认定相关公众足以依据《我叫××》游戏名称识别该游戏的来源，《我叫××》游戏名称已构成原告公司在手机游戏类服务上的知名服务特有名称。北京某网络技术有限公司等各被告将被诉游戏命名为《超级××》并向用户提供，同时进行了相应宣传，容易导致相关公众的混淆误认，构成不正当竞争。"

4.8　网络游戏的行政监管变化 ●

2019年7月10日，文化和旅游部发布《关于废止〈网络游戏管理暂行办法〉

● 蒋晓熴，陈乙捷. 一文看懂网络游戏的行政监管变化[EB/OL].（2020-02-15）[2023-10-17]. https://mp.weixin.qq.com/s/pofQS3Gl7lvJEJKHqAiC1Q.

和〈旅游发展规划管理办法〉的决定》(以下简称《决定》)。《决定》一经发布,立刻引起网络游戏行业的热烈讨论。熟悉网络游戏行业的人都知道,《网络游戏管理暂行办法》(以下简称《暂行办法》)是规范网络游戏行业的重要规定,《暂行办法》如果被废止,那么今后如何监管网络游戏行业便成为问题。

为研究该问题,笔者对网络游戏行业(不包括进口游戏)的监管历程进行梳理,在此基础上尝试对《暂行办法》被废止前后的监管动态做简要分析。

4.8.1 《暂行办法》被废止前的监管主体

2008年7月11日,国务院办公厅发布《关于印发国家新闻出版总署(国家版权局)主要职责内设机构和人员编制规定的通知》(以下称《"三定"规定》)。《"三定"规定》规定原由国家新闻出版总署管理的网络游戏管理(不含网络游戏的网上出版前置审批),以及相关产业规划、产业基地、项目建设、会展交易和市场监管的职责划给文化部,即国家新闻出版总署负责在出版环节对动漫进行管理,对游戏出版物的网上出版发行进行前置审批;文化部负责动漫和网络游戏相关产业规划、产业基地、项目建设、会展交易和市场监管。

基于中央机构编制委员会办公室对《"三定"规定》具有解释权,2009年9月7日,中央机构编制委员会办公室发布《关于印发〈中央编办对文化部、广电总局、新闻出版总署《"三定"规定》中有关动漫、网络游戏和文化市场综合执法的部分条文的解释〉的通知》(以下称《"三定"解释》)。《"三定"解释》进一步指出"文化部是网络游戏的主管部门""在文化部的统一管理下,国家新闻出版总署负责'网络游戏的网上出版前置审批'……一旦上网,完全由文化部管理"。

2009年9月28日,国家新闻出版总署、国家版权局、全国"扫黄打非"工作小组办公室联合发布《关于贯彻落实国务院〈"三定"规定〉和中央编办有关解释,进一步加强网络游戏前置审批和进口网络游戏审批管理的通知》(以下简称《通知》)。《通知》规定"国家新闻出版总署是中央和国务院授权的唯一负责网络游戏前置审批的政府部门""未经国家新闻出版总署前置审批的网络游戏，一律不得上网，电信运营企业也不得为其提供互联网接入服务。对经国家新闻出版总署前置审批过的网络游戏，可以上网使用，任何部门不再重复审查，文化、电信等管理部门应严格按国家新闻出版总署前置审批的内容管理"。

综上所述，在《网络游戏管理暂行办法》暂未被废止前，文化部是网络游戏的主管部门，国家新闻出版总署管理网络游戏的网上出版前置审批，电信管理部门负责为网络游戏提供互联网接入服务。网络游戏的监管主体见图4-1。

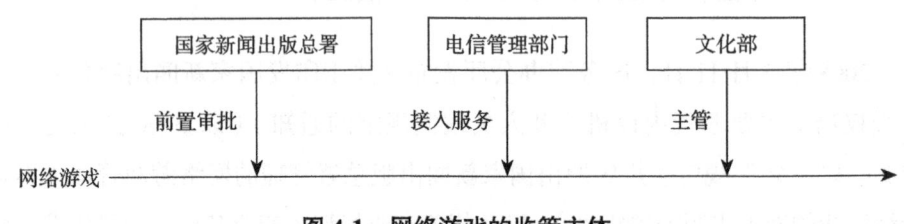

图 4-1　网络游戏的监管主体

4.8.2 《暂行办法》被废止前对游戏的资质要求

《暂行办法》被废止前对游戏的资质要求主要体现在两方面：对游戏公司的资质要求和对游戏本身的资质要求。

1. 游戏公司的资质要求

首先，游戏公司是一家公司，所以游戏公司的股东人数、出资额、公司章程、住所等均应满足《中华人民共和国公司法》对公司（有限责任公司、股份有限公司）设立的要求，取得公司营业执照及其他资质。

其次，根据《暂行办法》第6条的规定，网络游戏公司在设立后，"申请从事网络游戏运营、网络游戏虚拟货币发行和网络游戏虚拟货币交易服务等网络游戏经营活动，应当具备以下条件，并取得《网络文化经营许可证》：（一）单位的名称、住所、组织机构和章程；（二）确定的网络游戏经营范围；（三）有从事网络游戏经营活动所需的必要的专业人员、设备、场所以及管理技术措施；（四）有确定的域名；（五）符合法律、行政法规和国家有关规定的条件"。

最后，《互联网信息服务管理办法》第7条规定："从事经营性互联网信息服务，应当向省、自治区、直辖市电信管理机构或者国务院信息产业主管部门申请办理互联网信息服务增值电信业务经营许可证。"由于网络游戏运营是指网络游戏运营企业以开放网络游戏用户注册或者提供网络游戏下载等方式向公众提供网络游戏产品和服务，并通过向网络游戏用户收费或者以电子商务、广告、赞助等方式获取利益的行为❶，因此网络游戏公司从事经营性互联网信息服务，应依法取得《增值电信业务经营许可证》。

综上所述，游戏公司要发行游戏，应取得营业执照、《网络文化经营许可证》和《增值电信业务经营许可证》等资质。

2. 游戏本身的资质要求

在网络游戏研发后待运营前，按照《网络出版服务管理规定》第4条规定："国家新闻出版广电总局作为网络出版服务的行业主管部门，负责全国网络出版服务的前置审批和监督管理工作。"第7条规定："从事网络出版服务，必须依法经过出版行政主管部门批准，取得《网络出版服务许可证》。"因此，只有取得《网络出版服务许可证》的游戏公司才能申请游戏的前置审批。游戏公司在申请游戏前置审批时，一般会获得国家新闻出版署的批复文件，批复文件中标明的批准文号就是该游戏的文号，在获得上述前置审批的批复文件的同时，还会获得《网络游戏出版物号（ISBN号）核发单》（网络游戏出版物号）。

值得注意的是，实际上游戏公司取得《网络出版服务许可证》的难度较大，所以基于成本等各种因素考虑，诸多游戏公司以授权出版单位向国家新闻出版署申请前置审批的方式获得游戏文号及ISBN号。

在网络游戏运营时，《暂行办法》第13条规定："国产网络游戏运营之日起30日内应当按规定向国务院文化行政部门履行备案手续。已备案的国产网络

---

❶《文化部关于规范网络游戏运营加强事中事后监管工作的通知》中关于网络游戏运营的定义。

游戏应当在其运营网站指定位置及游戏内显著位置标明备案编号电子标签。"第15条规定："网络游戏经营单位应当建立自审制度，明确专门部门，配备专业人员负责网络游戏内容和经营行为的自查与管理，保障网络游戏内容和经营行为的合法性。"因此，游戏公司在运营游戏后还应自运营之日起30日内进行游戏备案，并标明备案编号电子标签，同时开展游戏自查和管理。

综上所述，游戏公司在运营一款游戏前须取得游戏文号及ISBN号，在运营后应进行游戏备案，标明备案编号，并建立自审制度。

3.《暂行办法》被废止后的监管主体

上述网络游戏监管主体及资质要求都建立在《暂行办法》未被废止的基础上。2019年7月10日，文化和旅游部发布《关于废止〈网络游戏管理暂行办法〉和〈旅游发展规划管理办法〉的决定》，决定废止《暂行办法》（文化部令第49号）。《暂行办法》一经废止，此前建构的监管主体和资质要求相对应发生变化。

2019年5月14日，文化和旅游部办公厅发布的《关于调整〈网络文化经营许可证〉审批范围 进一步规范审批工作的通知》规定："根据《文化和旅游部职能配置、内设机构和人员编制规定》，文化和旅游部不再承担网络游戏行业管理职责。"自此，文化和旅游部不再是网络游戏行业的主管部门。那么，现在网络游戏行业的主管部门是哪个部门呢？

2019年12月9日，文化和旅游部文化市场综合执法监督局发布《关于网络游戏市场有关执法工作的通知》。该通知指出，擅自上网出版网络游戏（含境外著作权人授权的网络游戏）、出版传播含有禁止内容的网络游戏等违法违规网络出版行为，文化和旅游行政部门或者文化市场综合执法机构不再适用《暂行办法》办理网络游戏案件，今后应当依据《网络出版服务管理规定》予以查处。《网络出版服务管理规定》第4条规定："国家新闻出版广电总局作为网络出版服务的行业主管部门，负责全国网络出版服务的前置审批和监督管理工作。"

综上所述,对于擅自上网出版网络游戏(含境外著作权人授权的网络游戏)、出版传播含有禁止内容的网络游戏等违法违规网络出版行为,监管主体目前为国家新闻出版署,国家新闻出版署不仅对网络游戏出版做前置审批,还对其他违法违规的网络出版行为进行监管。

4.8.3 《暂行办法》被废止后对游戏的资质要求

《暂行办法》被废止后,诸如营业执照、《增值电信业务经营许可证》、游戏文号及ISBN号等游戏业务资质的审核发放并不受影响,然而由于文化和旅游部不再是网络游戏行业的主管部门,之前由其审核发放的《网络文化经营许可证》及游戏备案事宜不再由其负责。那么,《网络文化经营许可证》及游戏备案事宜是由其他部门接管,还是游戏公司今后不再需要申请《网络文化经营许可证》及进行游戏备案呢？

截至目前,笔者并未查到《网络文化经营许可证》及游戏备案由其他部门接管的相关文件材料。笔者认为,由于目前尚未发布其他指导性文件规定该类事项,而且在与文化和旅游部相关工作人员沟通的过程中得知已明确不再核发《网络文化经营许可证》及进行游戏备案,因此现阶段关于《网络文化经营许可证》及游戏备案事宜,游戏公司可暂不处理。对于该问题如何处理,笔者将继续追踪相关动向再做进一步研究。

4.9 游戏企业须落实实名注册等制度

2019年10月25日,国家新闻出版署发布《关于防止未成年人沉迷网络游戏的通知》(以下简称《通知》)。《通知》指出,要引导网络游戏企业切实把社会效益放在首位,有效遏制未成年人沉迷网络游戏、过度消费等行为。《通知》从实行网络游戏用户账号实名注册制度,严格控制未成年人使用网络游戏时段、时长，规范向未成年人提供付费服务，切实加强行业监管，探索实施适龄提示制度，积极引导家长、学校等社会各界力量履行未成年人监护守护责任等6个方面，提出关于防止未成年人沉迷网络游戏的工作事项和具体安排。笔者尝试对该《通知》进行解读。

4.9.1 引导网络游戏企业切实把社会效益放在首位

《通知》规定："规范网络游戏服务，引导网络游戏企业切实把社会效益放在首位，有效遏制未成年人沉迷网络游戏、过度消费等行为，保护未成年人身心健康成长，是贯彻落实习近平总书记关于青少年工作重要指示精神、促进网络游戏繁荣健康有序发展的有效举措。"

【解读】众所周知，营利与否事关企业的生死存亡，企业经营的根本目的就是营利，而该《通知》要求"游戏企业切实把社会效益放在首位"，是否意味着游戏企业的营利行为今后须让位于社会效益？

须知，随着《暂行办法》被废止，国务院文化行政部门不再是法定的网络游戏的主管部门。目前，游戏行业的主管部门尚未确定，国家新闻出版署发布该《通知》，是否意味着国家新闻出版署今后将介入甚至接管文化和旅游部的职责？在该背景下，理解国家新闻出版署提出的"把社会效益放在首位"显得尤为重要。

经过仔细研读，笔者认为虽然该规定具有一定的指向标作用，但游戏企业也不必过分担忧。由于《通知》主要针对的是未成年人，所以应将"游戏企业切实把社会效益放在首位"与"有效遏制未成年人沉迷网络游戏、过度消费等行为"结合理解，可能是当游戏企业的营利行为侵害到未成年人的身心健康时，游戏企业应把社会效益放在首位，但无论《通知》的目的是什么，游戏企业都应重视未成年人的身心健康，不应松懈。

4.9.2 实行网络游戏用户账号实名注册制度

《通知》第 1 条规定："所有网络游戏用户均须使用有效身份信息方可进行游戏账号注册。自本通知施行之日起，网络游戏企业应建立并实施用户实名注册系统，不得以任何形式为未实名注册的新增用户提供游戏服务。自本通知施行之日起 2 个月内，网络游戏企业须要求已有用户全部完成实名注册，对未完成实名注册的用户停止提供游戏服务。对用户提供的实名注册信息，网络游戏企业必须严格按照有关法律法规妥善保存、保护，不得用作其他用途。

网络游戏企业可以对其游戏服务设置不超过 1 小时的游客体验模式。在游客体验模式下，用户无须实名注册，不能充值和付费消费。对使用同一硬件设备的用户，网络游戏企业在 15 天内不得重复提供游客体验模式。"

【解读】《通知》第 1 条规定要严格落实网络游戏用户账号实名注册制度。游戏企业须在《通知》施行之日起 2 个月内完成现有玩家的全部实名注册，对未完成实名注册的玩家停止提供游戏服务，同时要设置不超过 1 小时的游客体验模式，针对使用同一硬件设备的游客，每隔 15 天才可再次提供游客体验模式服务。

该条款要求游戏企业落实网络实名注册制度值得肯定，但其中仍存在一些问题。

第一，网络实名注册是否等同于联网实名认证。实名认证是指公安部须对玩家的身份信息进行认证，确认真实身份。网络实名注册是否只要游戏企业收集玩家身份信息即可，不需要再经过公安部的二次认证？

第二，网络实名注册的信息由谁负责收集。《通知》中提出网络游戏企业需落实实名注册制度。熟悉游戏行业的人都知道，网络游戏企业可分为游戏研发者、游戏运营者及相应的渠道方。在这些相互独立的主体中，谁应该是网络实名注册的主要负责人呢？

第三，网络实名注册是平台级注册，还是游戏级注册？众所周知，网络游戏企业不会只开发一款网络游戏，大型游戏公司如腾讯旗下的游戏公司有几十款甚至上百款游戏。《通知》提出"网络游戏企业应建立并实施用户实名注册系统",是让游戏玩家每进入一款游戏都需要进行实名注册,还是在平台上进行实名注册后就可以玩任意一款游戏呢?

第四,海外玩家是否需要进行实名注册?目前,中国游戏有很多海外玩家,他们没有中国居民身份证,当护照格式和身份证格式不一致时就难以通过系统的验证机制。针对这部分玩家,如何采取实名注册?

4.9.3 严格控制网络游戏服务时长,规范未成年人付费制度

《通知》第2条规定:"每日22时至次日8时,网络游戏企业不得以任何形式为未成年人提供游戏服务。网络游戏企业向未成年人提供游戏服务的时长,法定节假日每日累计不得超过3小时,其他时间每日累计不得超过1.5小时。"

第3条规定:"网络游戏企业须采取有效措施,限制未成年人使用与其民事行为能力不符的付费服务。网络游戏企业不得为未满8周岁的用户提供游戏付费服务。同一网络游戏企业所提供的游戏付费服务,8周岁以上未满16周岁的用户,单次充值金额不得超过50元人民币,每月充值金额累计不得超过200元人民币;16周岁以上未满18周岁的用户,单次充值金额不得超过100元人民币,每月充值金额累计不得超过400元人民币。"

【解读】《通知》规定要严格限制未成年人的游戏时间,明确规定夜间不能玩游戏,区分节假日每日累计不得超过3小时,其他时间不得超过1.5小时。同时,规范未成年人的付费金额。《通知》的本意是防止未成年人沉迷游戏、过度消费,有助于帮助未成年人形成正确的网络游戏消费观念和行为习惯。经过研读,笔者认为上述规定在实际中可能会出现如下问题。

第一,《通知》规定网络游戏企业(而非每款游戏)提供的时长,节假日每日不得超过3小时,其他时间每日不得超过1.5小时。由于《通知》的限制对象是网络游戏企业,而非单款游戏本身,所以上述规定可能导致旗下拥有上百款游戏的游戏公司窒碍难行。

第二,结合《通知》第1条中的游客体验模式进行解读,当未成年人在深夜以游客身份登录时,如何辨识其年龄进而禁止向其提供游戏服务,也是现实中存在的技术难题。

第三,《通知》所说的同一网络游戏企业所提供的游戏付费服务,每月营利金额累计不得超过200元或400元,这是否意味着游戏公司旗下的上百款游戏每月面向未成年人的营利总额只能是200元或者400元?

4.9.4 切实加强行业监管

《通知》第4条规定:"本通知前述各项要求,均为网络游戏上网出版运营的必要条件。各地出版管理部门要切实履行属地监管职责,严格按照本通知要求做好属地网络游戏企业及其网络游戏服务的监督管理工作。对未落实本通知要求的网络游戏企业,各地出版管理部门应责令限期改正;情节严重的,依法依规予以处理,直至吊销相关许可。各地出版管理部门协调有关执法机构做好监管执法工作。"

【解读】在《暂行办法》被废止后,国务院文化行政部门不再是法定的网络游戏的主管部门,游戏行业的主管部门尚未确定。该《通知》明确各地出版管理部门要切实履行属地监管职责,至少在网络游戏用户账号实名注册制度,未成年人使用网络游戏的时段、时长,规范向未成年人提供的付费服务等方面确定由出版管理部门进行监管,较为清楚地界定游戏部分领域的监管部门。

同时,值得注意的是,《暂行办法》对未实名注册、向未成年人提供交易服务等情况,监管的措施只是"县级以上文化行政部门或者文化市场综合执法机构责令改正,并可根据情节轻重处20000元以下罚款";然而《通知》明显加大惩处力度,规定"情节严重的,依法依规予以处理,直至吊销相关许可",所以游戏企业需引起重视。

在《暂行办法》被废止后,国家新闻出版署适时发布《关于防止未成年人沉迷网络游戏的通知》,并对社会热切关注的网络游戏用户账号实名注册制度、未成年人使用网络游戏时段和时长、规范向未成年人提供付费服务等做了严格规定，起到指引的作用。

4.10 游戏被恶意下架时如何确定管辖法院 [1]

在全球手机市场中，苹果手机独占鳌头、风靡多年，占据较大的市场份额。基于苹果手机的全球市场占有率，多数游戏企业开发游戏后选择上架苹果商店以供全球玩家下载。可以说，苹果商店是游戏企业发行游戏的重要渠道之一。

然而，笔者在现实中经常遇到游戏企业开发游戏并上架苹果商店后，遭到竞争对手或者心怀恶意者的投诉，导致游戏被苹果商店下架，游戏企业损失惨重。对于苹果商店内的游戏被恶意下架的行为，游戏企业如果提起诉讼，那么该如何确定管辖法院？

4.10.1 苹果公司作为被告提起诉讼时如何确定管辖地法院

分析苹果商店的商业模式可以看出，苹果商店的商业运营中主要存在三方参与者，即平台服务提供商（苹果公司）、应用程序开发商（游戏企业）和应用程序最终用户（游戏玩家）。游戏企业在与苹果公司签署相关的协议、注册开发者账号、支付相关费用后才可以成为苹果商店平台上的应用程序开发商。苹果公司依据协议获得对平台的管理和控制。在游戏企业上传应用程序（游戏）后，苹果公司依据协议确定的规则对程序进行审核。审核通过后，游戏按照游戏企业上传时事先设定的方式发布，供游戏玩家购买。因此，苹果公司是应用程序商店的经营者。

当前，苹果商店中国区的运营模式并没有改变苹果公司作为应用程序商

---

[1] 蒋晓焜，严也宽. 苹果商店内游戏被恶意下架，如何确定管辖法院？[EB/OL].（2022-01-24）[2023-10-17]. https://mp.weixin.qq.com/s/PlG9E-VMzv8vhqjPJ-Uisw.

店经营者的角色，因此当游戏企业的游戏在苹果商店内被下架时，游戏企业有权以苹果公司作为被告提起相关的诉讼，由于苹果公司注册地在美国，所以适用涉外民事诉讼程序进行审理。根据《中华人民共和国涉外民事关系法律适用法》第44条规定："侵权责任，适用侵权行为地法律，但当事人有共同经常居所地的，适用共同经常居所地法律。侵权行为发生后，当事人协议选择适用法律的，按照其协议。"其中，侵权行为地包括侵权行为实施地和侵权结果发生地。由于游戏企业的游戏被恶意下架，侵权结果发生地主要是游戏企业所在地，因此笔者认为游戏企业可以适用中华人民共和国法律。而根据《中华人民共和国民事诉讼法》（2021修正版）第29条规定，因侵权行为提起的诉讼，由侵权行为地或者被告住所地人民法院管辖，所以当将苹果公司作为被告提起诉讼时，管辖地法院可以是侵权行为地法院、侵权结果发生地法院或者被告所在地法院。

4.10.2　恶意投诉者作为被告提起诉讼时如何确定管辖地法院

游戏企业开发游戏并上架苹果商店后遭到恶意投诉者投诉，致使游戏被苹果商店下架，其中恶意投诉者理应成为适格的被告一方。在北京某科技股份有限公司与北京某信息技术股份有限公司不正当竞争纠纷一案❶中，法院认为原告公司用"消灭星星"作为游戏名称远早于被告公司，对此被告公司作为原告公司的同业者应当知悉，但其向苹果商店投诉原告公司经营的4款游戏致使该4款游戏下架后，将自己游戏名称改成与原告公司游戏相同的名称，替代原告公司的游戏以获得不正当利益，凸显被告公司的主观恶意非常明显，侵害原告公司在游戏名称上的利益，构成不正当竞争，并应当承担相应的法律责任。

实际上，当游戏企业起诉恶意投诉者时，最关键的问题并非诉讼主体是否适格，而是如何确定具体的管辖地法院。以下将恶意投诉者分为境内恶意投诉者和境外恶意投诉者两种，进一步分析如何确定管辖地法院。

---

❶ 参见（2017）京0108民初3808号民事判决书。

1. 当恶意投诉者居住在境内时如何确定管辖地法院

《中华人民共和国民事诉讼法》（2021 修正版）第 29 条规定，因侵权行为提起的诉讼，由侵权行为地或者被告住所地人民法院管辖。

在上海某网络科技股份有限公司、海南某网络科技有限公司上海分公司与武汉某网络科技有限公司确认不侵害知识产权纠纷一案❶中，上海市浦东新区人民法院认为，确认不侵权诉讼属于侵权类纠纷，应当依照《中华人民共和国民事诉讼法》（2017 修正版）第 28 条之规定，由侵权行为地或者被告住所地人民法院管辖。

上海市浦东新区人民法院进一步认为：涉案《贪吃蛇××》游戏由上海某网络科技股份有限公司完成开发，并于 2020 年 1 月 1 日通过签署《游戏排他运营协议》的形式排他许可海南某网络科技有限公司上海分公司进行运营，可以认定海南某网络科技有限公司上海分公司系本案所涉侵权行为的实施主体。根据《最高人民法院关于适用〈中华人民共和国民事诉讼法〉的解释》第 24 条规定，《民事诉讼法》第 28 条规定的侵权行为地包括侵权行为实施地、侵权结果发生地。海南某网络科技有限公司上海分公司在上海市浦东新区登记注册并实际经营，涉案《贪吃蛇××》游戏作为其业务内容之一，相关运营行为亦可认定发生在浦东新区。因此，本案侵权行为实施地位于本院辖区内，本院对本案具有管辖权。

由此可知，当恶意投诉者居住在境内时，管辖地法院可以是侵权行为地法院、侵权结果发生地法院或者被告所在地法院。

2. 当恶意投诉者居住在境外时如何确定管辖地法院

根据《中华人民共和国涉外民事关系法律适用法》第 50 条规定："知识产权的侵权责任，适用被请求保护地法律，当事人也可以在侵权行为发生后协议选择适用法院地法律。"由此可以看出，中国境内游戏企业起诉境外恶意投诉者

---

❶ 参见（2020）沪 0115 民初 30845 号民事裁定书。

时，可以选择适用被请求保护地法律，即中华人民共和国法律。

在浙江某机车有限公司与某株式会社确认不侵害商标权纠纷一案❶中，浙江某机车有限公司将"HAODA"标识用于摩托车产品、产品宣传册、员工名片。因此，某株式会社委托某知识产权代理有限公司向浙江某机车有限公司发出警告函，警告函声称浙江某机车有限公司在其摩托车产品、产品宣传册及员工名片等多处使用与该株式会社"HONDA"注册商标近似的"HAODA"标识，侵害该株式会社对第 314940 号、第 1198975 号商标所拥有的注册商标专用权。对此，浙江某机车有限公司向该株式会社提起确认不侵权之诉。

法院认为，该案件为确认不侵害商标权纠纷。《中华人民共和国涉外民事关系法律适用法》第 50 条规定："知识产权的侵权责任，适用被请求保护地法律，当事人也可以在侵权行为发生后协议选择适用法院地法律。"本案中，原告公司请求在中华人民共和国保护其权利，应当适用中华人民共和国法律。

当中国境内游戏企业选择适用中华人民共和国法律时，根据《中华人民共和国民事诉讼法》（2017 修正版）第 28 条之规定，管辖地法院可以是侵权行为地法院、侵权结果发生地法院或者被告住所地法院。

综上所述，游戏企业无论是将苹果公司作为被告提起诉讼，还是将恶意投诉者（境内恶意投诉者或者境外恶意投诉者）作为被告提起诉讼，管辖地法院可以选择侵权行为地法院、侵权结果发生地法院或者被告住所地法院。

4.11 链游及其法律风险 ❷

4.11.1 概念

链游（Game Fi，Gaming and Decentralized Finance），即视频游戏（Gaming）

---

❶ 参见（2016）浙 10 民初 327 号民事判决书。
❷ 李金招，蒋晓焜，黄春燕. 游戏新业态——链游（Game Fi）及其法律风险 [EB/OL]. (2022-08-11) [2023-10-17]. https://mp.weixin.qq.com/s/jV5NRw-mCZuX7UjFrdsULg.

和去中心化金融（De Fi）的结合，是基于区块链技术发展的一种新兴游戏产业。传统游戏的核心概念为"付费赢"，即玩家通过充值在游戏中购买装备、皮肤、游戏形象等提升战斗力、游戏等级、视觉感受等，从而赢得游戏。而链游则是边玩边赚（play to earn），游戏玩家使用游戏中指定的虚拟货币购买某款链游的英雄、道具等，投入时间及精力在游戏平台上进行操作或与其他玩家进行对决，达到一定等级或者赢得对决后获得一定的游戏英雄、道具等奖励，再兑换、出售获得数字货币，或者通过游戏操作直接获得数字货币，从而获得收益，达到游戏平台所宣传的"边玩边赚""玩赚"的目的。在这种模式下，玩家通过投入时间和知识赚钱。

在表 4-1 中，链游与传统游戏的另一个重要区别是链游的去中心化自治模式。在传统游戏中，游戏规则的制定、场景的设置、游戏币的发行和价值、玩家角色的分配等完全由游戏开发商操控。简单来说，游戏开发商掌握游戏的控制权。链游尝试让玩家自己参与决策。这种自我决策主要依靠一个去中心化自治的机构或组织（DAO）。加入 DAO 需要一定的代币，玩家拥有的代币数量多少决定着权力的大小。

表 4-1 传统游戏与链游对比

传统游戏	链游
游戏开发商指定	开发者写成智能合约，玩家通过 DAO 决策
开发商可以更改	开发者无权更改
存储在中心化服务器上	存储在区块链上
中心化服务器	区块链
随时可以被封号	开发者无权进行控制
玩家拥有使用权	玩家拥有所有权
开发商可以对道具进行更改或随意发放	道具发放根据智能合约规定进行
道具转让须经开发商同意	玩家可以自行转让道具

链游中产生奖励的方式因游戏而异。然而，多数链游项目都具有以下特点：一是 NFT。NFT 是使用区块链技术创建的数字资产，是独一无二的、不可分割的，并且只有一名拥有者。与传统游戏一样，用户可以拥有以 NFT 为代表的头像、宠物、房屋、工具等。在链游里，用户可以将他们的资源用于改进数字资产，然后将它们兑换成加密货币，从而产生额外的利润。二是 De Fi，即去中心化金融。De Fi 是一种不依赖银行等中央金融中介机构，而是使用区块链上的智能合约的金融系统或体系，玩家通过借贷、质押等赚取收益，如在某些链游项目中允许借他人物品。因此，玩家可以利用自己的一些虚拟资产赚取利息。

4.11.2 链游存在的刑事风险

由于链游具有与法定货币流通的特点，因此其在金融犯罪领域中存在较大风险，如网络赌博、洗钱、非法集资等。

1. 网络赌博

近年来，我国严厉打击网络赌博犯罪行为，许多知名网络游戏因涉嫌网络赌博而被查处，因此在链游这个新兴游戏业态中应时刻警惕不要触碰"网络赌博"这条红线。2021 年 11 月 29 日，在最高人民检察院发布相关开设赌场典型案例的新闻发布会上，最高人民检察院第一检察厅副厅长张晓津指出："涉嫌赌博的应用软件，有一个显著的特征，就是具有相关的提现功能。"对于链游这种采取"边玩边赚"模式的游戏，玩家通过玩游戏获取虚拟货币，并且该虚拟货币可以在二级交易市场上自由交易，与法定货币具有一定的流通性，天然具有"提现"功能，但这是否意味着链游必然涉及网络赌博犯罪呢？也不必然。赌博是一种射幸行为，特点是偶发性。如果一款链游的主要游戏模式是通过开盲盒或者参加并赢得棋牌活动等形式获得奖励，则很有可能涉嫌网络赌博犯罪；但若其游戏模式为通过证明算力大小或投入时间或知识进行升级等形式获取游戏奖励，则成为"赌博"的风险较低。至于是否会成为赌博犯罪，需结合司法动态进行跟踪研究。

2. 洗钱

洗钱是指将犯罪或其他非法违法行为所获得的违法收入，通过各种手段掩饰、隐瞒、转化，使其在形式上合法化的行为。由于链游可以通过充值或者提现虚拟货币的形式与法定货币进行流通，所以一些不法分子便利用这一特点转移赃款，链游则自动或者被动地成为不法分子洗钱活动的工具。主动洗钱是指链游的开发者或者运营者以"链游"之名行"洗钱"之实，通过玩家以比特币、以太坊币充值游戏虚拟货币的方式吸收资金，再通过发放奖励的方式将具有"赃款"性质的泰达币（USTD）转移给玩家，从而达到洗白赃款的目的。被动洗钱是指链游平台被用作洗钱的工具，玩家将赃款充值到链游中，再通过游戏机制获得虚拟货币奖励并将其提现。即使在整个过程中链游平台对此并不知情，但是在客观上帮助不法分子完成洗钱活动，也有可能被认定为洗钱的帮助犯。因此，无论是链游的开发者、运营商还是玩家，都应该高度关注链游平台资金的来源和去向的合法性，防止触及犯罪。

3. 非法集资

非法集资罪有4个构成要件：非法性、社会性、公开性、利诱性。链游作为一种面向公众且以"边玩边赚"为游戏理念的游戏类型，自然具备社会性、公开性、利诱性要件。判定游戏是否构成非法集资罪关键在于判断是否具有非法性，即是否向玩家宣传或者承诺"保本保息"。保本保息是指平台向投资者承诺资金和利息安全，如在一款链游游戏中玩家购买一个游戏形象，可以通过购买其他道具或者皮肤对该游戏形象进行升级，同时平台向玩家承诺通过一定途径能够出售提现获取更高利益。虽然许多链游在宣传过程中并不会直接承诺"保本保息"，但是若其在推广或者游戏过程中向玩家暗示平台能够保证收益也是承诺"保本保息"的行为，构成非法集资。

4. 集资诈骗

集资诈骗与非法集资的区别在于是否具有非法占有的目的，即平台方集资的目的是游戏发展还是"据为己有"。若链游的开发者或运营商的最初目的是吸收资金而不是开发游戏，则具有集资诈骗的嫌疑。

5. 传销

传销是指通过不断地发展下线来赚取收益，其明显特点是层级性。游戏必然需要宣传和推广，如通过推荐新玩家而取得游戏奖励，因此很多游戏都会具有层级性，但是并非具有层级性返利就一定构成传销犯罪。根据《刑法》及相关司法解释规定，传销是指组织者发展人员，通过发展人员或者要求被发展人员以交纳一定费用为条件取得加入资格等方式非法获得财富的行为。传销行为除了层级性外，还有一个构成要件是"非法获得财富"，即层级性的目的是骗取钱财。如果链游平台只是单纯地为了扩大规模、有真实的游戏项目、具有一定市场经济价值，那么单纯的层级性返利并不必然构成传销犯罪。

4.11.3　链游存在的其他法律风险

1. 交易性质被否定的风险

链游中存在游戏形象、游戏道具等之间的交易机制，这就需要一般的"数字货币"作为交易媒介。当前，各国对数字货币监管趋严，各种加密货币的性质认定和发放规则尚不明晰。虽然我国在《关于防范比特币风险的通知》（银发〔2013〕289号）中将数字货币认定为虚拟商品而非流通货币，但是在各地司法实践中关于数字货币的认定仍存在差异。如果加密数字货币被认定为"商品"，则加密货币与数字商品之间的交易可能被归为"交换"行为而非"买卖"行为，进而难以获得有力的法律保护。

2. NFT与他人已有权利的冲突

在多数链游中，玩家一旦拥有一个NFT，就可拥有其所有权，包括著作权等。但是，在 NFT 正式上线或者购买 NFT 之前，开发者、运营商和玩家都应该注意该 NFT 是否侵犯他人已有权利，如著作权、商标权等，以避免因与他人已有权利存在冲突而导致自身权利受损。

3. 确保网络游戏不含有法律法规禁止的内容

网络游戏是否存在法律法规禁止的内容，是出版行政主管部门进行网络游戏审批时重点审查的，重点严查淫秽色情、危害社会公德、赌博暴力等禁止内容。此外，若开发的网络游戏有在海外发行的规划，还应针对拟发行的海外区域进行专项研究，在确保网络游戏内容符合当地法律法规的基础上不会与当地的文化、宗教、种族、民族等冲突。

4. 个人信息问题

一些链游的游戏模式会收集玩家的个人信息，因此需要收集玩家个人信息的链游开发者和运营商要注意数据合规问题，保证对个人信息的使用和管理要符合《数据安全法》《网络安全法》《个人信息保护法》等规定。同时，玩家也要注意被收集的个人信息的使用，避免因信息泄露造成不必要的困扰。

4.12　云游戏及其法律问题研究 ●

4.12.1　云游戏的相关概念

1. 云计算

云计算是一种通过网络统一组织和灵活调用各种信息与通信技术（ICT）信息资源，实现大规模计算的信息处理方式。

● 蒋晓焜，沈中冕. 游戏新业态——云游戏及其法律问题研究 [EB/OL].（2022-09-06）[2023-10-17]. https://mp.weixin.qq.com/s/qKa4sa-h5gIv_u9l3J1VIA.

云计算利用分布式计算和虚拟资源管理等技术，通过网络将分散的ICT资源（包括计算与存储、应用运行平台、软件等）集中起来形成共享的资源池，并以动态按需和可度量的方式向用户提供服务。

云计算的技术架构主要分为两层：数据中心基础设施层与ICT资源层组成的云计算基础设施、由资源控制层功能构成的云计算操作系统。云计算基础设施以高速网络连接各种物理资源（服务器、存储设备、网络设备等）和虚拟资源（虚拟主机、虚拟存储空间等）；云计算操作系统是对ICT资源池中的资源进行调度和分配的软件系统（见图4-2）。

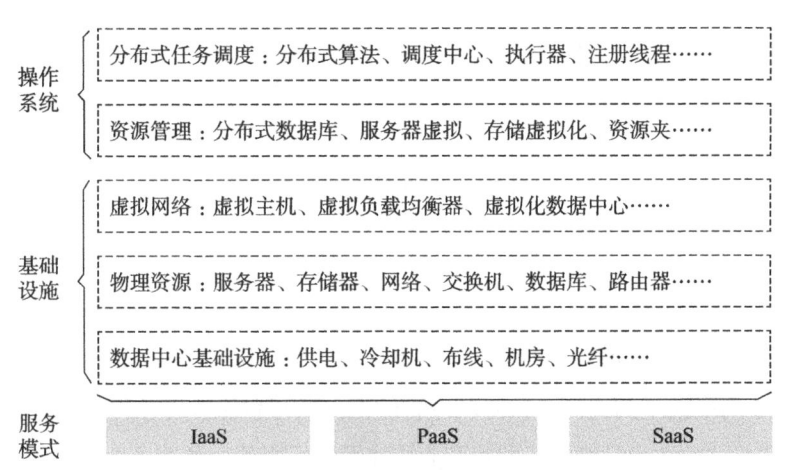

图4-2 云计算的技术架构

资料来源：行行查研究中心。

2. 云游戏及其产业链

1）云游戏

云游戏是基于云计算技术的在线游戏方式。游戏中的所有计算（包括画面渲染、数据同步、交互逻辑等）全部在云端服务器上进行，并通过互联网接收玩家的输入指令，同时将处理完成后的最终画面结果显示在玩家的前端设备上。在云游戏场景下，用户的游戏设备只需要具备基本的视频解压能力和联网功能即可，而无须任何高端的处理器或显卡。因此，云游戏本质上是交互性的在线视频流。云计算的运作如图 4-3 所示。

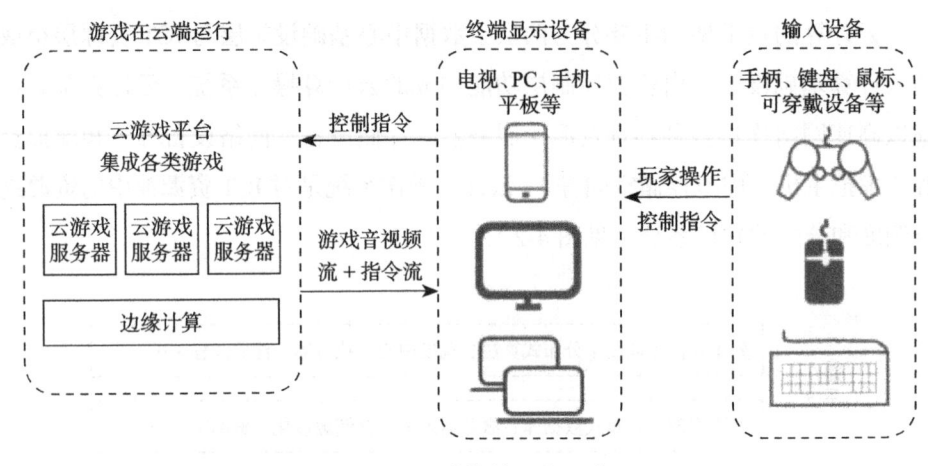

图 4-3 云计算的运作示意

资料来源：中国信息通信研究院。

2）云游戏产业链

2019 年以来，云游戏产业链开始逐渐在市场中显现，当前云游戏产业链已初具雏形。5G 网络技术的提高、云游戏内容的挖掘及平台服务等软件与硬件的支持促进游戏产业链的迭代升级，云游戏产业快速发展。当前云游戏产业链的内容如下。

（1）上游：云计算服务商、服务器厂商及游戏开发商。

云游戏产业链的上游主要包括云计算服务商、服务器厂商及游戏开发商。云游戏服务器提供商，主要为云游戏提供在云端所需的渲染环境，利用自身在云技术方面的优势，为游戏画面的高质量输出、游戏的高速流畅运行提供良好的渲染环境，让玩家能够获得高质量的游戏体验。游戏开发商，即云游戏内容服务的提供者，拥有较强的游戏研发能力、IP 创造能力、后台运营能力等，具有游戏内容开发商与游戏内容发行商的双重身份，在整个云游戏产业链中具有举足轻重的作用。

（2）中游：云游戏分发运营平台与服务商。

云游戏产业链的中游主要是云游戏平台的运营方，即解决方案的提供方及云游戏运营平台服务商。该环节是整个云游戏产业链中易产生纠纷的环节，涉及云游戏平台与游戏开发商之间的纠纷。深圳市某计算机系统有限公司等诉广州某科技有限公司侵害信息网络传播权及不正当竞争纠纷案❶即属此类。

（3）下游：终端厂商。

云游戏产业链的下游主要是面向用户的终端设备（包括手机、计算机、游戏主机等）及其他入口（如直播平台、社交媒体等）。玩家通过终端设备进入游戏，进行游戏体验。

4.12.2 云游戏的法律问题

1. 未经授权的第三方云游戏服务，侵犯信息网络传播权

从表面上看，云游戏平台是通过信息网络向玩家提供游戏作品。当云游戏平台被认为是内容服务的提供者时，需要考虑该游戏平台是否已取得游戏著作权人的相关授权。在深圳市某计算机系统有限公司等诉广州某科技有限公司侵害信息网络传播权及不正当竞争纠纷案件❷中，法院认为游戏的制作与运行类似于电影作品的摄制和成像，通过一定的故事背景进行场景设置、情节设定等，随着玩家的操作形成一系列有伴音或无伴音的连续动态画面。游戏在创作完成后会被储存在一定的介质上，并可通过计算机等数字播放硬件进行传播。由此可知，云游戏平台中的游戏应当作为《著作权法》所规定的以类似摄制电影的方法创作的作品予以保护。

云游戏作品被置于云服务器上，可通过不同终端的云游戏平台供用户进行点击、浏览、运行，符合通过信息网络提供作品和公共获得作品的交互性两个核心构成要件。因此，该云游戏平台未经游戏著作权人授权，擅自将游戏挪用

---

❶ 参见（2020）浙0192民初1329号、1330号民事判决书。
❷ 参见（2021）浙01民终2041号。

至云服务器上，则平台作为内容服务的提供者，将被认定构成侵犯游戏权利方网络信息传播权的侵权行为。根据《著作权法》第54条，云游戏平台需对游戏权利方承担一定的赔偿责任。

2. 第三方游戏服务不构成默示许可

在前文案件中，被告公司面对原告公司的侵权指控提出默示许可的抗辩意见。默示许可是指著作权人可以作出"不得转载、摘编"的声明以阻止他人对其作品的有偿使用而有意识地不作为，也就是默认他人对其版权作品的有偿使用。默示许可更尊重著作权人的意志，著作权人有权决定作品是否许可给他人使用，其核心是权利人的真实意思表示。

至于是否构成默示许可，首先需要区分游戏的类型。按照盈利模式不同，游戏主要分为两类：一次性收费模式与游戏内购买模式。前者是指用户在一次性支付完游戏费用后，即可体验全部游戏内容；后者是指用户无须支付或者支付少量费用后能够下载此类游戏，在体验游戏的过程中用户再决定对游戏的装备、道具等附加内容进行购买。与这两种盈利模式相对应，前者的下载链接通常是非公开的，用户不付费就无法体验全部游戏内容，此类游戏的使用必须严格按照"许可—利用"的步骤进行；后者的下载链接往往会被直接置于游戏官方网站，理论上任何人均可自由下载，但权利人的这一行为不应该被视为对云平台利用其作品的默示许可。

权利人的"默许"实际上是本地玩家的合理使用行为。在许多游戏中，游戏制作方通常会声明游戏的版权归属，理论上任何人未经许可不得对作品进行使用。根据《著作权法》第24条规定，"为个人学习、研究或者欣赏，使用他人已经发表的作品"，应当被认为是合理使用。但是，未经授权的云游戏平台的目的是盈利，而非游戏权利方所默认的本地游戏玩家以自身娱乐为目的的下载行为，而且权利人默许的是"下载"行为，而不是"上传"行为。云游戏平台上传游戏至服务器云端的行为扩大游戏权利方的默许范围，侵犯游戏权利方的合法权益。

3. 未经授权的云游戏平台可能构成不正当竞争行为

未获得授权，云游戏平台依靠第三方游戏进行引流、获利可能构成不正当竞争行为。云游戏平台能够让玩家在未下载游戏或者无须购买主机游戏的情况下，便可直接通过云端对游戏进行免费下载与体验，在一定程度上会对游戏客户端的下载量产生影响，扰乱游戏权利方对游戏的正常运行。

因为主机游戏与云端游戏的兼容性问题，云游戏平台在运行的过程中不可避免地会对原游戏的画质、流畅度等产生一定的限制，影响玩家的游戏体验，也不可避免地会使玩家降低对游戏的期待，破坏游戏运营商、游戏制作商的良好评价。

未经授权的云游戏平台方的上述行为会对游戏运营商的流量、用户数据、衍生服务等的运营与收益权益产生损害，均违反《反不正当竞争法》的相关规定，应当依法承担民事责任。

4. 若云游戏平台被定性为技术服务提供商，则可无过错免责

根据《电子商务法》第9条第2款❶规定，如果云游戏平台被认定为为游戏提供网络信息存储、传输、分享等服务的技术服务提供商，那么平台是一个中介的角色，搭建玩家与游戏商之间的桥梁，为玩家提供下载服务，在一定情况下能够免除法律责任。

根据我国《信息网络传播权保护条例》第14条、第22条和第23条规定，由于云游戏平台上架的游戏数量过多，难以对上架游戏穷尽审查义务，因此法律免除云游戏平台的审查业务。但是，当游戏分发平台被权利人通知平台上的某款游戏侵犯其著作权时，游戏分发平台就有及时删除侵权游戏的义务，否则需要承担赔偿责任。

总之，随着5G时代的到来及云计算的运用，云游戏风头正劲，对现行法

---

❶ 本法所称电子商务平台经营者，是指在电子商务中为交易双方或者多方提供网络经营场所、交易撮合、信息发布等服务，供交易双方或者多方独立开展交易活动的法人或者非法人组织。

律保护体系，特别是知识产权保护体系提出了新的挑战。在面对云游戏平台与游戏开发商之间的相关法律纠纷时，首先应当对云游戏平台进行定性，当云游戏平台为游戏内容提供商时，应当注意该游戏的上架是否获得游戏著作权人的相关授权。未经授权的第三方云游戏服务将会侵犯游戏著作权人的网络信息传播权。云游戏平台在传播游戏过程中，会对游戏运营商的流量、用户数据、衍生服务等的运营与收益权益造成损害，属于不正当竞争行为，应当依法承担相应的法律责任。

第 5 章 数字经济之电商产业

根据《中国电子商务报告（2022）》公布的数据显示，2022年全国电子商务交易额达43.83万亿元，电子商务已经成为数字经济时代不可或缺的重要产业。随着社会经济的发展变化，电商形态也在不断发生新变化，平台电商、代购微商、跨境电商、直播电商、社交电商等新业态不断出现，并呈现蓬勃发展之势。对于新事物的出现，虽然监管会有短暂的滞后，但监管永远不会缺席。因此，电商企业负责人应具有合规风险控制的底线思维，在新事物发展过程中同步适配合规管控措施。

5.1 微商、代购不会消失

微商是通过微信、微博等网络渠道向消费者提供商品或者服务的商家。代购是代消费者采购其指定的商品或者服务，从中抽取提成的商家。微商和代购多为个人，由于利用网络服务的销售渠道、蒙着互联网的神秘面纱，因此常游走在法律的"灰色地带"，很难被有效监管。

5.1.1 微商、代购被纳入《电子商务法》监管

实际上，立法机构在制定《电子商务法》时，对于是否将微商、代购纳入监管范围一直在徘徊犹豫。《电子商务法》征求意见第一稿第11条规定："本法所称电子商务经营主体，是指电子商务第三方平台和电子商务经营者。"此时，

立法机构在电商领域本要规范的主体只有第三方平台和电子商务经营者，并不包括微商、代购等经营者。

而在《电子商务法》征求意见第二稿中，立法机构对规范的主体进行扩大处理。《电子商务法》征求意见第二稿第 10 条规定："本法所称电子商务经营者，是指通过互联网等信息网络销售商品或者提供服务的自然人、法人和非法人组织，包括自建网站经营的电子商务经营者、电子商务平台经营者、平台内电子商务经营者。"该规定在第一稿的基础上，将"自建网站经营的电子商务经营者"也纳入监管范围。但无论是征求意见第一稿还是第二稿，均未将微商、代购纳入监管的范围。

在《电子商务法》征求意见第三稿中，情况发生了变化。该意见稿正式将微商和代购纳入监管范围。《电子商务法》征求意见第三稿第 10 条规定："本法所称电子商务经营者，是指通过互联网等信息网络从事销售商品或者提供服务的经营活动的自然人、法人和非法人组织，包括电子商务平台经营者、平台内经营者以及通过自建网站、其他网络服务销售商品或者提供服务的电子商务经营者。"该规定增加"其他网络服务销售商品或者提供服务的电子商务经营者"，从而将通过微信、微博及各类网络直播等方式销售商品或者提供服务的经营者涵盖在内。

其后的修改稿一直沿用《电子商务法》征求意见第三稿对于电子商务经营者的界定，最终出台的《电子商务法》对该条的规定也未发生变化，微商、代购被正式纳入《电子商务法》的监管。

5.1.2 微商、代购的规范经营

《电子商务法》除了将微商、代购纳入监管外，还设置多种具体措施以规范微商、代购的经营活动，如第 10 条规定："电子商务经营者应当依法办理市场主体登记。"❶ 第 11 条规定："电子商务经营者应当依法履行纳税义务，并依

---

❶ 如果微商、代购从事的交易属于"个人销售自产农副产品、家庭手工业产品，个人利用自己的技能从事依法无须取得许可的便民劳务活动和零星小额交易活动，以及依照法律、行政法规不需要进行登记的"，则不需要进行市场主体登记。

法享受税收优惠。"第 12 条规定："电子商务经营者从事经营活动，依法需要取得相关行政许可的，应当依法取得行政许可。"

由此可知，在《电子商务法》发布生效后，从事微商、代购等业务的经营者须前往市场监督管理部门进行工商主体的登记，同时要履行纳税义务。如果微商、代购从事医学药品等须取得相关行政许可的，还需要依法取得行政许可。

此外，立法机构考虑到微商、代购等个体行业数量众多，有限的行政资源很难监管数量庞大的个体行业。因此，为了方便监管，《电子商务法》增加电商平台经营者要协助行政机关对平台内的经营者进行监管，如《电子商务法》规定电商平台应向行政机构提供经营者的身份信息及与纳税相关的信息等。❶

笔者认为《电子商务法》规定的多重监管措施，一方面有利于整顿微商和代购鱼龙混杂、泥沙俱下的杂乱局面，重塑行业新风貌；另一方面须看到，多重监管措施也给微商、代购的经营造成很大的成本负担。

5.1.3 微商、代购不会"凉凉"

根据前文所述，《电子商务法》将微商、代购正式纳入监管，并要求其履行市场登记、依法纳税的义务，必要时还需办理行政许可。但笔者认为这些规范措施与微商、代购行业的生存并未产生必然的联系，须知微商、代购本身并不违法，合法的行业是需要被监管的，但不会被扼杀。

实际上，网络传得沸沸扬扬的微商、代购就要"凉凉"，并不是因为《电子商务法》的出台，《电子商务法》只是加大对微商、代购的监管力度。微商、代购最大的问题是其中涉及违法犯罪行为，这类行为不仅会被监管，而且会被处罚。

我国《关于进境旅客所携行李物品验放标准有关事宜》规定：进境居民旅客携带在境外获取的个人自用进境物品，总值在 5000 元人民币以内（含 5000 元）

---

❶ 参见《电子商务法》第 27 条、第 28 条和第 29 条规定。

的，并且限自用、合理数量，海关予以免税放行，但超过 5000 元的部分，须按规定缴纳相应的税款。对于邮寄，中华人民共和国海关总署 2010 年第 43 号公告规定：个人邮寄进境物品应征进口税税额在人民币 50 元（含 50 元）以下的，海关予以免征，超过数额须缴税。同时，我国《刑法》规定：走私普通货物、物品，偷逃应缴税额在 10 万元以上或者一年内曾因走私被给予两次行政处罚后又走私的，均构成走私普通货物、物品罪。从上述规定可以看出，商家从境外买货进境时需面临缴税的问题，一旦涉及较大的走私或者多次走私，将构成走私普通货物、物品罪。

微商、代购的盈利模式是通过境外低价采购名牌商品进境，再将商品高价卖出，从而赚取差价。如果微商、代购进境要缴税，就会减少他们的净收入，因此为了赚取高额差价，很多商家纷纷采取各种手段逃税。例如，有些店家形成逃税的完整分工链条：有人负责打理店铺，有人负责境外雇佣水客采购货物，有人负责为水客提供住宿、翻译、交通，有人负责境外快递的派发、收取等，通过通力合作，使得商品走私进境❶；而有些店家则将名牌鞋拆分并伪报成免税的小包裹，通过邮递渠道以个人物品向海关保税，进境后再组装卖出，以顺利逃税。❷

对于微商、代购的逃税行为，近年国家加大了打击力度，不断压缩微商、代购的灰色空间，很多微商、代购不敢逃税。此时，《电子商务法》出台，很多人误以为是《电子商务法》的出台使微商、代购"凉凉"，实则不然。

综上所述，《电子商务法》的出台虽然加大了对微商、代购行业的监管力度，但并不会导致微商、代购行业的消灭。微商、代购只要严格遵守《电子商务法》的规定，不违反法律，特别是《刑法》关于走私普通货物罪、走私假药罪等规定，仍能合法经营。

---

❶ 参见（2017）宁 01 刑初 39 号判决书。
❷ 参见（2015）穗中法刑二初字第 110 号判决书。

5.2 如何拆解避风港原则

避风港原则是在发生知识产权纠纷投诉人向电商平台经营者投诉平台内经营者具有侵权行为时，电商平台经营者须向被投诉人通知该情形，并采取必要措施。如果电商平台经营者遵循避风港原则操作，就可安全驶入避风港，不会再被牵扯其中。

《电子商务法》对避风港原则的规定主要集中在第 41—44 条和第 84 条。避风港原则的具体操作见图 5-1。

```
                1.通知                      2.采取必要措施后转送
投诉人  ———————————————→   平台经营者  ———————————————→   平台内经营者
        ←———————————————              ←———————————————
        4.转送不存在侵权行为声明         3.不存在侵权行为声明
```

图 5-1　避风港原则的具体操作

由图 5-1 可知，避风港原则的操作大致分为 4 个步骤。首先，投诉人如果认为其知识产权受到侵害，就有权通知电子商务平台经营者采取必要措施制止侵权行为的继续发生。其次，电商平台经营者在接到通知后应采取必要措施，并将该通知转送平台内经营者。再次，平台内经营者如果认为自身经营不存在侵权行为，就可向电商平台经营者提交不存在侵权行为的声明。最后，电子商务平台经营者接到声明后，应当将该声明转送发出通知的知识产权权利人，并告知其可以向有关主管部门投诉或者向人民法院起诉。4 个步骤环环相扣，形成闭环，可有效保障多方的权益。

由于现实生活千变万化，避风港原则在使用中会遇到各种各样的问题。为深入了解实务中避风港原则的操作模式，以下结合实际案例详细分析避风港原则在实务中的适用情况。

5.2.1　通知环节之有效通知

避风港原则的首要环节是投诉人应向电商平台经营者提交有效通知，《电子商务法》规定，"通知应当包括构成侵权的初步证据"。北京市高级人民法院在《关于审理电子商务侵害知识产权纠纷案件若干问题的解答》的通知中，进一步解释"初步证据"是"权利人的通知及所附证据能够证明被控侵权交易信息的侵权可能性较大的，电子商务平台经营者应当及时采取必要措施，否则认定其有过错"，也即初步提交的侵权证据应能证明平台内经营者侵权性较大。实务中，有效通知的材料一般包括权利人信息，如联系方式和地址、侵权链接等，构成侵权的初步材料。实际上，经常出现投诉人向平台经营者提交的证据因证明力不足而不被认可的情形。浙江某网络有限公司与济南某商贸有限公司侵害商标权纠纷案❶中，济南某公司曾多次通过浙江某公司投诉平台进行投诉，并发出律师函，要求清理并删除其网上销售的济南某公司系列产品商家链接及相关网页，及时将相关商品下架，屏蔽相关网站链接，不再允许其他企业或个人在浙江某公司网站上销售其系列产品。

其后，浙江某公司对投诉进行回函，认为根据济南某公司的现有资料无法判断侵权成立，希望济南某公司进一步提供贵委托方身份证明、权利证明、贵方与贵委托方之间的委托关系证明、判断侵权成立的证明资料（或者足以判断侵权成立的理由），重新发起投诉。济南某公司不满浙江某公司的答复，进而提起诉讼。

法院认为，济南某公司仅以跨渠道销售的理由不能证明相关商品为侵权商品，其主张相关商家侵犯其商标权的理由并不充分，要求浙江某公司删除相关链接并下架商品将使其不必要地承担被经营者追究违约或侵权责任的风险。在浙江某公司提出济南某公司提供商标侵权的具体理由与依据的要求后，济南某公司并未提交相关证据，因此济南某公司向浙江某公司发送的投诉材料及律师函欠缺初步的侵权证据支持，不属于有效通知。

---

❶ 参见浙江淘宝网络有限公司与济南佐康商贸有限公司侵害商标权纠纷二审民事判决书［（2017）鲁01民终 3439 号］。

5.2.2 通知环节之错误通知

在通知环节中，电商平台经营者实际上履行的是形式审查义务，即只要平台经营者在审查投诉人的通知时认为其符合构成侵权的初步证据，就可以采取必要措施制止侵权行为的进一步扩大。即使后面发现投诉人的通知是错误通知，此时平台经营者也已经驶入避风港，无须承担责任。至于平台内经营者所遭受的损失，《电子商务法》第42条规定：因通知错误造成平台内经营者损害的，投诉人依法承担民事责任。

杭州某贸易有限公司不正当竞争纠纷案 ❶，便是因为投诉人的错误通知，导致电商平台经营者删除被投诉人的淘宝信息，被投诉人因遭受损失提出诉讼。

某厂、吕某向浙江某网络有限公司发出专利侵权通知函，告知专利权人吕某将涉案专利全权授予某厂独家使用，并指出包括母婴某专营店在内的29家浙江某公司网站上的网店所销售的产品并非该专利所授权的厂家生产，而是仿冒专利权人的产品。

浙江某公司在接到通知后，将29家网店所发布的某婴儿游泳池产品信息全部予以删除。其后，杭州某贸易有限公司递交反投诉申请书，并提交相关证据及专利权证书。后来，浙江某公司恢复了所删除的有关某婴儿游泳池产品信息，某婴儿游泳池产品可继续在该网站上宣传、销售。

杭州某公司起诉称浙江某公司在未经任何核实的情况下删除自己公司的产品信息，导致其及下属经销商的正常经营活动受到严重影响，并遭受巨大的经济损失，商业信誉受损，请求法院判令某厂赔偿经济损失10万元并公开向其赔礼道歉，消除影响。

法院认为，知识产权权利人按正常程序向网络交易平台经营者投诉网络商品销售者的行为构成侵权，致使被投诉商品信息被删除，即使被投诉商品并未侵犯权利人的知识产权，由于该投诉行为的投诉对象特定，也不具备商业诋毁的构成要件，不能认定浙江某公司有侵权行为。

---

❶ 参见杭州曼波鱼贸易有限公司不正当竞争纠纷案［（2010）浙知终字第196号］。

5.2.3 通知环节之恶意通知

在通知环节除了投诉人的错误通知外,一些商家为了打击竞争对手,恶意利用避风港原则在关键时间点向平台经营者恶意投诉,要求下架竞争对手产品。更有甚者,恶意抢注商家的商标,然后向商家敲诈勒索,如果商家不支付对价,便利用避风港原则下架商家的产品。下文中的全国首例苹果商店投诉行为禁令案、拜耳公司诉李某恶意抢注商标案便反映该情形。

案例:全国首例苹果商店投诉行为禁令案❶

某鱼平台认为自己旗下的 3 名独家签约游戏主播在合同履行期内在某牙公司旗下的两个平台上进行游戏直播,而某牙公司未经某鱼平台授权,擅自对自己享有著作权的音频、视频作品进行传播,相关行为涉嫌构成著作权侵权。基于此,某鱼平台的关联公司某天下公司自 2018 年 8 月 28 日至 2019 年 2 月 15 日向苹果公司发起 23 次投诉,要求苹果公司将某牙公司旗下的两个直播程序从苹果应用商店下架。某牙公司被其骚扰得防不胜防,因此向南沙区人民法院提起不正当竞争诉讼,并申请行为保全,请求法院责令某天下公司立即停止针对自己在苹果公司的投诉。南沙区人民法院作出裁定,要求在双方纠纷判决生效前,某天下公司立即停止针对某牙公司的投诉。该裁定是国内法院作出的首份"停止投诉"裁定书。

案例:某公司诉李某恶意抢注商标案❷

某公司常用的标识被李某提前抢注,李某抢注后开始对该公司涉案产品的淘宝卖家及经销商进行大规模、持续性投诉,要求该公司高价购买涉案商标。

杭州市余杭区人民法院经审理后认定,李某注册的涉案商标是对某集团享有在先著作权作品主要部分的抄袭;李某的商标注册、投诉行为均具有恶意,"恶

---

❶ 付斌,王君. 通过判决引导行业规范竞争——广州发出全国首例投诉行为禁令 [EB/OL].(2019-04-22)[2019-10-26]. https://www.chinacourt.org/article/detail/2019/04/id/3847973.shtml.

❷ 抢注商标牟利首次被判不正当竞争 男子判赔拜耳 70 万 [EB/OL].(2018-07-31)[2019-10-26]. http://finance.sina.com.cn/china/gncj/2018-08-01/doc-ihhacrce5584709.shtml.

意抢注商标""恶意投诉""恶意售卖""有偿撤诉"等行为并非基于诚实劳动而获利,而是攫取他人在先取得的成果及积累的商誉,属于典型的不劳而获行为。该种通过侵犯他人在先权利而恶意取得、行使商标权的行为,违反诚实信用原则,扰乱市场的正当竞争秩序,应认定为《反不正当竞争法》第2条规定的不正当竞争行为。

上述两个案例虽然法院均不支持甚至认为恶意投诉行为扰乱市场秩序,但现实中恶意通知的行为仍然屡禁不止、无法根除。笔者认为根本的原因是避风港原则本质上存在无法弥补的漏洞,即平台经营者只对投诉通知做形式审查,无法定位知识产权的真正所有者,如果避风港原则这一根本缺陷无法被根除,那么恶意投诉的行为仍然无法被禁止。

5.2.4 平台经营者审查环节之平台认定

根据避风港原则的规定,投诉人如果认为其知识产权受到侵害,有权通知电子商务平台经营者采取必要措施制止侵权行为的继续发生,电子商务平台经营者在接到有效通知后应采取必要措施。因此,很多人认为一旦投诉人通知平台,平台经营者就必须采取措施,否则平台经营者需要承担相应的责任。然而一些平台只是提供基础性的技术服务,并不提供信息网络存储和搜索引擎服务,因此这类平台无法触及商家的相关信息,也无法删除商家所发布的内容,不能单纯被视为平台经营者适用避风港原则。

杭州互联网法院对原告杭州某网络公司诉被告一长沙某网络公司、被告二某公司侵害作品信息网络传播权纠纷案[1]进行网上一审公开宣判。该案系被告二公司作为微信小程序服务提供者首次被起诉,其被诉要求与具体小程序运营人共同承担侵权责任并下架涉案小程序。法院经审理查明,被告一在被告二公司微信上注册开发微信小程序,未经原告许可,在小程序中传播原告享有信息

---

[1] 首例微信小程序案:"通知—删除"适用不应一刀切[EB/OL].(2019-03-19)[2019-10-26]. http://www.pig66.com/2019/145_0319/17740433.html.

网络传播权的作品。原告诉请被告一承担侵权责任，被告二下架涉案小程序并承担连带赔偿责任。

法院认为，小程序是被告二公司对小程序开发者提供的架构与接入的基础性技术服务，区别于信息网络存储空间和搜索引擎服务，不应当适用通知删除规则。从技术上看，小程序的内容均存在于开发者的服务器，小程序只是以开发者域名作为端口与开发者的服务器进行通信，小程序平台无法触及开发者内容，更谈不上精准删除开发者的内容。如果因为知识产权投诉一律关闭开发者的通信端口，那么无疑会导致因噎废食，妨碍正常网络服务的提供，不符合法益平衡的原则。

5.2.5　平台经营者审查环节之采取必要措施

《电子商务法》规定，电子商务平台经营者接到投诉人通知后，应当及时采取包括删除、屏蔽、断开链接、终止交易和服务等必要措施，并将该通知转送平台内经营者。其中，如何理解"必要措施"，采取删除、屏蔽商家链接等方式是否只需要一次性完成？如果平台经营者在删除商家的销售链接后，商家又上线相同的商品或服务，那么平台经营者是否有义务继续删除商家上线的产品？

针对上述问题，笔者检索案例后发现，所谓"必要措施"应当是必须执行到位的措施，即平台经营者必须确保商家疑似侵权的信息已经被彻底清理。如果商家在被删除交易信息后再次上线相关的信息，那么平台经营者仍然有继续履行删除等必要措施的义务。

在某贸易有限公司诉浙江某有限责任公司、杜某某侵犯商标权纠纷案[1]中，某贸易有限公司自2009年9月开始，针对侵权人的侵权行为曾7次发函给浙江某有限公司，要求其删除侵权人发布的侵权商品信息。浙江某有限公司对原告举报的侵权信息予以删除，但未采取其他制止侵权行为的措施。浙江某有限公

---

[1] 衣念（上海）时装贸易有限公司诉浙江淘宝网络有限公司、杜国发侵害商标权纠纷 [EB/OL]. （2012-05-21）[2019-10-26]. http://dxalhz.hljcourt.gov.cn/public/detail.php?id=72.

司不顾原告的警告和权利要求，在知道侵权人以销售侵权商品为业的情况下，依然向杜某提供网络服务，故意为侵犯他人注册商标专用权的行为提供便利条件，继续纵容、帮助杜某实施侵权行为。

法院认为，网络服务提供者接到通知后及时删除侵权信息是其免于承担赔偿责任的条件之一，但并非充分条件。网络服务提供者删除信息后，如果网络用户仍然利用其提供的网络服务继续实施侵权行为，则网络服务提供者应当进一步采取必要的措施以制止继续侵权。

5.2.6 转通知环节之义务

平台经营者在接到投诉人的投诉通知后，不仅须采取必要措施，还需要把投诉通知转送给平台内经营者。"必要措施"和"转通知"都是平台经营者必须履行的义务，不可偏废。如果平台经营者只采取"必要措施"而没有"转通知"或者只"转通知"而没有采取"必要措施"，那么都应该对继续扩大的损失承担相应的责任。

在威海某公司诉永康某公司、浙江某公司侵害发明专利权纠纷案❶中，原告威海某公司诉称：永康某公司未经其许可，在浙江某公司的网络平台上宣传并销售侵害其专利权的产品，构成专利侵权；浙江某公司在威海某公司投诉永康某公司侵权行为的情况下，未采取有效措施，应与永康某公司共同承担侵权责任。

法院认为，浙江某公司作为电子商务网络服务平台的提供者，基于其公司对于发明专利侵权判断的主观能力、侵权投诉胜诉概率及利益平衡等因素的考量，并不必然要求浙江某公司在接受投诉后对被投诉商品立即采取删除和屏蔽措施，对被诉商品采取的必要措施应当秉承审慎、合理原则，以免损害被投诉人的合法权益，但是将有效的投诉通知材料转达被投诉人并通知被投诉人申辩当属浙江某

---

❶ 威海嘉易烤生活家电有限公司诉永康市金仕德工贸有限公司、浙江天猫网络有限公司侵害发明专利权纠纷案[EB/OL].（2017-03-09）[2019-10-26]. https：//www.chinacourt.org/article/detail/2017/03/id/2574908.shtml.

公司应当采取的必要措施之一，否则权利人的投诉行为将失去意义，权利人的维权行为也将难以实现。网络服务平台提供者应该保证有效投诉信息传递的顺畅，而不应成为投诉信息的黑洞。而浙江某公司未履行上述基本义务的结果导致被投诉人未收到任何警示，从而造成损害后果的扩大，应承担相应责任。

综上所述，避风港原则要求在实务中遵循投诉人向平台经营者提交投诉通知，平台经营者形式审查后须采取必要措施，同时转通知给平台内经营者等诸多操作流程。面对千变万化的现实生活，避风港原则在实际操作中存在诸多需要注意的事项，如通知环节就有"有效通知""错误通知"和"恶意通知"等多种情形。因此，如果想学会运用避风港原则，那么还需多花时间研读案例和实务操作。

5.3 一看就懂的淘宝合规指南

淘宝的合规操作主要包括两部分：一是淘宝平台的合规运营；二是淘宝商家的合规营销。

淘宝平台的合规运营须做到：第一，淘宝不仅要规范自身行为，还须协助有关部门履行对平台内经营者的监管义务；第二，淘宝要做好服务协议等规则的制定；第三，淘宝要重视消费者个人信息的保护。

淘宝商家的合规营销须做到：第一，淘宝商家要履行诚实守信义务；第二，淘宝商家应避免不正当竞争问题；第三，淘宝商家应避免大数据"杀熟"问题。

以下根据《电子商务法》的规定，结合相关案例，编制一看就懂的淘宝合规指南。

5.3.1 淘宝平台的合规运营

1. 淘宝的自身规范及协助监管义务

在自身规范上，《电子商务法》规定：应当在显著位置持续公示营业执照信息、与其经营业务有关的行政许可信息。如果营业执照和行政许可信息发生变更，应及时更新公示信息；如果终止从事电子商务业务，应提前30日公示相关信息。

笔者发现淘宝已经在显著位置持续公示营业执照及相关的行政许可信息（如图5-2所示）。

最近更新日期：2018年12月21日

增值电信业务经营许可证：浙B2-20080224
增值电信业务经营许可证（跨地区）：
B2-20150210
浙江省网络食品销售第三方平台提供者备案：浙网食A33010001
广播电视节目制作经营许可证：（浙）字第01012号
信息网络传播视听节目许可证：1109364
互联网药品信息服务资格证书：（浙）-经营性-2018-0010
医疗器械网络交易服务第三方平台备案：（浙）网械平台备字[2018]第00004号
短消息类服务接入代码使用证书：号【2016】00154-A01
市场名称登记证：工商网市字3301004120号
出版物网络交易平台服务经营备案证：新出发浙备字第002号

图 5-2　淘宝公示的营业执照信息及相关的行政许可信息

从图5-2可以看出，在信息更新时，淘宝平台并未详细披露更新前的版本信息，只给出更新后的版本。由于淘宝平台将各类信息统一放在同一界面，所以无从知晓更新后的版本更新了哪些信息，在信息披露上存在一些问题。

在协助监管上，《电子商务法》规定应向市场监督管理部门报送平台内经营者的身份信息，向税务部门报送平台内经营者的身份信息和与纳税有关的信息；

配合市场监督管理部门，为应当办理市场主体登记的经营者办理登记提供便利；如果发现平台内经营者有违法行为，应当依法采取必要的处置措施，并向有关主管部门报告。换言之，淘宝平台应掌握平台内经营者的相关信息，如果平台内经营者出现违法行为，淘宝应协助相关部门进行监管。

实际上，在淘宝卖家开店时，淘宝已经收集了商家的相关数据。经研究，淘宝上的店铺主要有个人店铺和企业店铺两种类型。

对于个人店铺，淘宝要求开店时应提供个人相关资料（如图 5-3 所示）。

图 5-3 淘宝个人店铺须实名认证

对于企业店铺，淘宝要求开店时先上传营业执照等信息，在取得企业账户后，通过拍照、填写资料、验证手机、填写地址等步骤完成企业店铺的设立，因此淘宝在企业店铺设立的过程中收集了相关信息（如图 5-4 所示）。

虽然淘宝按《电子商务法》规定收集平台内经营者信息，以协助监管，但是对个人店铺的要求较低，只要是实名认证的淘宝用户一般可开店，导致大量个人店铺存在无营业执照等资质的问题。如何使淘宝平台内经营者有序经营是一个值得思考的问题。

第 5 章　数字经济之电商产业

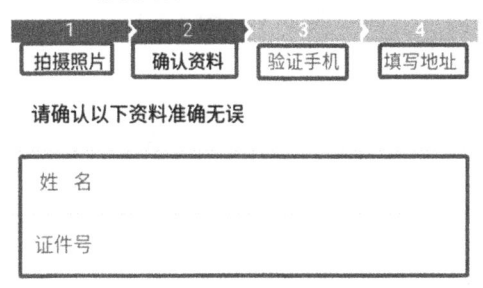

图 5-4　淘宝企业店铺的相关信息收集

2. 淘宝制定的服务协议等规则

《电子商务法》规定应在显著位置持续公示平台服务协议及交易规则信息等材料，并保证经营者和消费者能够便利、完整地阅览和下载；在修改服务协议和交易规则时应在显著位置公开征求意见，修改内容应当至少在实施前 7 日公示。

根据上述规定，笔者研究淘宝平台的制度设计，认为淘宝已经在平台上持续地公示服务协议和交易规则的内容（如图 5-5 所示）。

然而，从图 5-5 发现，淘宝在服务协议等规则设计上过于简单。服务

图 5-5　淘宝平台的服务协议

协议只有最新版，无法找到旧版材料进行对照，材料无法下载，也未设置 7 天公示制度，交易规则的内容被包含在服务协议中，无法给消费者简单直接的指引。相比淘宝在服务协议上粗线条的设计，笔者认为京东和苏宁的设置更清晰细致。

数字经济产业合规指南

京东将交易规则和服务协议细化到每个环节，如购物指南、配送方式、支付方式、售后服务等内容，简单明了（见图5-6）。

帮助中心		平台资质	＞
关于京东		出版物经营许可证	＞
京东介绍	＞	会员介绍	＞
企业文化	＞	京豆说明	＞
京东用户注册协议	＞	优惠券的使用	＞
京东账户注销须知	＞	价格说明	＞
京东隐私政策	＞	配送方式	
订单共享与安全	＞	配送服务收费标准	＞
访问信息的使用	＞	京东配送时效说明	＞
位置信息的使用	＞	商家配送时效说明	＞
相机的使用	＞	京东地址库更新说明	＞
语音信息的使用	＞	支付方式	
通信录信息的使用	＞	货到付款	＞
上传内容的使用	＞	在线支付	＞
购物指南			
购物流程	＞		
经营证照	＞		

图5-6　京东的交易规则和服务协议部分截图

同时，京东设置7天公示制度，并且新版、旧版协议材料均可查询（见图5-7）。

苏宁的服务协议和交易规则是依据《电子商务法》的要求设计的，很值得学习。例如，苏宁的服务协议和交易规则在平台上均有设置，并且和京东一样，苏宁的服务协议也细化到每个环节、简单清晰（见图5-8）。

同时，苏宁还设置服务协议和交易规则的下载功能（见图5-9）。

此外，苏宁还开辟专栏公开设置为期7天的征求意见（见图5-10）。

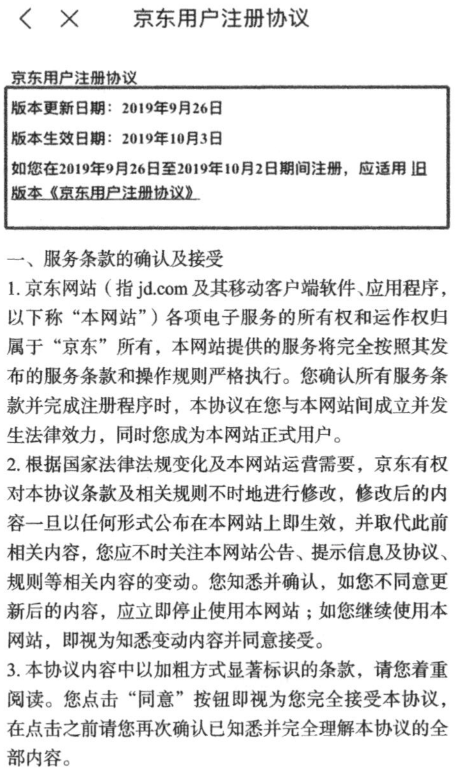

く　✕　京东用户注册协议

京东用户注册协议

版本更新日期：2019年9月26日

版本生效日期：2019年10月3日

如您在2019年9月26日至2019年10月2日期间注册，应适用 旧版本《京东用户注册协议》

一、服务条款的确认及接受

1. 京东网站（指 jd.com 及其移动客户端软件、应用程序，以下称“本网站”）各项电子服务的所有权和运作权归属于“京东”所有，本网站提供的服务将完全按照其发布的服务条款和操作规则严格执行。您确认所有服务条款并完成注册程序时，本协议在您与本网站间成立并发生法律效力，同时您成为本网站正式用户。

2. 根据国家法律法规变化及本网站运营需要，京东有权对本协议条款及相关规则不时地进行修改，修改后的内容一旦以任何形式公布在本网站上即生效，并取代此前相关内容，您应不时关注本网站公告、提示信息及协议、规则等相关内容的变动。您知悉并确认，如您不同意更新后的内容，应立即停止使用本网站；如您继续使用本网站，即视为知悉变动内容并同意接受。

3. 本协议内容中以加粗方式显著标识的条款，请您着重阅读。您点击“同意”按钮即视为您完全接受本协议，在点击之前请您再次确认已知悉并完全理解本协议的全部内容。

图 5-7　京东用户注册协议部分内容截图

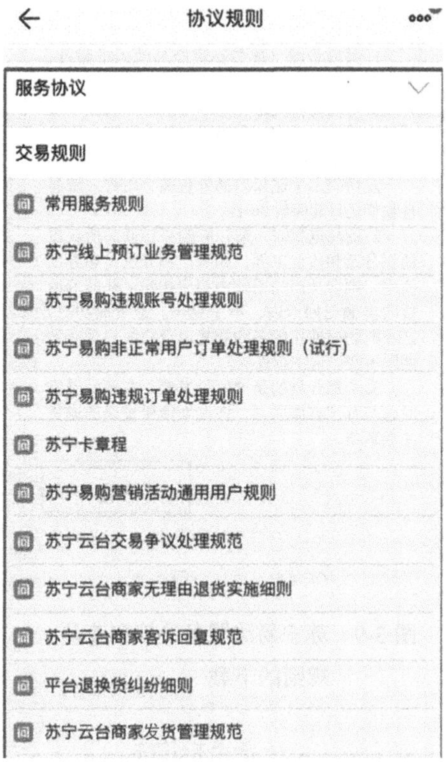

← 协议规则

服务协议

交易规则

常用服务规则

苏宁线上预订业务管理规范

苏宁易购违规账号处理规则

苏宁易购非正常用户订单处理规则（试行）

苏宁易购违规订单处理规则

苏宁卡章程

苏宁易购营销活动通用用户规则

苏宁云台交易争议处理规范

苏宁云台商家无理由退货实施细则

苏宁云台商家客诉回复规范

平台退换货纠纷细则

苏宁云台商家发货管理规范

图 5-8　苏宁易购的服务协议和交易规则部分内容截图

3. 淘宝的个人信息保护义务

《电子商务法》规定，收集、使用消费者的个人信息，应当遵守法律、行政法规有关个人信息保护的规定，同时应当明示用户信息查询、更正、删除及用户注销的方式、程序，不得对用户信息查询、更正、删除及用户注销设置不合理条件。

根据上述规定，笔者研究淘宝平台的隐私设计，认为淘宝已经在平台上公示隐私政策内容（见图 5-11）。

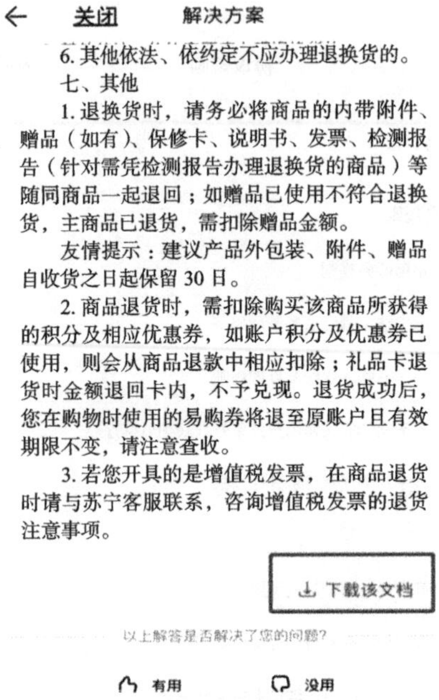

数字经济产业合规指南

← 关闭　　解决方案

6. 其他依法、依约定不应办理退换货的。

七、其他

1. 退换货时，请务必将商品的内带附件、赠品（如有）、保修卡、说明书、发票、检测报告（针对需凭检测报告办理退换货的商品）等随同商品一起退回；如赠品已使用不符合退换货，主商品已退货，需扣除赠品金额。

友情提示：建议产品外包装、附件、赠品自收货之日起保留30日。

2. 商品退货时，需扣除购买该商品所获得的积分及相应优惠券，如账户积分及优惠券已使用，会从商品退款中相应扣除；礼品卡退货时金额退回卡内，不予兑现。退货成功后，您在购物时使用的易购券将退至原账户且有效期限不变，请注意查收。

3. 若您开具的是增值税发票，在商品退货时请与苏宁客服联系，咨询增值税发票的退货注意事项。

↓ 下载该文档

以上解答是否解决了您的问题？

○ 有用　　○ 没用

图 5-9　苏宁易购服务协议和交易规则的下载

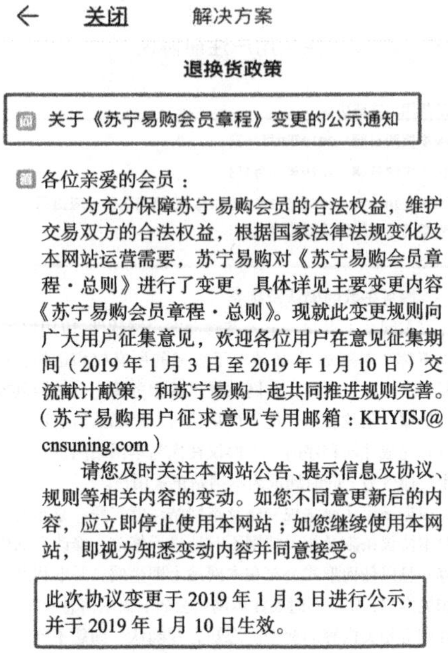

← 关闭　　解决方案

退换货政策

📄 关于《苏宁易购会员章程》变更的公示通知

📄 各位亲爱的会员：

为充分保障苏宁易购会员的合法权益，维护交易双方的合法权益，根据国家法律法规变化及本网站运营需要，苏宁易购对《苏宁易购会员章程·总则》进行了变更，具体详见主要变更内容《苏宁易购会员章程·总则》。现就此变更规则向广大用户征集意见，欢迎各位用户在意见征集期间（2019年1月3日至2019年1月10日）交流献计献策，和苏宁易购一起共同推进规则完善。（苏宁易购用户征求意见专用邮箱：KHYJSJ@cnsuning.com）

请您及时关注本网站公告、提示信息及协议、规则等相关内容的变动。如您不同意更新后的内容，应立即停止使用本网站；如您继续使用本网站，即视为知悉变动内容并同意接受。

此次协议变更于2019年1月3日进行公示，并于2019年1月10日生效。

图 5-10　《苏宁易购会员章程》变更的公示通知

< 　关于手机淘宝

给我评价　　　　　　　　　　>

版权信息　　　　　　　　　　>

软件许可使用协议　　　　　　>

特别说明　　　　　　　　　　>

淘宝平台服务协议　　　　　　>

隐私权政策　　　　　　　　　>

证照信息　　　　　　　　　　>

< 　淘宝网隐私权政策

隐私权政策

最近更新日期：2019年10月8日

提示条款

您的信任对我们非常重要，我们深知个人信息对您的重要性，我们将按法律法规要求，采取相应安全保护措施，尽力保护您的个人信息安全可控。鉴于此，淘宝网服务提供者（或简称"我们"）制定本《隐私权政策》（下称"本政策或本隐私权政策"）并提醒您：

本政策适用于淘宝网提供的所有产品和服务。如我们及关联公司（范围详见定义部分）的产品或服务中使用了淘宝网提供的产品或服务（例如使用淘宝平台账户登录）但未设独立隐私权政策的，则本政策同样适用于该部分产品或服务。我们及关联公司就其他您提供的产品或服务单独设立有隐私权政策的（如《天猫隐私权政策》《飞猪隐私权政策》《阿里旺旺隐私权政策》），则相应产品或服务适用相应隐私权政策。

需要特别说明的是，本政策不适用于其他第三方向您提供的服务，也不适用于淘宝网中已另行独立设置隐私权政策的产品或服务。例如，淘宝网上的卖家依托淘宝网向您提供服务时，您向卖家提供的个人信息不适用本政策。

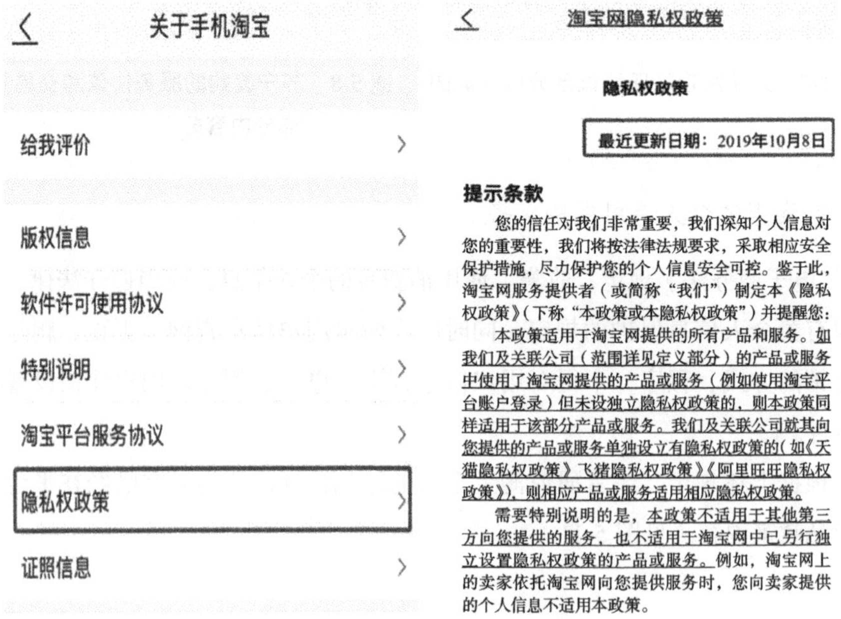

图 5-11　淘宝的隐私权政策

— 194 —

但是，淘宝在隐私政策设计上和服务协议等制度设计一样，仍然过于简单。隐私政策只有最新版，无法找到旧版材料进行对照，无法快速找到明示用户信息查询、更正、删除及用户注销的方式和程序，对消费者的个人信息保护力度不够。京东和苏宁在隐私政策的设计上符合《电子商务法》的相关规定。

京东不仅设置隐私政策，还详细讲解在通讯录、语音、相机、位置信息方面如何收集、使用消费者信息，并且开设访问、注销消费者信息的路径（见图5-12）。

苏宁均保存有新版和旧版隐私政策材料，并且不定期主动更新隐私政策内容（见图5-13）。

图 5-12　京东开发的功能　　　　图 5-13　苏宁易购的隐私政策

5.3.2 淘宝商家的合规营销

1. 淘宝商家的诚实信用义务

《电子商务法》第 14 条规定："电子商务经营者销售商品或者提供服务应当依法出具纸质发票或者电子发票等购货凭证或者服务单据。电子发票与纸质发票具有同等法律效力。"淘宝商家销售商品或提供服务应出具发票，也可以开具服务单据。

《电子商务法》第 15 条规定："电子商务经营者应当在其首页显著位置，持续公示营业执照信息、与其经营业务有关的行政许可信息、属于依照本法第十条规定的不需要办理市场主体登记情形等信息，或者上述信息的链接标识。前款规定的信息发生变更的，电子商务经营者应当及时更新公示信息。"第 16 条规定："电子商务经营者自行终止从事电子商务的，应当提前三十日在首页显著位置持续公示有关信息。"淘宝商家除特殊情况，如个人销售自产农副产品、家庭手工业产品，个人利用自己的技能从事依法无须取得许可的便民劳务活动和零星小额交易活动，除此之外，其他服务和商品需要公示营业执照及其他相关的行政许可信息。

在发票的提供上，合格的淘宝商家应在消费者点击"立即购买"后，在"确认订单"界面上显示"开具发票"的栏目（见图 5-14）。

由于淘宝上很多商家是个体经营，很难开具相关的发票，因此这类淘宝商家如果能够提供相应的服务单据，那么也符合《电子商务法》的规定，属于合格的淘宝商家。

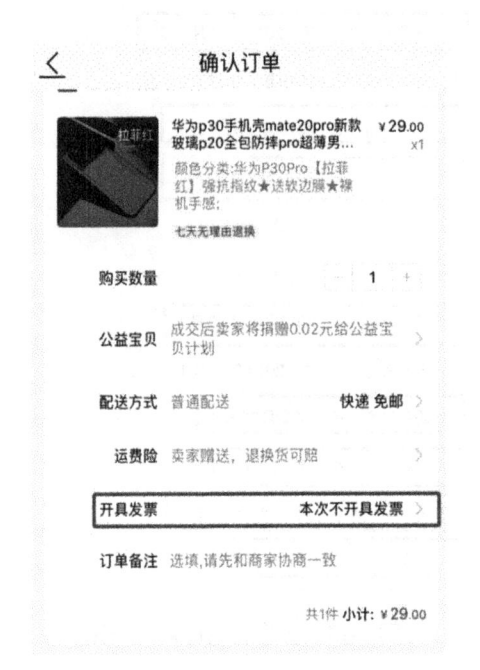

图 5-14 合格淘宝商家可开具发票

在营业执照的公示上,合格的淘宝商家一般在"店铺印象"中体现营业执照信息及相关的资质信息。但是,如果一些商家在淘宝上主要从事个人自产农副产品、家庭手工业产品销售,利用自己的技能从事依法无须取得许可的便民劳务活动和零星小额交易活动,则不需要办理市场主体登记,因此这类商家即使不公示营业执照等信息,也符合合格淘宝商家的要求(见图 5-15)。

然而需要注意的是,在淘宝上一些店铺经营的业务不属于个人销售自产农副产品、家庭手工业产品,利用自己的技能从事依法无须取得许可的便民劳务活动和零星小额交易活动,但也没有公示营业执照等信息,作为消费者须警惕这类不合格的店铺。

图 5-15 个体经营的鞋店没有营业执照

2.淘宝商家的不正当竞争问题

《电子商务法》第 17 条规定:"电子商务经营者应当全面、真实、准确、及时地披露商品或者服务信息,保障消费者的知情权和选择权。电子商务经营者不得以虚构交易、编造用户评价等方式进行虚假或者引人误解的商业宣传,欺骗、误导消费者。"淘宝商家对销售的商品或者服务不应进行虚假宣传。

《电子商务法》第 19 条规定:"电子商务经营者搭售商品或者服务,应当以显著方式提请消费者注意,不得将搭售商品或者服务作为默认同意的选项。"淘宝商家搭售商品或服务时,应以显著的方式体现。

在虚假宣传上,国家市场监督管理总局公布了 2019 年第二批虚假违法广告典型案例,指出部分商家在广告宣传上存在使用不真实用语、承诺性用语等问题。淘宝商家要成为合格的卖家，在广告宣传中就应谨慎小心，切忌触犯《广告法》。

除了违反《广告法》外，淘宝商家在虚假宣传上更多的问题其实是刷单。很多商家为了店铺的排名及吸引客流等，雇佣他人进行刷单活动。该行为已经涉及虚假宣传问题。

在搭售商品或者服务上，《电子商务法》并未要求商家不得搭售商品或服务，但是搭售应以显著方式体现。关于"显著方式"，笔者认为不只对关键性用语进行加粗或者弹窗提示，消费者还应以主动行为作出允许搭售的意思表示，即消费者应有主动购买搭售商品或服务的意愿。

3. 淘宝商家的"大数据杀熟"问题

《电子商务法》第 18 条规定："电子商务经营者根据消费者的兴趣爱好、消费习惯等特征向其提供商品或者服务的搜索结果的，应当同时向该消费者提供不针对其个人特征的选项，尊重和平等保护消费者合法权益。"淘宝商家在进行精准营销时应平等保护消费者的合法权益，不应存在"大数据杀熟"问题。

所谓"大数据杀熟"，是指电子商务经营者利用各种算法计算出用户画像，并根据用户画像得出的用户特征（如消费能力、消费意愿、消费频率等），针对相同的商品或服务为不同用户显示不同价格及其他条款的行为，本质上为"价格歧视"行为。这种行为在现实生活中很常见。例如，有亚马逊用户反映，他删除浏览器的 cookies 后发现，之前浏览过的 DVD 商品售价从 26.24 美元降至 22.74 美元。对此，亚马逊称，这只是向不同顾客展示的差别定价实验，与客户数据没有关系，只是为了测试。2018 年，有网友爆料称被某 App 杀熟，从利马到布宜诺斯艾利斯的机票，同一航班，有人花费 2500 元，某 App 却卖 3211 元。也有人爆料自己搜索到的机票价格是 2300 元，实际下单后却变成 2900 元。另外，有人仅仅是因为使用支付宝的频率较高，所以同样的酒店、房间和时间价格却有差异。有人爆料称，自己是某外卖 App 金牌会员，经常点餐的餐厅原本有折扣，但选择地址后折扣就被取消，而用同事的手机下单也有折扣，差价可达十几元。有人和同事一起订购相同地点的相同菜品的外卖，配送费用相差 2 元。

"大数据杀熟"问题已经受到《电子商务法》的明确规制。要想成为合格的淘宝商家,在向消费者精准营销时也应该提供不针对其个人特征的选项,尊重和平等保护消费者的合法权益。

综上所述,在合规运营上,淘宝平台遵守《电子商务法》的规定,公示营业执照及相关许可资质等材料,同时主动承担协助有关部门对平台内经营者的监管义务,同时制定服务协议、交易规则、隐私规定等,落实对消费者权益的保护。然而,正如上文所述,淘宝平台在各个方面都有提升的空间,京东、苏宁等其他电子商务平台在法律合规设计上有值得借鉴的地方。在合规营销上,大部分淘宝商家遵守《电子商务法》的要求,对个人资质等信息进行公开,一些个体经营者虽然销售的是大额商品,但无营业执照等公示信息。此外,淘宝商家应自觉避免虚假宣传及"大数据杀熟"问题。

5.4 "大奖抽不停"活动的法律合规问题

每年的"双11",淘宝等各大平台都会推出"大奖抽不停"的狂欢活动,小至派送红包、优惠券、抵用金等优惠活动,大至抽奖送豪车、免单、境外旅游等。此类购物促销活动,一方面有利于商家吸引客流,刺激消费者的购买行为;另一方面也应该看到活动中隐藏的法律风险问题。

5.4.1 涉及违反有奖销售的法律风险

所谓有奖销售,是指经营者销售商品或者提供服务,附带性地向购买者提供物品、金钱或者其他经济上的利益的行为。❶特别是网站经营者在提供网络服务、网上购物等经营活动中,为招揽广告客户、提高网站知名度及提高登录

---

❶ 参见《关于禁止有奖销售活动中不正当竞争行为的若干规定》(国家工商行政管理局令〔第19号〕,1993年12月24日)第2条规定。

者的点击率，附带性地提供物品、金钱或者其他经济上的利益行为，构成有奖销售。❶

按照上文的解释，在"双11"购物狂欢中，很多商家推出购物中奖送优惠券、红包，甚至豪车、别墅等活动均属于有奖销售。对于此类有奖销售行为，《反不正当竞争法》第10条规定："经营者进行有奖销售不得存在下列情形：……（三）抽奖式的有奖销售，最高奖的金额超过五万元。"如果抽奖式的有奖销售超过5万元，那么监督检查部门将责令其停止违法行为，并处5万元以上50万元以下的罚款，并被记入信用记录，依照有关法律、行政法规的规定予以公示的风险。❷

由此可见，电商经营者须注意有奖销售的金额最高不得超过5万元，否则有被处罚的风险。实际上，因涉及违反有奖销售规定被行政处罚的例子不胜枚举，如海口某家具城曾因购买家具抽奖赠送宝马10年使用权，被评估事务所评估认定该辆华晨宝马汽车10年使用权价值为22.9058万元，涉嫌抽奖式巨奖销售，被处10万元的行政处罚。❸

5.4.2 涉及虚假广告的法律问题

《广告法》《反不正当竞争法》《消费者权益保护法》等法律法规均对虚假广告、虚假宣传❹作出规定。其中，《广告法》第28条第1款规定："广告以虚假或者引人误解的内容欺骗、误导消费者的，构成虚假广告。"

根据该规定，虚假广告应同时具有两个特征：一是从内容上看，广告的内

---

❶ 参见《国家工商行政管理总局关于网站在提供网上购物服务中从事有奖销售活动是否构成不正当竞争行为问题的答复》（工商公字〔2004〕第46号，2004年3月17日）的规定。

❷ 参见《中华人民共和国反不正当竞争法》第22条、第26条规定。

❸ 参见"海工商秀处字〔2018〕4号文"，处罚时间为2018年3月1日，处罚机关为海口市秀英区工商行政管理局。

❹ 虚假广告不同于虚假宣传，广告是通过一定媒介或形式宣传的形式，因此虚假宣传的范围应比虚假广告的范围更广，在此不赘述。

容虚假或者引人误解。广告内容虚假，即广告内容不真实，与实际情况不符。广告内容引人误解一般是指广告中使用含糊不清或者有多重语义的表述，或者表述虽然真实但仅陈述部分事实，让人引发错误联想。二是从结果上看，造成欺骗、误导消费者的客观后果，或者有欺骗、误导消费者的可能性。

"双11"的促销活动中，多数广告内容是为吸引眼球，夸大其词，有广告内容与实际情况不符等问题。例如，有广告宣传中奖后"奔驰就属于你"，然而中奖者实际上只拥有该轿车1年的使用权。又如，有广告宣传中奖后"赠送豪宅一套"，但实际情况是只给中奖者居住豪宅的短暂时间。

该问题还可以和有奖销售结合进行分析。例如，一些有奖销售活动在宣传期间就被监督检查部门以涉嫌违反"有奖销售"规定为由责令停止违法行为，此时如果已有消费者付款参与活动，而有奖销售活动被停止，则有奖销售行为有可能因"从结果上看，造成欺骗、误导消费者的客观后果，或者有欺骗、误导消费者的可能性"而被认为是虚假广告。而商家一旦涉嫌发布虚假广告，将会面临市场监督管理部门责令停止发布广告，责令广告主在相应范围内消除影响，处广告费用3倍以上5倍以下的罚款，广告费用无法计算或者明显偏低的，将处20万元以上100万元以下的罚款。❶

5.4.3　涉及税收的法律问题

实际上，很多商家在"双11"促销活动中发放红包、抵用券、免单，甚至豪华游艇、豪宅等大奖时，只考虑活动会导引客流、提高销售额，却忽略促销活动本身也涉及资金的往来交易。一旦涉及资金的交易往来，就必然涉及是否需要缴税的问题。

2015年7月28日发布的《国家税务总局关于加强网络红包个人所得税征收管理的通知》规定："对个人取得企业派发的且用于购买该企业商品（产品）或服务才能使用的非现金网络红包，包括各种消费券、代金券、抵用券、优惠

---

❶ 参见《广告法》第55条的规定。

券等，以及个人因购买该企业商品或服务达到一定额度而取得企业返还的现金网络红包，属于企业销售商品（产品）或提供服务的价格折扣、折让，不征收个人所得税。"从该规定可以看出，促销活动所派送的网络红包、抵用券等，消费者无须缴纳个人所得税。但需注意的是，此类红包必须是不可兑现的，一旦涉及可兑现，就须缴纳个人所得税。

促销活动除了派送具有抵扣、折让性质的红包、抵用券外，还经常会赠送奖品。根据法律规定，如果商家在宣传、广告活动中随机向本单位以外的个人赠送礼品，该类赠品因不具有抵扣、折让性质，那么个人应当按照"偶然所得"项目计算缴纳个人所得税[1]，但如果商家是在消费者购买服务或者商品的同时给予赠品，该类赠品无须缴纳个人所得税。[2] 此外，消费者中奖获豪宅、游艇、汽车等奖品的，消费者个人应统一按照"偶然所得"项目计算缴纳个人所得税。

5.4.4 涉及定金不退的法律问题

"双11"活动的常见做法为商家提前发布商品或者服务降价的信息，然后通过提前支付定金下单给予返现一定金额或者更大力度的优惠措施，促使消费者提前下单购物。很多商家据此规定：如果消费者事后取消订单，之前支付的定金将不予返还。商家的这类规定是否符合法律规定呢？

实际上，商家的规定在法律上是站得住脚的。《中华人民共和国担保法》第89条规定："当事人可以约定一方向对方给付定金作为债权的担保。债务人履行债务后，定金应当抵作价款或者收回。给付定金的一方不履行约定的债务的，无权要求返还定金；收受定金的一方不履行约定的债务的，应当双倍返还定金。"

---

[1] 参见《关于个人取得有关收入适用个人所得税应税所得项目的公告》（财政部、国家税务总局，2019年1月1日）第3条规定。

[2] 参见《关于企业促销展业赠送礼品有关个人所得税问题的通知》（财政部、国家税务总局，2011年6月9日）第1条规定。

因此，如果商家和消费者约定的是定金，那么消费者以后取消订单时，商家对消费者预付的定金是可以不退的；但需注意的是，如果商家违约，须双倍返还定金。

但是，现实生活中，该规定经常被商家利用。众所周知，消费者大多在购物时是缺少理性的，特别是在促销力度极大的优惠活动中更容易冲动。很多商家抓住消费者的这一心理，在促销活动中引诱消费者提前下单，捆绑消费者必须完成后面的支付，否则不退定金。

针对这种情况，工商行政部门在《网络商品和服务集中促销活动管理暂行规定》中规定"网络集中促销组织者不得采用格式条款设置订金不退"。而针对一些商家玩弄"订金不退"和"定金不退"的文字游戏，国家工商行政管理总局网监司有关负责人表示，将"订金"改为"定金"、提出"此定金非彼订金不予退还"的条款，属于商家打擦边球，"定金不退"仍属霸王条款，将依照《合同违法行为监督处理办法》进行查处。因此，现实中商家如果规定"定金不退"的条款，那么将可能遭受行政处罚。

综上所述，"双11""大奖抽不停"的活动虽然有利于导引客流，促进商家销售，但其中隐藏的法律风险不容小觑，商家应该合法合规做好促销活动。

5.5 跨境电商的生存困境

跨境电商，是指为境内消费者提供境外产品或服务的电商经营者。由于境内消费者对境外一些知名品牌的喜爱，所以海外购物狂潮热度不减，甚至有一波热潮高过一波的趋势。在这种趋势的推动下，跨境电商应运而生。然而，由于跨境电商属于新生事物，法律的监管和保护有所滞后，因此跨境电商在发展过程中遇到一些法律问题。

5.5.1 跨境电商面临的现有监管制度难题

由于跨境电商提供给消费者的服务或者产品主要来自海外，而我国对境外产品和服务有相应规范要求。例如，《中华人民共和国食品安全法》（以下简称《食品安全法》）第97条规定："预包装食品没有中文标签、中文说明书或者标签、说明书不符合本条规定的，不得进口。"《中华人民共和国药品管理法》（以下简称《药品管理法》）第48条规定：依照本法必须批准而未经批准生产、进口，或者依照本法必须检验而未经检验即销售的，按假药论处。❶ 实际上，跨境电商在进口预包装食品或未批准的药品时就会遇到违反现有监管制度的问题。

在进口未经批准的药品上，有代表性的案件是电影《我不是药神》中的原型陆勇代购抗癌药案❷。在这个案件中，癌症患者陆勇利用自己懂英文的特长，联系印度抗癌药物的经销商赛诺公司，并开始未经批准直接从该公司购买抗癌药物。随后，陆勇为了给其他病友治病，无偿为病友们代购抗癌药。该案事发后，陆勇被公安机关逮捕，检察院提出起诉。法院认为，陆勇购买和帮助他人购买未经批准进口的抗癌药品的行为，违反《药品管理法》的相关规定。这个案件的主角是陆勇，现在就是跨境电商。陆勇是无偿提供抗癌药物，跨境电商是低价提供抗癌药物，但受限于《药品管理法》，跨境电商在药品领域能帮助消费者的地方并不多。

在进口预包装食品上，跨境电商遇到的问题格外突出。跨境电商的商业模式一般是境内消费者订购预包装食品后，跨境电商直接将预包装食品送至消费者预留的地址，预包装食品多是原装进口，并没有中文标签等说明。可见，上述行为直接违反《食品安全法》的规定。但是，如果不违反《食品安全法》的规定，就必须翻译外文标签，势必增加成本，又不符合原本的商业模式。现实中，一些职业打假人抓住监管制度上的问题，故意购买大量境外食品，再以预包装食品无中文标签为由，根据《食品安全法》第148条"生产不符合食品安全标

---

❶ 参见《中华人民共和国药品管理法》（2015年修订）。
❷ 参见沅检公刑不诉（2015）1号不起诉决定书。

准的食品或者经营明知是不符合食品安全标准的食品,消费者除要求赔偿损失外,还可以向生产者或者经营者要求支付价款十倍或者损失三倍的赔偿金",要求跨境电商以一赔十,并大多得到法院的支持。❶

5.5.2 跨境电商面临的知识产权保护问题

过去,一个国家的产品和服务要在其他国家开拓市场,通常是以授权地区代理商的方式进行。现在,跨境电商的出现缩短了国家之间的距离,在一国境内很容易买到其他国家的商品和服务,并且跨境电商的海外采买模式很多是平行进口模式,即未经境内知识产权权利人许可而进口合法取得的"含有知识产权"货品的行为。

这种商业模式冲击了以往的授权代理模式,损害代理商和源头企业主的利益,因此很多代理商因跨境电商企业销售含有侵犯其"知识产权"货品的行为,要求其停止销售并赔偿损失。例如,在某株式会社、南通某生活用品有限公司与天津某进出口股份有限公司侵害商标权纠纷一案❷中,某株式会社、南通某生活用品有限公司提出:会社与其国内经销商订立有关产品限定销售区域的约定,同时在其产品外包装印刷标识"日本国内限定贩卖品",因此天津某进出口股份有限公司擅自进口该会社产品的行为侵犯其商标权。

此外,现实中还有人抓住跨境电商的知识产权漏洞,恶意申请海外知名品牌且该品牌尚未在国内注册商标,再以跨境电商侵犯其商标权为由提起诉讼,要求跨境电商赔偿损失,进而敲诈勒索,要求购买恶意抢注者的商标使用权,否则禁止其销售相关产品。

---

❶ 参见《郑某与杭州某信息科技有限公司产品销售者责任纠纷一审民事判决,2015年5月4日,杭州市拱墅区人民法院判决,(2015)杭拱民初字第210号》《京东商城婴幼儿奶粉中文标签案,江苏省吴中区人民法院2015年判决,(2015)吴民初字第102号、第103号》《烟台某商贸有限公司诉杨某产品责任纠纷二审民事判决书,2015年5月12日,杭州市中级人民法院终审判决,(2014)浙杭民终字第2535号》等。

❷ 参见(2015)滨民初字第1154号民事判决书。

5.5.3 跨境电商的海外保护力度有待加强

跨境电商面临的法律问题及当遇到境外法律问题时，中小企业往往难以招架。通常情况下，跨境电商因为交易往来需要开通海外的支付账号，如 PayPal 账户。PayPal 规定：如果商家出现违法行为，那么有义务协助法院等相关部门冻结违法商家的账户资金。现实生活中，经常出现我国的跨境电商因与国外的商家发生交易纠纷而被对方申请冻结支付账号的情形。

面对这种账户因被控侵权而冻结的情形，国内不少中小型跨境电商企业受限于语言不通、文化习俗不同、法律环境差异大等诸多因素，放弃诉讼等法律途径，迫于对方的要求高价和解，损害自身的合法权益。

5.5.4 跨境电商如何摆脱困境

1. 如何应对监管制度的困局

对于跨境电商所面临的现有监管制度困境，笔者认为这是法律制度的痼疾，无法从根本上解决。然而，值得欣慰的是，国家相关管理部门已注意到监管制度对跨境电商发展的束缚，并努力调整现有的监管体系，以促使跨境电商更好地发展。

例如，在进口未经批准的药品上，2019 年 8 月 26 日全国人民代表大会常务委员会发布新修订的《中华人民共和国药品管理法》，新法删除"未经批准进口药品按假药论处"的规定，对跨境电商进口境外合格药物减少阻碍。

在进口预包装食品上，虽然现行的《食品安全法》并未修订第 48 条规定，但司法机关逐渐意识到该规定对跨境电商的束缚，开始着力整治职业打假人问题。有法院指出：预包装食品属于通过跨境电子商务形式申报进口的物品，虽无加贴中文标签，但尚不足以认定为假冒伪劣产品，原告并无其他证据进一步证明涉案食品为不安全食品，故原告要求解除合同、退还货款并主张价款 10 倍赔偿金的诉请并无相应依据。❶ 有些法院认为，跨境电商具有连接消费者和海

---

❶ 聚美这个案子一审赔了十倍，二审大逆转 [EB/OL]. (2017-06-13) [2019-10-25]. https://www.sohu.com/a/148610179_259124.

外商家的桥梁作用，与消费者形成委托关系而不是买卖关系，故驳回原告要求跨境电商 10 倍赔偿的诉讼请求。❶

由此可见，虽然现有监管体制束缚跨境电商的发展，但必须看到国家相关管理部门试图为跨境电商解除限制，释放其活力。

2. 如何解决知识产权保护问题

对于境内权利人利用商标权等知识产权权利阻止跨境电商未经商标授权的进口行为，笔者认为跨境电商可采取商标权权利用尽的抗辩策略，即知识产权人的产品进入市场开始流通后，包括商标权所有人和被许可人在内的商标权主体以合法的方式销售或转让，主体对该特定商品上的商标权即告穷竭，无权禁止他人在市场上再销售该产品或直接使用。目前，已有法院支持跨境电商提出权利用尽的实务案例。❷

此外，对于恶意抢注商标权等行为，笔者建议跨境电商可联系境外商家打击该类恶意抢注行为，如可请求商标评审委员会宣告该注册商标无效等。而对于尚未在国内注册商标的企业，可尽快布置世界知识产权架构，避免给不法分子留下抢注商标的机会。

3. 如何加大海外保护力度

笔者认为，跨境电商一旦在诉讼中被控侵权，首先要采取措施停止被指侵权商品的生产与销售，使事态可控。其次，跨境电商可以聘请律师向第三方支付平台发送函件或者向境外法院发送正式函件，然后积极应诉。最后，由于案件在境外发生，所以可由境内律师和境外律师合作，以提高效率、降低成本。其中，由于大多数跨境电商企业被境外起诉的理由大同小异，所以跨境电商可采用集体诉讼的形式签约律师，以降低诉讼成本。

---

❶ 双 11 特刊：电商法解读（五）｜跨境电商的生存困境 [EB/OL]．(2019-11-08) [2023-04-05]. http：//www.360doc.com/content/19/1108/07/38576384_871804008.shtml.

❷ 参见《大王制纸株式会社、大王（南通）生活用品有限公司与天津森森进出口股份有限公司侵害商标权纠纷案》。

5.6 跨境电商出口通关监管模式[1]

目前,跨境电商的运营模式主要有跨境电商 B2B 与跨境电商 B2C。跨境电商 B2B(Business to Business),是指基于电子商务信息平台或交易平台企业对企业的跨境贸易活动。跨境电商 B2C(Business to Customers),是指企业与最终消费者之间通过跨境电商平台完成交易的贸易活动。跨境电商出口通关监管模式主要有 7 种(如图 5-16 所示)。针对两种主要的跨境电商运营模式的不同,其出口通关的监管模式有重合适用,也有相应区别。

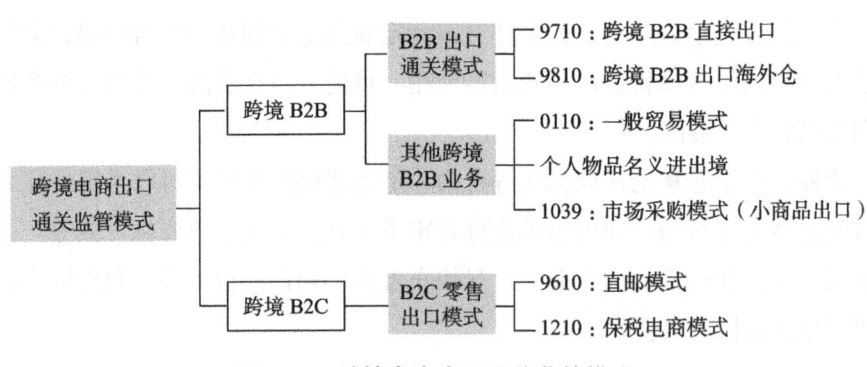

图 5-16 跨境电商出口通关监管模式

5.6.1 跨境电商 B2C 模式

跨境电商 B2C 模式一般分为直邮模式和保税电商模式两类。

1. 跨境贸易电子商务

跨境贸易电子商务(又称"直邮模式",海关监管代码 9610)监管模式针对 B2C 出口。该模式能够化整为零,灵活便捷地满足境外消费者的需求,具

---

[1] 李金招,蒋晓焜,林卓尧. 跨境电商系列(一):探析跨境电商出口通关监管模式 [EB/OL].(2022-11-18)[2023-10-17]. https://mp.weixin.qq.com/s/QcCp3Ick4dLposP2NuNsew.

有链路短、成本低、限制少的特点，适用于境内个人或电子商务企业通过电子商务交易平台实现交易，并采用"清单核放、汇总申报"模式办理通关手续的电子商务零售进出口商品。

在该监管模式下，符合条件的电子商务企业或平台与海关联网，境外个人跨境网购后，电子商务企业或平台将电子订单、支付凭证、电子运单等传输给海关，电子商务企业或其代理人向海关提交清单，商品以邮件、快件方式运送出境。该监管模式的完整流程如下：

（1）参与跨境电商的企业注册登记。海关注册登记分为两种情况：一种是报关单位注册登记，即进出口收发货人和报关企业获取《海关报关单位注册登记证书》（2018年8月关检合一后，报检企业备案也包含该证书）。此外，跨境电商平台从事自营跨境业务的，也需要进行该项登记。另一种是向海关进行信息登记，此类登记仍然是广义的注册登记，因此跨境电商平台（无自营业务）、支付企业、无委托报关业务的物流企业在海关进行信息登记，无须取得《海关报关单位注册登记证书》，而是获得无报关权企业注册登记编号。

（2）跨境电商企业与海关联网开放数据，或通过国际贸易"单一窗口"或跨境电子商务通关服务平台传输数据。境外消费者通过平台发送订单后，电子商务企业及平台将交易、支付、物流"三单信息"实时传输给海关，经信息比对一致，海关放行后商品以邮件、快件方式被运送出境。

（3）放行后汇总申报。一般出口模式因所在地区不同适用不同的汇总方式。跨境电商综合试验区海关采取"简化申报、清单核放、汇总统计"方式通关，跨境电商企业依据申报清单，经海关放行后，仅需汇总统计，无须再形成报关单向海关申报。综合试验区之外的其他海关仍然采取"清单核放、汇总申报"的方式通关，跨境电商企业或其代理人应于每月10日前将上个月结关的申报清单依据收发货人、运输方式、运抵国、出境口岸、商品编码、申报计量单位、币制等进行归并，汇总形成报关单向海关申报，并依据报关单的随附单证办理结汇、退税。

2. 保税跨境贸易电子商务

保税跨境贸易电子商务（又称"保税电商模式"，海关监管代码 1210）监管模式是针对境内企业把生产的货物存放在海关特殊监管区域或保税监管场的仓库中，按照订单由仓库发给境外消费者的商业模式。该监管模式适用于境内个人或电子商务企业在经海关认可的电子商务平台上实现跨境交易，并通过海关特殊监管区域或保税监管场所进出的电子商务零售进出境商品。该监管模式适用范围由最初的 10 个试点城市，经过渡期政策扩大至 15 个试点城市，再由《关于完善跨境电子商务零售进口监管有关工作的通知》（商财发〔2018〕486 号）扩大至 37 个城市，又由《促进综合保税区高水平开放和高质量发展的若干意见》将跨境电商零售进口税收政策逐步扩大到全部 96 个综合保税区。

由于直邮模式与保税模式均由海关依据跨境电子商务零售进口相关政策进行统一监管，因此保税模式的基本通关流程与直邮模式类似。在该监管模式下，跨境电商企业将跨境电商零售出口商品批量统一报关进入保税区，进行先期备货，待境外消费者通过跨境电商平台下达订单后，实时向海关传输交易、支付、物流"三单信息"后出口。

特殊区域出口的优势之一在于"入区即退税"，可以让卖家实现提前快速退税，而不必等待货物真正销售后才退税，从而提高资金的使用效率。不仅如此，保税区为跨境电商企业测试新品及退换货带来便利，是跨境电商企业境外销售的良好"缓冲带"，区内备货的保税商品如果销量不理想，一经内销补税，仍可快速流回境内处理，能够减少损失。作为 2018 年出现并逐步被推广的出口监管模式，特殊区域出口充分利用"统一报关、分批进口"优势，既满足跨境出口订单碎片化、多元化的要求，又解决传统跨境小包出口结汇、退税、数据统计难等问题，有利于提高贸易效率。

5.6.2 跨境电商 B2B 模式

跨境电商 B2B 模式分为一般贸易模式、个人物品通关模式、跨境电商 B2B 直接出口、跨境电商 B2B 出口海外仓和市场采购模式 5 种类型。

1. 一般贸易模式

跨境电商兴起时采取传统外贸活动的监管模式，既包含一般货物贸易报关进口，也包含以个人物品名义进出境，执行海关的通用监管规定。一般贸易（海关监管代码 0110）监管模式以主要针对境内企业与境外企业通过传统贸易方式达成交易的贸易活动，要求我国境内有进出口经营权的企业单边进口或单边出口的贸易，需要附随委托书、合同、发票、提单、装箱单等单证。

在该监管模式下，货物通关要完成对外贸易经营者登记、报关单位注册登记、进出口货物一般申报等流程。

1）对外贸易经营者登记

企业从事货物进出口，依据《中华人民共和国对外贸易法》第 9 条规定，首先需要进行对外贸易经营者备案登记，没有办理备案登记的，海关不予办理进出口货物的报关验放手续。由此可见，对外贸易经营权是从事进出口业务的前提。

2）报关单位注册登记

在正式通关前，依据《海关报关单位注册登记管理规定》，"报关单位须在海关进行注册登记后才可从事海关通关业务"。进出口货物贸易经营者作为收发货人，可以自行报关，也可以将报关服务外包给专业的报关公司。

3）进出口货物一般申报

正式通关要求报关单位向海关进行申报。申报有明确的时间限制，进口与出口的时限不同，进口须自运输工具申报进境之日起 14 日内向海关申报，出口则须在货物运抵海关监管区后装货 24 小时前申报。超过规定时限未申报的，海关会征收滞报金。申报分为电子数据报关（又称"无纸化报关"）单申报和纸质报关单申报两种。其中，纸质报关单的申报材料包括合同、发票、装箱清单、载货清单（舱单）、提（运）单、代理报关授权委托协议、进出口许可证件、海关要求的加工贸易手册及其他进出口有关单证。无纸化报关则仅需提交报关单的电子数据，海关审核时如需要再提交纸质单证。近年来，为进一步推动通关一体化、便利化，国务院印发《优化口岸营商环境促进跨境贸易便利化工作方案》，强调"推进口岸物流信息电子化，实现口岸作业场站货物装卸、仓储理货、报关物流运输、费用结算等环节无纸化和电子化"。

2. 个人物品通关模式

跨境电商兴起时既按照一般贸易模式通关，又采取个人物品通关方式进出境。在个人物品通关模式下，由于进出境物品不属于商品，因此没有对应的外汇收入或外汇支出。进出境物品无须通关单等手续，不需要外汇监管。在税收方面，进出境物品仅在进境环节征收进口税。从许可来看，除了出境携带的文物外，一般进出境的物品不涉及行政许可问题。企业采取该通关模式的弊端是容易被海关判定为货物而非物品。根据法律规定，个人邮寄进出境物品超出规定限值的，应办理退运手续或者按照货物的有关规定办理通关手续，按照货物办理通关手续时必须交由有对外贸易经营权或报关单位注册登记的进出口收发货人报关或委托报关企业报关，但邮包内仅有一件物品且不可分割的，虽超出规定限值，经海关审核确属个人自用的，可以按照个人物品规定办理通关手续，并依据超出的限额缴纳进口税。进出境货物与进出境物品的主要区别是商品数量、性质、用途及海关监管等因素。海关在实际案件中区分贸易与非贸易、自用与非自用时，具有一定的自由裁量权。

3. 跨境电商 B2B 直接出口

跨境电商 B2B 直接出口（海关监管代码 9710）监管模式是针对境内企业通过跨境电商平台与境外企业达成交易后，通过跨境物流将货物直接出口至境外企业的商业模式。该监管模式适用于跨境电商 B2B 直接出口的货物，包括亚马逊、eBay、Wish、速卖通、阿里巴巴等电商平台及自建站。

在该监管模式下，其通关流程为：①参与跨境电商的企业注册登记。②跨境电商出口企业或其代理人（含境内跨境电商平台企业）通过"单一窗口"向海关传输交易订单或海外仓订仓电子信息，物流企业向海关传输物流电子信息，具备条件的可加传收款信息，并对数据的真实性负责。在该模式下申报优惠政策规定，单票低于5000元人民币且不涉证、不涉检、不涉税的货物，企业可报送申报清单，校验通过后自动推送至出口统一版系统申报；单票超过5000元人民币或涉证、涉检、涉税的货物应通过H2018通关系统申报。③汇总申报报关阶段，跨境电商出口统一版系统申报清单不再汇总申报报关单或备案清单。其中，不涉及出口退税的，可按照6位HS编码简化申报。④检验检疫方面，跨境电商B2B出口货物适用全国通关一体化，企业可以选择向属地海关进行申报，货物在口岸地海关进行验放，海关对跨境电商B2B出口货物可优先安排查验，在物流及海关查验方面也可享受较大便利。

4. 跨境电商B2B出口海外仓

跨境电商B2B出口海外仓（海关监管代码9810）监管模式是针对境内企业将出口货物通过跨境物流送达海外仓，通过跨境电商平台实现交易后从海外仓送达购买者的商业模式。该监管模式适用于跨境电商出口海外仓的货物，包括亚马逊FBA、第三方海外仓及自建海外仓。由于跨境电商B2B直接出口与跨境电商B2B出口海外仓均由海关依据跨境电子商务零售进口相关政策进行统一监管，因此出口海外仓监管模式的基本通关流程与直接出口监管模式类似，其中特殊之处是海关注册登记阶段需由参与跨境电商的企业注册登记，并备案海外仓相关信息。

5. 市场采购模式

市场采购（海关监管代码1039）监管模式是针对由符合条件的经营者在经国家商务主管部门认定的市场集聚区内采购的、单票报关单商品货值15万（含

15万）美元以下并在采购地办理出口商品通关手续的商业模式。目前，该监管模式适用于义乌国际小商品城、江苏常熟服装城、广州花都皮革皮具市场、山东临沂商城工程物资市场、武汉汉口北国际商品交易中心、河北白沟箱包市场、温州（鹿城）轻工产品交易中心、泉州石狮服装城、湖南高桥大市场、亚洲国际家具材料交易中心、中山市利和灯博中心、成都国际商贸城等。

由于市场采购模式设立的最初目的是推进小商品市场贸易健康发展，因此该模式具有严格的商品限定、区域限定、主体限定及通关地限定的特点。一是商品限定。经市场采购模式出口的商品，必须是受贸易主管部门管制的、在市场聚集区内采购的、非国家禁止限制出口的、使用非现金结算的、经市场采购商品认定体系确认的商品。二是区域限定。经市场采购模式出口的商品仅限于经海关总署公告认定的市场采购商品聚集区，目前经海关总署发布的4次公告确认，共有14个市场采购商品试点聚集区。三是主体限定。从事市场采购贸易的供货商和外贸代理商必须在限定的市场采购商品聚集区内办理备案。非指定的市场聚集区内备案的经营主体，不能适用市场采购模式。四是通关地限定。以市场采购贸易方式出口的货物必须在指定口岸办理出口通关手续，如广州花都皮革皮具市场以市场采购模式出口的，目前只能在花都海关和机场海关办理通关。

在该监管模式下，所有通关环节均通过数据交换平台接受市场监管及海关税务、外汇管理等部门的联合监管。一是企业需进行事前备案，在线申报企业信息和商品信息。二是市场采购模式采用交易信息全流程联网监管，类似跨境电商的通关服务平台，所有交易通过联网信息平台完成，确保出口商品"源头可溯、风险可控、责任可究"，因此企业需共享交易登记、清单及结算数据。三是装箱环节须在线上传组货装箱清单。四是通关环节通过联网信息平台进行报关报检。需注意的是，市场采购出口本质上仍是按照一般货物进行通关监管，虽然该模式下报关简化，但被列入法定检验目录的商品，如皮革、皮具、服装等，仍需要按照正常的商检流程进行，获得检验检疫通过后方可出口。五是税汇阶段通过联网信息平台进行免税申报和收结汇。

跨境电商主要出口申报模式对比见表 5-1。

表 5-1 跨境电商主要出口申报模式对比

对比模式	1210		9610	9710	9810
	特殊区域包裹零售出口	特殊区域出口海外仓零售	一般出口	跨境电商 B2B 直接出口	跨境电商 B2B 出口海外仓
交易性质	B2C			B2B	
适用范围	区域（中心）	国内所有综合保税区和跨境电子商务综合试验区（中心）	没有实施城市的限制，需要在符合海关规范要求的监管作业场所（场地）进行	目前可以在 22 个直属海关开展	
申报模式	申报清单	报关单或备案清单	申报清单	报关单或备案清单（单票低于 5000 元人民币且不涉证、不涉检、不涉税的货物，可报送申报清单）	
优势	入区即退税政策		跨境电商综合试验区出口可采取 4 位 HS 编码简化申报，可"清单申报、汇总统计"	优先安排查验，系统实时验放；积极响应跨境电商企业批量出口需求，降低出口成本；跨境电商综合试验区不涉及出口退税的，可按照 6 位 HS 编码简化申报	

5.7 IPO 视角下跨境电商的账号公司合规

2020 年开始的新冠疫情对世界经济造成巨大冲击，但是跨境电商逆势而上，对推动经济复苏起着重要的作用。以赛维时代科技股份有限公司为代表的跨境电商纷纷上市，进入资本市场。对跨境电商来说，账号公司合规问题一直都是上市问询的重点。在上市阶段，跨境电商在账号公司合规模块上经常被问到的问题是什么？账号公司如何采取合规措施？以下对这些问题进行分析。

5.7.1 跨境电商第三方平台店铺规则

根据销售品类不同，跨境电商的业务模式可分为泛品铺货模式和垂直精品模式两种。泛品铺货模式主要是销售爆品，因此要求大面积、大范围进行铺货销售，采用泛品铺货模式的电商企业多数采取多店铺经营。垂直精品模式主要聚焦于特定垂直类目，致力于打造品牌，采取多品牌矩阵策略，因此采用垂直精品模式的电商企业也倾向于多店铺经营。

根据交易平台不同，跨境电商的业务模式主要分为平台模式和独立站模式两种。平台模式指在第三方平台上开设店铺并向终端消费者销售，跨境电商为入驻平台提供会员费、交易费等费用，在依托平台吸引流量的同时受制于平台的内部规则。当前，知名的第三方平台主要有亚马逊、速卖通、Wish 和 eBay 等。独立站模式指通过 Shopify、Word Press 等提供建站工具的网站自行创建爆品或品牌网站后，再向终端消费者销售，因此采用独立站模式的跨境电商需承担在脸书、谷歌等渠道引流的成本，但具有较大运营自由度。

一般而言，无论销售何种品类，跨境电商均会采用"平台+自建站"的业务模式。由于二者可取长补短，以平台店铺为主，独立站可用于站外流量的承接和筛选；以独立站为主，亚马逊等平台的知名度可作终端消费者的信任背书。因此，跨境电商普遍接受第三方平台规则的约束，在多店铺运营下，相关店铺规则是关乎店铺能否正常运营的关键因素。跨境出口电商入驻的主要第三方平台店铺规则见表 5-2。

表 5-2 跨境出口电商入驻的主要第三方平台店铺规则

第三方平台	店铺规则
亚马逊	除非您有开设第二个账户的合理业务需要且您的所有账户均信誉良好，否则您只能为每个商品销售地区保留一个卖家平台账户。如果您有任何信誉不佳的账户，我们可能会停用您的所有销售账户，直至所有账户拥有良好的信誉。 合理的业务需求示例如下： 您拥有多个品牌，并分别维护单独的业务 您为两个不同且独立的公司制造商品 您应聘参与需要单独账户的亚马逊计划

续表

第三方平台	店铺规则
速卖通	商品发布后，卖家将在平台自动开通店铺，即基于速卖通技术服务、用于展示商品的虚拟空间（"店铺"）。除本规则或其他协议约定外，完成认证的卖家在速卖通可最多开设六个虚拟店铺。店铺不具独立性或可分性，是平台提供的技术服务，卖家不得就店铺进行转让或任何交易。 违规类型分类及处理 如果该会员涉嫌在平台同时注册或控制使用其他账号，速卖通可将该等账号进行冻结并同时清退。
Wish	1.2 每个实体只能有一个账户 每个实体只能拥有一个商户账户，Wish 另有授权的除外。 如果任何公司或个人拥有多个未经授权的商户账户，则其所有商户账户都可能面临冻结、封禁或《Wish 商户服务条款》中规定的其他后果。 8.12 注册多个商户账户 若商户在 Wish 平台注册了多个账户，其账户将面临被冻结的风险。 商户只需向账户授权（通过商户平台将它们关联起来），即可拥有多个店铺账户。此举旨在为商户提供合法创建和使用多个账户的机会，并减少商户出现条款和政策违规的概率。根据《商户政策》1.2 和《商户服务条款》，商户如未将其拥有的多个账户相关联，则可能面临账户被冻结、封禁或其他后果
eBay	用户选择拥有多个 eBay 账户的原因有很多。例如，喜欢买卖物品的用户可能希望针对每个活动分别创建账户。在 eBay 上开展业务的其他用户可能希望针对不同的产品线分别管理不同的账户。 无论您有一个或多个账户，eBay 都希望用户有效地管理每个账户，以达到最高的买家和卖家标准。这些有关表现、风险和最佳做法的标准和规则适用于每个账户，有助于确保在 eBay 上获得安全和积极的体验。 ……会员可以在 eBay 上拥有多个账户。我们建议卖家在不同站点使用不同的账号。如您在同一站点注册多个账户，希望您遵守 eBay 平台关于重复刊登的相关政策。为了确保买家能从不同的卖家那里看到各种各样的选择，我们不允许同一卖家在同一时间为同一物品提供多个固定价格刊登。不遵守 eBay 政策的活动可能会导致一系列行为，如下架或取消物品刊登、隐藏或降级搜索结果中的所有刊登、降低卖家评级、购买或出售限制，以及账户冻结

针对表 5-2 中主要第三方平台的店铺规则，第三方平台虽允许卖家拥有多个账号，但在涉及重复刊登或者资信违约等违反平台政策行为的处罚措施上，第三方平台将冻结卖家名下所有账号，该连带风险直接关系到公司的经营持续性问题，且违规行为成本极高。

5.7.2 跨境电商账号公司的现状

依托第三方平台的多店铺运营逻辑与平台内生态政策的冲突倒逼跨境电商注册大量体系外账号公司。账号公司负责注册并持有平台店铺账户，原则上不从事任何其他业务运营。一般而言，账号公司的注册流程是：首先，以公司员工或亲朋好友的名义注册公司及账号。因账号公司的主要目的就是规避平台对多销售账户或关联账户的限制，而公司下设子公司方式注册账户的关联属性过于明显，因此跨境电商普遍以员工或亲朋好友名义设立体系外公司。其次，公司与这些员工或亲朋好友之间签订相关信息授权或控制协议，约定第三方信息授权主体同意跨境电商公司使用其注册的第三方平台店铺账号，这些店铺的实际权益人（包括但不限于所有权、知识产权、经营权、管理权、收益权及处分权）为标的公司或其子公司，跨境电商实际控制、运营这些店铺，并享有对这些店铺的使用权、管理权、运营权、收益权及处分权等权利。

由上述注册流程可知，通过大量体系外账号公司，跨境电商可在不直接持有多个账号的前提下运营多家店铺，且通过协议控制能确保拥有平台账户一切日常经营事务的管理权和店铺收益权，保障其对此类店铺及支付平台账号的所有权及相关权益。

值得注意的是，跨境电商设立大量体系外账号公司是业界常态，第三方平台也知悉这些操作，所以第三方平台的监管重点主要从注册多个账户转向监管账号关联。例如Wish平台的店铺政策转变，Wish在2022年3月31日发布公告称，商户现在可拥有多个经授权的店铺，但商户必须将拥有的多个账户相关联，否则可能面临账户被冻结、封禁或其他后果，而平台账户关联认定因素是一个强关联和弱关联因素并存的复杂动态系统（见图5-17），所以即使公司采取技术手段防关联，仍然具有较高风险。实际上，常见的IP、收款账户、地址、法定代表人相同均可能被平台判定为账户关联，存在被关店的风险。

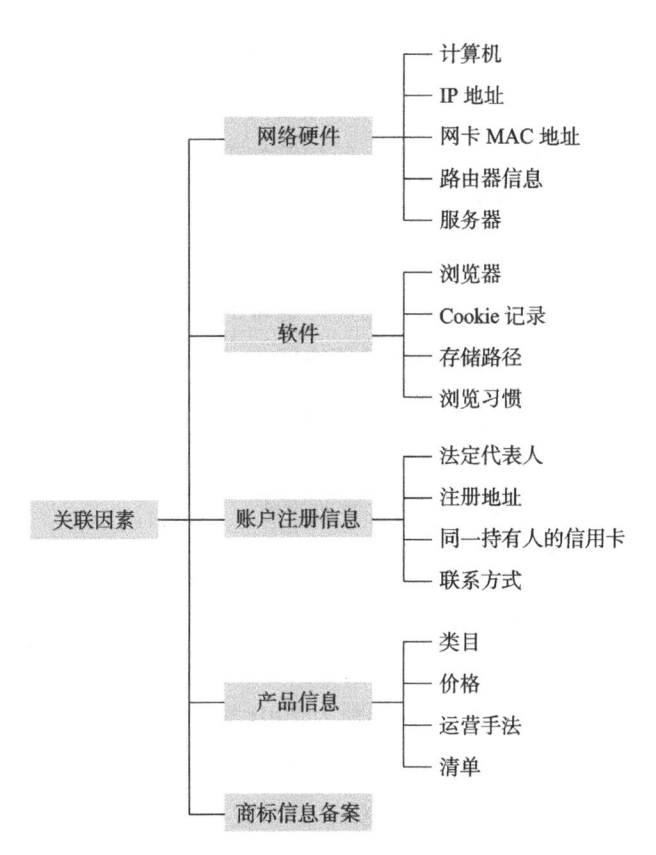

```
                              ┌── 计算机
                              ├── IP 地址
                    ┌─网络硬件─┼── 网卡 MAC 地址
                    │         ├── 路由器信息
                    │         └── 服务器
                    │
                    │         ┌── 浏览器
                    │         ├── Cookie 记录
                    ├── 软件 ──┼── 存储路径
                    │         └── 浏览习惯
                    │
          关联因素──┤         ┌── 法定代表人
                    │         ├── 注册地址
                    ├─账户注册信息─┼── 同一持有人的信用卡
                    │         └── 联系方式
                    │
                    │         ┌── 类目
                    │         ├── 价格
                    ├─产品信息─┼── 运营手法
                    │         └── 清单
                    │
                    └── 商标信息备案
```

图 5-17 平台账户关联认定因素

5.7.3　IPO 视角下账号公司面临的法律风险和合规路径

跨境电商的账号公司面临的风险是关联账号店铺被关闭，影响公司的正常经营，如果大规模关店，就可能导致公司资金链断裂，这是关系跨境电商生死存亡的重要关注点。因此，跨境电商在 IPO 过程中账号公司的运营风险成为中国证监会问询的重点和公司合规整改的要点。

1. 账号公司多为以公司员工或第三方名义设立的体系外公司

账号公司基于防关联的隐蔽性考虑，多以公司员工或第三方名义设立体系外公司，直接导致存在大量以第三方名义开设的店铺，存在账户权属争议的潜在风险。该问题涉及 IPO 审核，同时账号公司因运营店铺开展业务的需要，其名下普遍持有大量外国商标、专利、版权等知识产权，而资产独立、完整是上市的实质条件之一。知识产权属于公司的重要资产，公司经营所需的知识产权登记在体系外公司名下，无法保证公司资产的完整性。因此，将账号公司纳入公司体系是上市前合规整改的必由之路。通常的操作是跨境电商的拟上市主体收购由信息授权人持有的账号公司的所有股权，并将店铺开立主体由信息授权人变更为拟上市主体子公司，从而达到将第三方店铺纳入拟上市主体体系的目的。一般而言，上市前体系外公司被并入体系完成整改的比例要求达到 80% 以上，且上市后还需要持续整改并公告整改进度。

体系外账号公司被纳入公司体系的整改过程也是问询重点。赛维时代科技股份有限公司的一份审核问询函指出："问题 7 关于以第三方名义开立的店铺。审核问询回复显示，发行人以信息授权人的名义在电商平台开设店铺。报告期各期末，第三方店铺数量分别为 2001 家、834 家、0 家。请发行人具体说明将第三方店铺纳入发行人体系的具体过程，纳入发行人体系后，相关第三方店铺的开立主体变更至何主体名下，发行人与信息授权人前期是否存在信息授权费用收益分配安排等条款，发行人与信息授权人是否存在纠纷或潜在纠纷。"

发行人律师答复要点如下：纳入公司体系后，相关第三方店铺的开立主体均为公司 100% 持股的子公司。经访谈亚马逊、Wish 和沃尔玛平台经理，这些平台并不追溯开立各个店铺的主体是否受同一方控制。因此，公司在报告期早期，以信息授权人或其注册的公司名义开立店铺并实际控制这些店铺并不违反平台的运营规则。此外，eBay 平台允许平台卖家开展多账号经营，因此公司以信息授权人或其注册的公司名义在 eBay 开立店铺同样未违反该平台的运营规则。

值得注意的是，账号开立主体之间是母子公司并非账号关联的认定因素，所以纳入体系可使账号关联风险较小。亚马逊平台规则中的卖家是指店铺的注册主体，针对一个卖家在一个亚马逊销售地区经营一个账号的规定，亚马逊系统是以一个公司为单位来判定账号是否属于同一个公司，判定标准包括公司名称、法定代表人、注册地址等；一个公司通过多个子公司在亚马逊开设店铺，不违反亚马逊的相关平台规则；若注册账号的各子公司的法定代表人、注册地址不同，则能通过平台审核完成注册，且在合规经营的情况下不会必然导致被亚马逊认定账号关联而强制关店。

2. 体系外账号公司的协议控制效果

如上所述，将所有体系外账号公司纳入体系并将店铺开立主体变更为100%持股子公司是最佳整改方法，但如果因为整改过程或其他原因仍持有少量体系外账号公司，那么在持有期间公司应确保对账号公司的有效管控，以确保公司未来的经营稳定性和持续盈利能力不会受到不利影响。大卖通拓科技跨境电商企业是通过被上市公司华鼎股份并购的方式实现间接上市，其对体系外账号公司的有效管控措施值得借鉴。第二轮审核问询函指出："请申请人进一步说明对以第三方名义开设店铺的风险控制措施。请独立财务顾问和律师核查并发表明确意见。"

发行人律师答复要点如下。

（1）资金账户管控。第三方店铺的账户和密码都由大卖通拓科技人员掌握并定期更改，名义第三方并不知悉这些信息。第三方店铺的支付账户与大卖通拓科技或其子公司银行账户绑定，销售业务收款会及时划转至大卖通拓科技或其子公司银行账户。

（2）业务管控。第三方店铺的全部运营活动被统一纳入大卖通拓科技的管理范围，第三方店铺的各项经营活动都由大卖通拓科技运营团队完成。

（3）人员管控。第三方店铺的名义持有人没有电商运营团队，第三方店铺运营相关的人员等都是与大卖通拓科技（含子公司）签订劳动合同的员工，其人员招聘、业绩考核、培训管理全部由大卖通拓科技统一管理和安排。

（4）数据管控。与第三方店铺经营相关的销售、物流、采购等业务数据及收入、成本、费用等财务数据都与大卖通拓科技的自有店铺一样，被统一记录在其 ERP 系统中，并由其 IT 技术团队统一管理和维护。

5.8 避风港原则视域下"腾抖之争"的法律争议探讨[1]

继 73 家影视机构和 500 多名艺人联合抵制短视频侵权行为后，腾讯和抖音在 2021 年 6 月将"战场"移至重庆市第一中级人民法院（以下称"重庆一中院"），版权之争升级为"诉讼战"。

2021 年 6 月 2 日，腾讯向重庆一中院申请行为保全，要求抖音立即删除 5 个侵权用户账号下所有侵害《斗罗大陆》信息网络传播权的视频，并过滤和拦截用户上传、传播相关侵权视频。2021 年 6 月 11 日，抖音发起反击，要求腾讯删除腾讯视频 6 个侵权用户账号下所有侵害《亮剑》信息网络传播权的视频，并过滤和拦截用户上传、传播相关侵权视频。对此，重庆一中院支持腾讯的保全申请，但驳回抖音的保全申请。[2]

重庆一中院的裁定公布后，引起舆论热议。相似的保全申请主张，法院为何作出截然不同的裁定？

由于"腾抖之争"的实体诉讼目前尚在审理中，所以对于法院最终会如何判决我们不得而知，但结合已公布的两份保全裁定书，我们仍可通过拆解避风港原则探讨"腾抖之争"裁决案所反映的法律争议，规范避风港原则在司法场域的合理界限，并进一步分析该案的可能走向。

5.8.1 避风港原则的历史沿革

我国的避风港原则参鉴美国《千禧年数字版权法案》（DMCA），2006 年率

---

[1] 蒋晓焜，叶馨．"避风港原则"视域下"腾抖之争"的法律争议探讨[EB/OL]．（2021-07-14）[2023-10-17]．https://mp.weixin.qq.com/s/H_-aggrX0fa8-uAb-9Hm6w．

[2] 参见（2021）渝 01 行保 1 号之一民事裁定书。

先引入《信息网络传播保护条例》，适用于著作权领域；2009年《中华人民共和国侵权责任法》再次落实避风港原则，将保护领域扩至"民事权益"领域。《电子商务法》紧随其后确定避风港原则的规则。2021年1月1日，《民法典》正式施行，完善《中华人民共和国侵权责任法》第36条对避风港原则的规定。

避风港原则是指权利人发现网络用户如利用网络服务实施了侵权行为，有权通知网络服务提供者，网络服务提供者应采取必要措施并将该通知转送相关网络用户。网络用户可向网络服务提供者提交解释说明，网络服务提供者有义务将该解释说明转送权利人。如果网络服务提供者遵循前述操作，就可安全驶入"避风港"，无须承担侵权责任。避风港原则的具体操作如图5-18所示。

```
              1. 通知                    2. 采取必要措施后转送
权利人  ⇌  网络服务提供者  ⇌  网络用户
              4. 转送声明                3. 不存在侵权行为声明
```

图 5-18　避风港原则的具体操作

5.8.2　"腾抖之争"裁定结果的法律争议

对于相似的侵权事实、相同的请求主张，重庆一中院作出截然相反的裁定，其中的法律争议有二：一是如何厘清避风港原则的适用界限；二是如何确保避风港原则项下的程序正义。

1. 避风港原则的适用界限：必要措施适当性分析

"腾抖之争"裁定案中，腾讯和抖音的请求主张不仅包括要求侵权平台删除侵权视频，而且要求侵权平台采取有效措施过滤和拦截侵权视频的上传和传播。实际上，腾讯和抖音在裁定案前曾自查侵权视频，并主动下架多款侵权视频，但在案涉争议中，重庆一中院认为腾讯已采取必要措施，而抖音未采取必要措施，进而支持腾讯的请求，驳回抖音的请求。

《民法典》第1195条规定："网络用户利用网络服务实施侵权行为的，权利人有权通知网络服务提供者采取删除、屏蔽、断开链接等必要措施……网络服务提供者接到通知后……根据构成侵权的初步证据和服务类型采取必要措施……"这里的必要措施包括删除，但是否包含过滤和拦截呢？换言之，腾讯和抖音自查并下架侵权视频，为何腾讯符合必要措施要求，而抖音不符合要求呢？为什么重庆一中院进一步要求抖音除删除侵权视频外，还要过滤和拦截侵权视频？

笔者认为，对必要措施应秉持合理、审慎的原则，既保护权利人的合法权益，又不损害被投诉人的合法权益。一方面，如果网络服务提供者删除侵权视频后，网络用户可以再次上传侵权视频，那么双方将陷入"侵权—通知—删除—再侵权—再通知—再删除"的无限循环往复，难以有效制止用户的持续侵权和权利人损失的扩大，因此如果采取的措施有利于制止用户持续侵权，那么该措施符合必要措施要求；另一方面，虽然采取的措施有利于制止用户持续侵权，但造成更大的损失或将导致措施与结果不相适应，如因网站存在侵权视频，要求阿里云采取"关停服务器"或者"删除服务器内所有数据"的措施，将使得网站因部分侵权视频的存在而遭受毁灭性打击。

具体到本案，重庆一中院要求抖音过滤和拦截侵权视频有利于制止用户持续侵权，防止权利人的损失继续扩大，但由于网络版权内容过滤和拦截机制处于技术攻关阶段，抖音采取过滤和拦截机制后是否会导致原创视频也被排斥。法院的这一做法有待市场的检验和反馈。

2. 避风港原则的程序正义：听证会的合理性分析

在"腾抖之争"裁定案中，抖音申请行为禁令时，法院组织了听证会，并通过现场勘验，确认"无论是通过被申请人提供的关键字'亮剑''旧版亮剑''李幼斌版亮剑''旧版李云龙''亮剑电视剧''亮剑全集''亮剑李云龙电视剧'，还是通过申请人提供的关键字'亮剑经典'在腾讯视频进行搜索，至听证结束时，均未发现腾讯视频平台内留存有被控侵权视频"[1]，因而驳回抖音的保全申请。

---

[1] 参见（2021）渝01行保2号裁定书。

根据抖音黑板报 2021 年 6 月 8 日发布的《抖音版权保护公告》，2021 年 5 月抖音已主动下架视频 14 万个，处置违规账号 1192 个，其中包括《斗罗大陆》动漫等多个内容版权方投诉。不仅腾讯自查下架侵权视频，抖音也做了自查自纠，然而重庆一中院对腾讯案组织听证，对于抖音案没有听证程序，是何缘故？

根据《最高人民法院关于审查知识产权纠纷行为保全案件适用法律若干问题的规定》第 5 条规定，"人民法院裁定采取行为保全措施前，应当询问申请人和被申请人，但因情况紧急或者询问可能影响保全措施执行等情形除外"。换言之，法院裁定采取行为保全措施时，以"应当询问"为原则、"不询问"为例外。特别是在案件事实和诉讼请求均高度相似的"腾抖之争"案件中，更应当做好程序上的公平正义。即使抖音案确有特殊事由不便组织听证会，重庆一中院也应当就不举行听证会作出合理合法的说明，否则会给当事人和公众留下同案不同判的印象。

5.8.3 对"腾抖之争"判决走向的延伸探讨

司法实践中，法院一旦支持当事人一方的诉前行为保全申请，就预示着司法的天平可能已倾向于申请方。个中缘由是在审理诉前行为保全时，法院不可避免地需要预判"申请人的权利基础是否具有稳定性"及"申请人就涉案被诉侵权行为提起侵权诉讼是否具有较高的胜诉可能性"。

实际上，无论是"腾讯诉抖音案"[（2021）渝 01 行保 1 号]还是"抖音诉腾讯案"[（2021）渝 01 行保 2 号]，重庆一中院均认为"申请人的保全申请具有事实基础和法律依据：（1）权利基础具有稳定性；（2）申请人就涉案被诉侵权行为提起侵权诉讼具有极高的胜诉可能性"。因此，网络用户涉嫌侵犯申请人（腾讯或抖音）信息网络传播权的可能性大。然而，网络用户的侵权行为并非讨论的重点，以下进一步探讨腾讯平台或抖音平台是否需要和网络用户一起承担连带责任。

1. 影响判决因素一：有效通知

避风港原则的适用前提是权利人应向网络服务提供者提交"有效通知"，通知"应当包括构成侵权的初步证据及权利人的真实身份信息"[1]。《关于审理电子商务侵害知识产权纠纷案件若干问题的解答》规定："通知应当包含下列内容：（1）权利人的姓名（名称）、联系方式和地址等信息；（2）足以准确定位被控侵权交易信息的具体信息；（3）证明权利归属、侵权成立等相关情况的证据材料；（4）权利人对通知的真实性负责的承诺。"

实际上，因未形成有效通知而不适用避风港原则的情形较为常见。在《浙江A网络有限公司与济南B商贸有限公司侵害商标权纠纷二审民事判决书》[（2017）鲁01民终3439号]中，法院指出："在A公司提出B公司提供商标侵权的具体理由与依据的要求后，B公司并未提交相关证据，因此B公司向A公司发送的投诉材料及律师函欠缺初步的侵权证据支持，不属于有效通知。"

在"腾抖之争"裁定案中，腾讯自2020年11月起向抖音平台发送200次侵权告知函，要求其停止传播侵权视频；抖音也自2019年起向腾讯平台进行数百次发函投诉，要求其下线侵权视频。然而，问题的关键是双方相互发送的告知函是否包含"侵权的初步证据及权利人的真实身份信息"。如果所谓"侵权告知函"或者"投诉函"仅强硬要求对方下架侵权视频，但未提供权利归属、侵权成立等相关情况的证据材料，也没有足以准确定位被控侵权交易信息的具体信息，那么实际上不是有效通知，难以要求对方承担连带赔偿责任。

2. 影响判决因素二：转通知

虽然腾讯平台采取措施防止损失的进一步扩大，但需进一步思考的是腾讯平台采取措施后是否"转通知"给涉嫌侵权的网络用户。根据法律规定，网络服务提供者在接到权利人的有效通知后，不仅须采取必要措施，还需要把有效通知转通知给相关网络用户。

---

[1]《中华人民共和国民法典》第1195条规定。

司法实践中，如果网络服务提供者采取必要措施而没有转通知，则或将对继续扩大的损失承担连带责任。在威海某公司诉永康某公司、×猫公司侵害发明专利权纠纷案中，法院认为：将有效的投诉通知材料转达被投诉人并通知被投诉人申辩是×猫公司应当采取的必要措施之一，否则权利人的投诉行为将无任何意义，权利人的维权行为也将难以实现。网络服务平台提供者应该保证有效投诉信息传递的顺畅，而不应成为投诉信息的"黑洞"。而×猫公司未履行上述基本义务的结果导致被投诉人未收到任何警示，从而造成损害后果的扩大，应负相应责任。

在"腾抖之争"裁定案中，腾讯已主动采取必要措施，确实彻底地删除并过滤网络用户上传的侵权视频，履行避风港原则项下的义务。但如果腾讯平台未将有效通知转送给相关网络用户，导致网络用户的损害进一步扩大，则将同网络用户一起承担连带责任。

5.8.4 总结

近年来，随着短视频的火爆，长、短视频之争趋于白热化，背后反映的是侵权之争，也是垄断之争，司法场域内的避风港原则逐渐成为一些平台规避风险的法宝。文中通过探讨"腾抖之争"裁决案所反映的前沿法律争议，厘清避风港原则在司法场域的合理界限，引导互联网平台规范经营、回归市场竞争的本质，在合理、透明的市场环境中合法经营。

5.9 非法聚合支付成为黑灰产业的助推器

电商企业不可避免需要使用支付工具来解决商业交易往来中最重要的支付问题。众所周知，支付工具又可分为第三方支付和第四方支付两种，所谓第四方支付即是聚合支付。商事交易往来中，数字经济企业常用的支付工具是第三方支付，但有时为了消费者方便会使用第四方支付。笔者所服务的某数字经济企业客户就曾因支付问题导致公司合法资金被无故冻结。笔者在帮助客户解除被冻结资金的同时，也对聚合支付背后的黑灰产业进行研究，发现市场上非法聚合支付已逐渐成为黑灰产业的助推器。

5.9.1 网络支付业务的原理

聚合支付主要指市场上的聚合支付公司作为"大商户"接入第三方支付（如微信、支付宝等）接口，形成统一的聚合码，方便消费者直接扫码付款。因为聚合支付是依附于第三方支付等支付机构产生的行业，所以分析聚合支付存在的问题，离不开对网络支付业务原理的了解。

网络支付业务一般涉及消费者（持卡人）、特约商户、第三方支付机构、清算组织和银行五方主体。消费者在商户处通过扫描二维码进行消费，第三方支付机构获取交易数据后通过清算组织进行转接清算，再与发卡银行进行特约商户资金清算（见图5-19）。

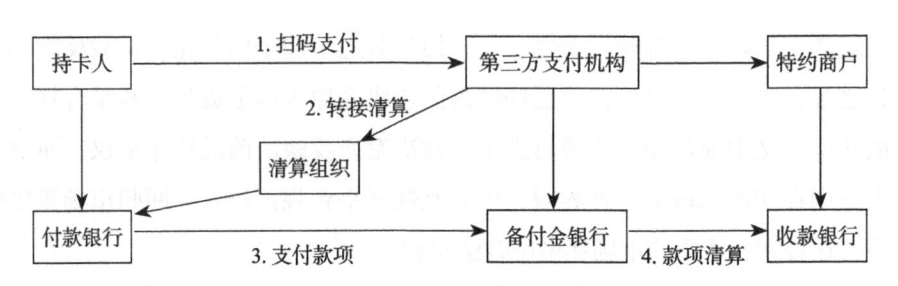

图 5-19 网络支付业务的具体操作流程

图 5-19 为不存在第四方支付的情况下，网络第三方支付的流程。由于第三方支付机构，如微信、支付宝的支付接口并不兼容，所以消费者在日常消费中有时须打开支付宝进行扫码付款，有时须打开微信进行扫码付款，给消费者的用户体验并不友好。因此，兼容微信、支付宝的第四方支付（聚合支付）应运而生，并受到市场的欢迎。第四方支付的网络支付流程并不复杂，仅在图 5-19

中加入聚合支付的前置程序，即消费者在商户处通过扫描聚合码进行消费，聚合支付机构在收到交易数据后将交易数据传输至第三方支付机构，第三方支付机构获取交易数据后通过清算组织进行转接清算，再与发卡银行进行特约商户资金清算（见图5-20）。

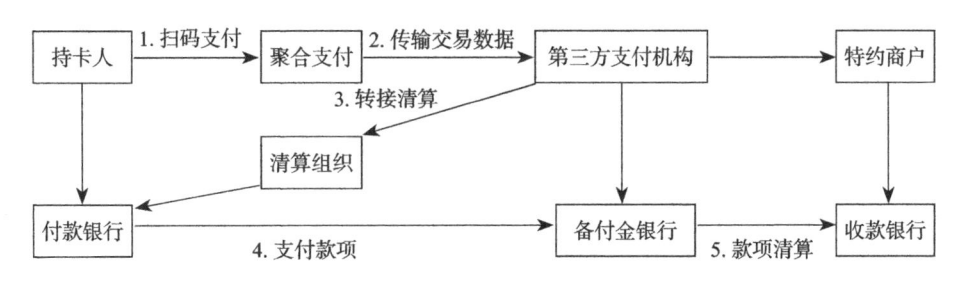

图 5-20 聚合支付具体操作流程

5.9.2 聚合支付存在"二清"问题

由图5-19可知，无论是第三方支付，还是聚合支付，最终的清算流程均为第三方支付机构直接和特约商户进行款项清算，此为"一清"。根据《非金融机构支付服务管理办法》第3条规定："非金融机构提供支付服务，应当依据本办法规定取得《支付业务许可证》，成为支付机构。"《关于支付机构撤销人民币客户备付金账户有关工作的通知》规定：支付机构应于2019年1月14日前撤销人民币客户备付金账户，用户备用金需接入银行账户。因此，第三方支付机构无论是组织架构还是备付金账户均受严格的监督管理，由第三方支付机构与特约商户进行款项清算不会存在太大的法律风险。

然而由于聚合支付机构本身只是支付通道，其盈利方式是收取特约商户的手续费，第三方支付机构在与特约商户进行款项清算后，特约商户收到消费金额后再将手续费转给聚合支付机构。这一商业模式的弊端是特约商户在收到款项后有时不愿将手续费如实转给聚合支付机构，从而造成聚合支付机构亏损。笔者在处理爱贝案件时发现，爱贝公司开始聚焦支付通道业务，但一些商户收到手续费后没有按约定将其返还爱贝公司，导致爱贝公司无法盈利，于是爱贝公司改变"一清"交易模式，采用"二清"交易模式。

"二清"交易模式，是指聚合支付不只在支付端介入支付业务，也在收款端介入支付业务，即第三方支付机构未直接与特约商户进行款项清算，而是将款项交付给聚合支付机构（称为"第一次清算"），由聚合支付机构与特约商户进行最终的款项清算（称为"第二次清算"，见图5-21）。

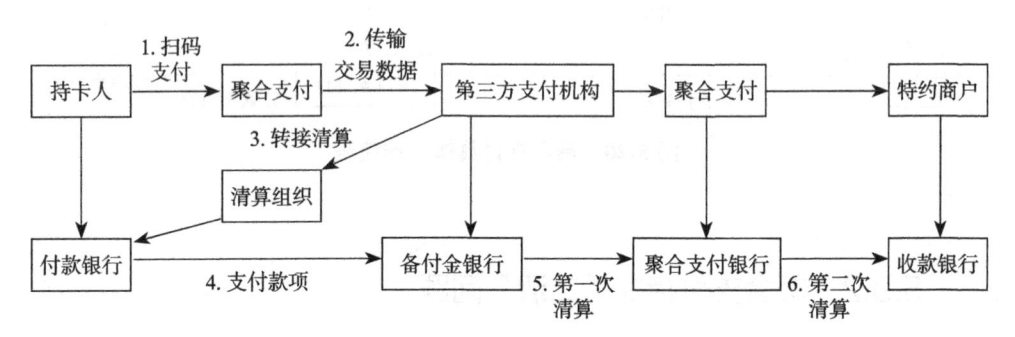

图 5-21 "二清"交易模式的具体操作流程

5.9.3 "二清"的法律风险及其合规建议

在"一清"结算中，由于第三方支付机构持有牌照，并且账户备付金受到银行监管，所以存在的法律风险较低。在"二清"结算中，聚合支付机构已实际从事支付结算业务，但由于其无须申领牌照，备付金也无须受到监管，使得聚合支付机构行走在违法的边缘。据了解，因"二清"问题触及犯罪的聚合支付机构不在少数（见表5-3）。

由表5-3可知，聚合支付机构因"二清"问题涉及违法的行为主要有"携款跑路"及为赌博、色情、传销等黑灰产业提供洗钱服务。在"携款跑路"问题上，由于第三方支付机构将消费款项支付给不受监管的聚合支付机构，所以聚合支付机构极易携款跑路。在洗钱问题上，由于聚合支付机构实际从事支付结算业务,可通过注册大量空壳公司进行洗钱,从中赚取高额佣金。根据《刑法》第 225 条规定"非法从事资金支付结算业务的"按非法经营定罪。

表 5-3 因"二清"问题触及犯罪的聚合支付机构

名称	产品上线或公司成立时间	出事时间	时间长短	涉及金额	涉及商户量	套路	出事原因
南京安闪购	2018 年 7 月 8 日	2018 年 7 月 20 日	12 天	40 多万元	200 家左右	用户消费立减,商户收单补贴、积分返利	跑路
重庆丫丢丢	2018 年 1 月	2018 年 7 月	6 个月	—	500 多家	0 手续费	跑路
七天富	2014 年 7 月	2018 年 6 月	4 年	2 亿元	—	0 手续费	不到账 警方介入
诺漫斯	2013 年 6 月	2017 年 12 月	4 年 6 个月	上亿元	—	0 手续费	跑路
万资伟业	2015 年 3 月	2017 年 11 月	2 年 8 个月	—	—	入户低门槛	跑路
天津福刷	2017 年 3 月	2017 年 11 月	8 个月	1000 多万元	—	低费率,封顶机,借通道维护延时到账	跑路
云付	2016 年 3 月	2017 年 10 月	1 年 7 个月	179 亿元	—	做电子钱包、套现	非法经营批捕
信掌柜	2016 年 1 月	2017 年 9 月	1 年 8 个月	—	300 万个	涉嫌传销	跑路
买单啦	2015 年 11 月	2017 年 6 月	1 年 7 个月	—	5000 多个	0 手续费,收单补贴	跑路
捷付宝	2016 年 8 月	2016 年 10 月	2 个月	400 多万元	—	骗取加盟费	跑路

资料来源:移动支付网。

综上所述,笔者认为与聚合支付机构相关的企业,包括聚合支付机构本身,应认真对待"二清"问题,进行合规操作。

对于聚合支付机构，中国人民银行下发的《关于进一步加强无证经营支付业务整治工作的通知》已明文禁止无证经营支付业务机构从事"二清"业务。聚合支付机构在开展业务中，应认真遵守该通知的相关要求，从事"一清"业务。对于特约商户可能出现违约情形，聚合支付机构可通过对特约商户做尽职调查、与特约商户签订高额违约金合同等方式将风险降至最低。

对与聚合支付机构合作的游戏、视频、交友等互联网企业而言，治本之策是与有支付牌照的第三方支付机构合作，根除"二清"痼疾；如果需与聚合支付机构合作，则应对聚合支付机构做好尽职调查，坚持与第三方支付机构做款项清算，并按约向聚合支付机构支付手续费。

5.9.4 延伸思考

中国人民银行在 2017 年已下发文件要求肃清"二清"问题，时隔多年，至今仍有爱贝案件发生。究其原因，既有聚合支付机构贪欲作祟，也有制度尚未健全的因素。聚合支付行业的产生是市场发展的结果。目前，第三方支付公司屈指可数，少量的第三方支付机构连接数以亿计的消费者，并且数以亿计的消费者随时都会进行消费支付，因而导致第三方支付机构的清算业务成本过高，将清算业务外包给聚合支付机构成为支付行业的"潜规则"。因此，虽然多次禁止聚合支付机构从事"二清"结算，但"二清"问题仍屡禁不止。

肃清"二清"的问题还会对电商平台的发展形成阻碍。商户在电商平台开店售货，消费者支付款项先到电商平台，再到商户，因而成了中国人民银行严令禁止的"二清"模式。而如果不让电商平台收取消费者款项，获取手续费，而由消费者直接和商户对接，那么电商平台的盈利点在何处，电商平台有何动力进行业务拓展。

由此可以看出，"二清"问题是造成聚合支付行业乱象丛生的肇因，但该问题的解决不仅需要聚合支付行业的道德自律，还需要从制度上解决存在的缺失问题，争取标本兼治。

5.10 网店标错价格被"恶意"下单的法律问题

5.10.1 学理规定

1. 法律法规规定

《民法典》第 147 条规定："基于重大误解实施的民事法律行为，行为人有权请求人民法院或者仲裁机构予以撤销。"

《民法典》第 151 条规定："一方利用对方处于危困状态、缺乏判断能力等情形，致使民事法律行为成立时显失公平的，受损害方有权请求人民法院或者仲裁机构予以撤销。"

《民法典》第 152 条规定："有下列情形之一的，撤销权消灭：（一）当事人自知道或者应当知道撤销事由之日起一年内、重大误解的当事人自知道或者应当知道撤销事由之日起九十日内没有行使撤销权。"

《消费者权益保护法》第 2 条规定："消费者为生活消费需要购买、使用商品或者接受服务，其权益受本法保护。"

2. 淘宝平台规则

《淘宝规则》第 66 条规定：滥用会员权利，是指会员滥用、恶意利用淘宝所赋予的各项权利损害他人合法权益、妨害淘宝运营秩序的行为。滥用会员权利的，淘宝对获得的不当利益（包括但不仅限于红包、天猫积分等）进行返还或收回；对滥用权利产生的订单采取订单关闭、不计销量等管控措施。对排查到的滥用权利的会员，淘宝将视情节采取警告、身份验证、限制创建店铺、限制发送站内信、限制发布商品、限制网站登录、限制旺旺登录、限制买家行为、限制评价、删除评价、限制投诉、延长交易超时、扣分等管控措施，直至查封账户。卖家有权使用淘宝所赋予的工具对异常行为进行记录，滥用此类工具的，每次扣 4 分。

《滥用会员权利实施细则》规定如下：

一、滥用会员权利损害他人合法权益、妨害淘宝运营秩序的行为，具体指什么？举例说明。

会员滥用购买商品、评价、申请退款、发起投诉或索赔、淘宝所赋予的工具等权利，损害他人合法权益，妨害淘宝运营秩序的行为，包括但不限于以下情形：1.利用他人的行为瑕疵，以发起投诉、给予差评等手段威胁他人，索取不当利益的；2.恶意使用无效的或不准确的收货地址和（或）收货人信息，导致卖家无法按时发货，妨害淘宝运营秩序的；3.利用一个或多个账户，在短时间大量拍下商品不付款，导致卖家商品下架，影响卖家正常经营秩序的；4.欠缺交易意愿，恶意利用退款流程的便利性以实现其他牟利目的，购买商品后异常频繁地发起退款，影响正常的交易秩序；5.卖家滥用淘宝所赋予的工具（如云标签），妨害淘宝运营秩序的。

二、限制投诉指什么？

禁止会员发起投诉或已发起的投诉驳回，禁止会员申请淘宝客服介入等。

三、对于滥用权利的会员，规则中的限制措施将如何执行？

一般情况下，我们对滥用会员权利行为的限制措施将针对具体实施该行为的账户执行。但在某些场景下，特别是在恶意行为产业化的滥用会员权利行为中，行为人的专业化程度较高，他们通常使用多个账户分工协作实施恶意行为，对于这种"多账户联合实施恶意行为"的情况，我们将对参与共同实施恶意行为的账户依照上述规则执行限制措施。

四、滥用会员权利，具体如何排查和认定？

【人工排查及判定】淘宝在收到投诉、举报或获取可信的线索、证据的情况下会对账户行为进行排查，如该账户的消费和维权等行为与正常账户行为相比存在明显异常，除该账户提供充分证据对其异常行为进行合理解释外，则可判定该账户行为属于滥用会员权利。

【系统排查及判定】因淘宝的消费者数量和交易数量巨大，仅通过人工排查无法有效地控制滥用会员权利而导致淘宝运营秩序被打乱。基于概率学和大数据技术，淘宝会从账户信息、账户行为等多个维度进行排查。经淘宝系统综合判断，如认定该账户的消费和维权等行为明显异于正常账户行为，除该账户提供充分证据对其异常行为进行合理解释外，则可判定该账户属于滥用会员权利。

5.10.2 司法案例

1. 谢某、浙江某网络有限公司网络服务合同纠纷案（浙江省杭州市中级人民法院）

【案号】（2020）浙01民终10925号

【案由】网络服务合同纠纷

【判决日期】2021年3月8日

【审判规则】

一审法院认为：原告自愿注册会员，与浙江某网络有限公司签订《某平台服务协议》系双方真实意思表示，合法有效。原告使用其名下的账户在被告平台上购买，双方已形成网络服务关系。根据《某平台服务协议》约定，《滥用会员权利的规则及实施细则》《延迟发货的规则及实施细则》属于网络服务合同的内容，合同相对人应遵守协议条款的约定。根据上述网络服务合同的约定，被告有权依照规则对滥用会员权利产生的订单采取订单关闭等限制措施。本案中，原告在先后相对较短的时间内购买80个电源，但原告对此并未作出合理解释，故被告对案涉订单采取了关闭措施并不违反与原告之间签订的网络服务合同约定。原告还主张上述条款属于格式条款、属于排除或限制消费者权利，对此本院认为，案涉条款虽属于格式条款但并不存在损害社会公共利益或者违反法律、行政法规强制性规定的情形，也未免除义务人的责任、加重权利人的责任、排除权利人的主要权利，案涉条款是针对滥用会员权利的非正常交易行为进行的约定，相关条款内容应认定为有效。综上，原告的诉讼请求于法无据，本院不予支持。

二审法院认为：谢某自愿注册为某平台会员，与某平台经营者浙江某网络有限公司签订《某平台服务协议》及《滥用会员权利的规则及实施细则》等补充协议。

上诉人谢某主张上述协议条款属于格式条款应为无效。本院认为,《滥用会员权利的规则及实施细则》中关于浙江某网络有限公司对于滥用会员权利产生的订单可能采取订单关闭等措施的条款,虽属于格式条款,但相应内容属于平台自治范畴,系浙江某网络有限公司对于会员违反《某平台服务协议》所采取的举措,本身并不存在不合理地免除或者减轻平台责任、加重会员责任、限制或排除会员主要权利的情形,亦不违反法律法规的强制性规定,谢某主张上述条款无效,于法无据。同理,亦无证据显示双方签署的《某平台服务协议》及补充协议的其余内容存在无效的情形,故上述协议对谢某及浙江某网络有限公司均具有法律约束力,双方均应遵照履行。谢某对于浙江某网络有限公司认定其滥用会员权利并关闭案涉订单的行为存有异议,浙江某网络有限公司则主张因案涉订单卖家向平台反馈其标错商品价格,案涉商品49元的价格为明显不合理的低价,而谢某在两日内集中下单100余件商品,其消费行为与正常账户相比显著异常,故浙江某网络有限公司认定其滥用买家权利,对案涉订单采取了关闭并退款的处理。二审中,谢某认可案涉订单卖家曾与其沟通表示标错价格,要求其申请退款,但其并未同意,并主张案涉商品价格未明显不合理。本院认为,从谢某一审提交的与案涉商品同品牌的电源网络销售截图来看,该品牌额定功率为300瓦的电源售价为69元、99元不等,额定功率为400瓦的电源售价为129元,而案涉商品额定功率为700瓦售价为49元,就上述比价而言,案涉商品标价确明显偏低。根据《滥用会员权利的规则及实施细则》的相应规定,滥用会员权利是指会员滥用、恶意利用平台所赋予的各项权利而损害他人合法权益、妨害商业经营秩序的行为。本案中,在案涉商品价格为明显不合理的低价的情形下,谢某短时间内大量买入,二审中其主张购买系为自用及为名下公司所用,但其亦认可名下公司现工作人员仅为个位数,且从事的为渔具销售等业务,故谢某未能就其大量购买案涉商品的用途作出合理解释。在此情形下,浙江某网络有限公司认定谢某滥用会员权利,损害了案涉卖家的合法权益、妨害平台的正常经营秩序,并据此对案涉订单作出关闭及退款谢某的处理,并不违反其与谢某所签署的网络服务合同的约定。谢某主张浙江某网络有限公司违约并构成欺诈,无相应的事实与法律依据,原审法院对其诉请未予支持,并无不当。

2. 王某某与南京某数码科技有限公司、北京某电子商务有限公司网络购物合同纠纷案（江苏省苏州市姑苏区人民法院）

【案号】（2020）苏0508民初8394号

【案由】 网络购物合同纠纷

【判决日期】 2021年6月25日

【审判规则】

法院认为：从原告王某某提交的商品截图来看，案涉商品并非"促销"或"降价"商品；从被告南京某数码科技有限公司提交的进货发票，结合前述商品截图，应认定被告南京某数码科技有限公司错将"100599元"标注为"10599元"。根据原告王某某的诉讼记录，原告王某某多次寻找并购买商家错标价格或忽略设置购买件数的商品，并通过在互联网平台投诉、到市场监督管理部门投诉、到法院诉讼等方式，拟获取不正当利益。原告王某某的前述行为违反了诚实信用原则、扰乱了市场经济秩序、浪费了行政资源和司法资源。基于前述，为进一步优化营商环境，维护市场经济秩序，弘扬"诚信、友善"的社会主义核心价值观，根据《最高人民法院关于适用〈中华人民共和国民法典〉时间效力的若干规定》第二条的规定，本案适用《中华人民共和国民法典》第四百九十一条第二款的规定进行裁判，认定《××用户注册协议》第三条第三点有效，认定原告王某某与被告南京某数码科技有限公司之间的买卖合同未成立。因双方之间的买卖合同未成立，故本院对原告王某某基于合同成立并生效而提出的全部诉讼请求不予支持。因原告王某某对被告南京某数码科技有限公司的诉请不成立，且未发现被告北京某电子商务有限公司有依法应当承担责任的其他情形，故本院对原告王某某要求被告北京某电子商务有限公司对被告南京某数码科技有限公司的金钱债务承担连带责任的诉请亦不予支持。

3. 王某某、河北某商贸有限公司买卖合同纠纷（河北省石家庄市中级人民法院）

【案号】（2020）冀01民终9633号

【案由】网络购物合同纠纷

【判决日期】2020 年 11 月 19 日

【审判规则】

一审法院认为：因重大误解订立的合同，当事人一方有权请求人民法院予以撤销。河北某商贸有限公司花费 8500 元购买的打印机，进行销售时标价为 1100 元，显然不是河北某商贸有限公司真实意思表示，已构成重大误解。河北某商贸有限公司主张撤销双方之间的买卖合同，于法有据。一审法院予以支持。合同被撤销后，因该合同取得的财产，应当予以返还；不能返还或者没有必要返还的应当折价补偿。因涉案打印机王某某自认已另行销售，依照法律规定，王某某应折价补偿。河北某商贸有限公司诉称实际标价应为 11000 元，符合日常经验法则，一审法院予以采纳。对于河北某商贸有限公司主张返还差价款 9900 元的诉请，因河北某商贸有限公司自身存在一定过错，本人应承担 20% 的责任。对于剩余比例差价款 7920 元，基于公平原则，王某某应当补偿。

二审法院认为：依据《合同法》第五十四条第一款、第五十八款之规定，因重大误解订立的合同，当事人一方有权请求人民法院予以撤销。合同被撤销后，因该合同取得的财产，应当予以返还；不能返还或者没有必要返还的，应当折价补偿。有过错的一方应当赔偿对方因此受到的损失，双方都有过错的，应当各自承担相应的责任。依据本案证据事实，双方之间的买卖行为符合重大误解的情形，且被上诉人亦存在一定过错，一审法院判决由上诉人补偿差价，被上诉人承担 20% 的责任并无不当，本院予以确认。

4. 丁某与义乌市某厨具商行网络购物合同纠纷（浙江省义乌市人民法院）

【案号】（2020）浙 0782 民初 19686 号

【案由】网络购物合同纠纷

【判决日期】2020 年 12 月 30 日

【审判规则】

法院认为：《中华人民共和国合同法》第五十四条规定，下列合同，当事人一方有权请求人民法院或者仲裁机构变更或者撤销：（一）因重大误解订立的；（二）在订立合同时显失公平的……。本案义乌市某厨具商行在电商平台上发出要约时，将单价150元的商品错标成15元，其行为的后果与其真实的意思相悖，继续履行合同将造成其较大损失。事实上，义乌市某厨具商行在丁某下单并交款两分钟后即发现该错误，并向丁某承认系其价格标错，也不存在降低价格或者秒杀促销的事实，因此义乌市某厨具商行主张标错价格签订合同属于重大误解，本院予以采纳。义乌市某厨具商行主张请求依法撤销因重大误解而与丁某订立的合同的反诉诉讼请求，合法有据，本院予以支持。被撤销的合同自始没有法律约束力，丁某主张判令义乌市某厨具商行继续履行合同交付涉案的800个粥锅的诉讼请求，因义乌市某厨具商行主张撤销合同的诉讼请求成立，本院不予支持。合同被撤销后，因该合同取得的财产，应当予以返还，有过错的一方应当赔偿对方因此受到的损失，丁某因对方过错行为所造成的损失可另行主张。

5.10.3 总结

网店标错价格，买家以错误价格大量下单，如果价格相比市场价格过低，则构成重大误解或显失公平。按照《民法典》第147条、第151条规定，买家和商家都可以以重大误解或显失公平为由，解除合同。需要注意的是，构成重大误解，商家应当自知道或者应当知道撤销事由之日起90日内以诉讼或仲裁的方式行使撤销权。此外，卖家标错价格，而买家"恶意"大量下单，属于买家滥用会员权利的行为，因此可以根据《淘宝规则》第66条、《滥用会员权利实施细则》，对买家滥用会员权利产生的订单采取订单关闭等限制措施。倘若买家的购买属于"恶意"，是为了专门购买标错价格的商品而牟取利益，则不受《消费者权益保护法》的保护，且其行为违反诚实信用原则、扰乱市场经济秩序，商家有权解除合同。

第 6 章　数字经济之元宇宙产业

2021 年,"元宇宙"无疑是火爆的概念之一。2021 年 3 月,元宇宙第一股罗布乐思(Roblox)在美国纽约证券交易所上市,首日市值超过 380 亿美元；2021 年 7 月,脸书宣布要在 5 年内转型为元宇宙公司；2021 年 8 月,芯片巨头英伟达花费数亿美元,推出为元宇宙打造的模拟平台 Omniverse。我国腾讯、字节跳动等互联网巨头也纷纷进入元宇宙赛道开始布局。

元宇宙是人以数字身份参与和生活的可能的数字世界。"身份系统""价值系统""沉浸式体验"是元宇宙中必不可少的三大实现要素。其中,区块链技术成为打开身份系统的钥匙；非同质化通证(NFT)和数字钱包等技术不断完善价值系统；VR 眼镜、可感知手柄等各类可穿戴设备使得沉浸式体验成为可能。因此,笔者认为元宇宙并非炒作的噱头,而是作为数字经济产业的重要部分,是可能的将来。

6.1　元宇宙时代与关键法律问题

6.1.1　元宇宙概述

"元宇宙"概念最早出现在尼尔·史蒂芬森 1992 年出版的科幻小说《雪崩》中。在小说中,史蒂芬森创造了一个虚拟实境。该虚拟实境是和社会紧密联系的三维数字空间,与现实世界平行,在现实世界中地理位置彼此隔绝的人们可以通过各自的"化身"进行交流、娱乐。电影《头号玩家》向观众展示的正是小说《雪崩》中所描述的虚拟实境。

然而，大家以为"元宇宙"只在小说或电影中出现，却没想到2020年美国著名说唱歌手特拉维斯·斯科特因受限于疫情而无法举办线下演唱会，于是在《堡垒之夜》游戏中以虚拟的形象举办一场沉浸式大型演唱会，竟吸引超过1000万名玩家观看。此事引发人们对"元宇宙"的进一步思考。

2021年，一个名为罗布乐思（Roblox）的游戏企业正式在美国纽约证券交易所上市。Roblox是一家游戏企业，游戏开发者可以在该平台上开发各种小游戏，大量的游戏开发者和玩家入驻该平台，甚至著名的奢侈品牌也在该平台上开设虚拟门店，玩家可以进店参观、试戴并购买。Roblox在招股说明书中使用"元宇宙"一词，自此引发全球对"元宇宙"讨论的热潮。

6.1.2 元宇宙的底层技术逻辑

元宇宙的出现并非偶然，实际上元宇宙爆火的根本原因是区块链技术的出现，该技术被认为有可能引发一次新的技术革命。

区块链是以区块结构存储数据，多方参与、多方维护，通过密码学、P2P网络、共识算法等保证数据可靠的传输、存储、访问的技术体系（见图6-1）。

P2P网络，是与中心化网络相对立存在的，所有的网络节点之间直接互联互通（见图6-2）。同时，因为没有中心化的节点，其中任意一点出现问题依旧能够保证整个网络通信。例如，之前村里做账的会计一直都是张三，每次发生交易都需要张三做账，张三掌握村里的账本，一旦张三的账本出现问题，之前所有做账记录都会灭失，同时张三还可能存在做假账等问题。在P2P网络技术支持下，大家手里都有一个账本，只要有人在村委会广播"甲和乙做了一笔交易"，所有人就会拿出账本记录这次交易，即使有人的账本销毁了，只要其他人的账本还在，就不会出现账本彻底灭失的问题，每个村民都是去中心的节点。

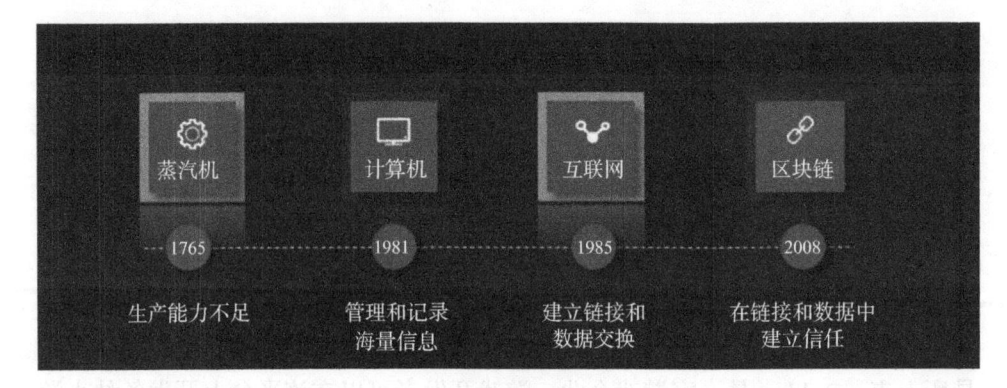

图 6-1 区块链的出现[1]

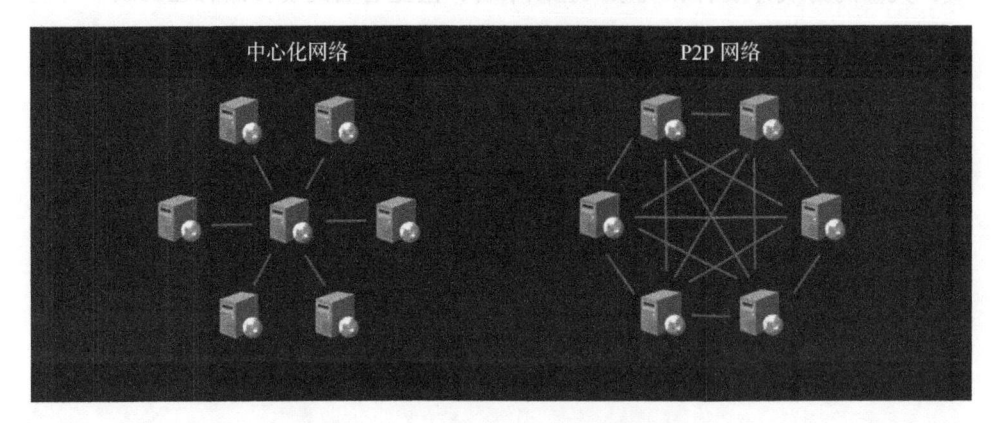

图 6-2 P2P 网络与中心化网络结构[2]

共识算法有 POW、POS、DPOS、PAXOS、PBFT 等类型（见图 6-3）。前文所说的"有人"在村委会广播"甲和乙做了一笔交易"，那么这里的"有人"具体是谁，这就涉及"共识算法"的应用。举例来说，村里的甲和乙做了一笔交易，这时张三、李四和王五纷纷跑过来申请作为第一个记录这笔交易并有权通过村里的广播向全村同步消息的记账者和广播员。而甲和乙设立规则，约定

---

[1] 一篇文章快速理解区块链技术原理 [EB/OL]. （2018-04-04）[2023-04-05]. https://mp.weixin.qq.com/s/jpBpu8-v68dvuv5BDB__HQ.

[2] 一篇文章快速理解区块链技术原理 [EB/OL]. （2018-04-04）[2023-04-05]. https://mp.weixin.qq.com/s/jpBpu8-v68dvuv5BDB__HQ.

谁先跑到村口谁就可以做记账者和广播员。这个规则就是所谓"共识算法"。后来，由于张三跑得快，所以张三获得记账并广播的权利，同时甲和乙奖励张三一笔费用，这笔费用就是所谓"挖矿奖励"（比特币或者其他币），张三、李四和王五就是所谓的"矿工"。

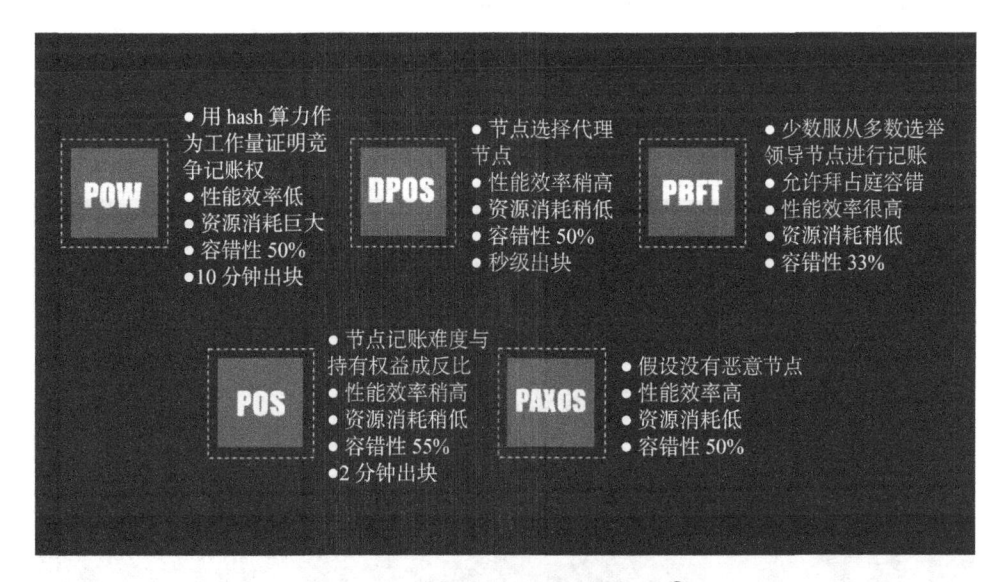

POW
- 用hash算力作为工作量证明竞争记账权
- 性能效率低
- 资源消耗巨大
- 容错性50%
- 10分钟出块

DPOS
- 节点选择代理节点
- 性能效率稍高
- 资源消耗稍低
- 容错性50%
- 秒级出块

PBFT
- 少数服从多数选举领导节点进行记账
- 允许拜占庭容错
- 性能效率很高
- 资源消耗稍低
- 容错性33%

POS
- 节点记账难度与持有权益成反比
- 性能效率稍高
- 资源消耗稍低
- 容错性55%
- 2分钟出块

PAXOS
- 假设没有恶意节点
- 性能效率高
- 资源消耗低
- 容错性50%

图6-3 共识算法的类型及特点 ❶

实际上，目前区块链的发展经历区块链1.0时代和区块链2.0时代（见图6-4）。所谓区块链1.0时代，就是比特币时代。在比特币时代，大家争当记账者和广播员，目的是获得比特币，更侧重于建构去中心化的数字货币。在该阶段，由于币链的火爆，很多技术员进入，依照开源的比特币源代码开发新的币链，所以狗狗币、空气币等各类币链纷纷出现。由于大家都需要重新对比特币源代码进行开发，太过于烦琐和复杂，所以一名技术员对比特币源代码的技术架构进行搭建和封装，形成类似操作系统的存在，使之成为可编程的区

---

❶ 一篇文章快速理解区块链技术原理[EB/OL].（2018-04-04）[2023-04-05]. https://mp.weixin.qq.com/s/jpBpu8-v68dvuv5BDB__HQ.

块链（智能合约），其他技术人员只需要在其基础上按照通证标准进行开发即可（类似于 IOS 操作系统与应用程序的关系），这种可编程的区块链被称为"以太坊"，至此进入区块链 2.0 时代。

在区块链 2.0 时代，通行的通证标准为 ERC20，多数技术员都是按照该标准进行技术开发，但此类开发出来的产品具有同一性，不具有唯一性，更多是用于开发新的币链。然而，ERC 721 通证标准的出现改变了前述产品的特性。在以太坊上，如果用 ERC721 通证标准所开发的产品具有唯一性和可证明的稀缺性，那么这类产品被称为"NFT"。

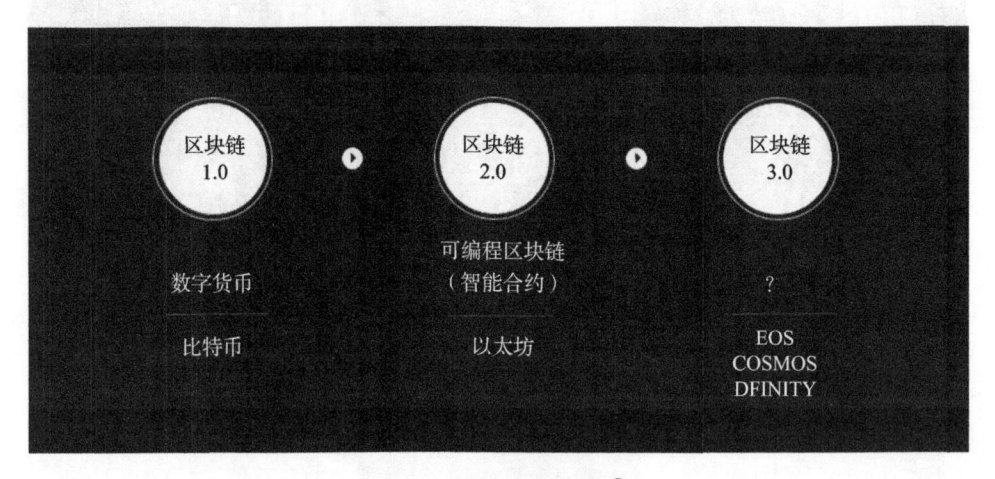

图 6-4　区块链的分代 ❶

6.1.3　NFT 的应用场景

NFT 的出现给区块链技术带来新的玩法，包括随即出现的数字资产、实物资产及认证资产。

在数字资产方面，海外的玩法包括商家和 NBA 进行合作，在 NBA 授权下，将 NBA 经典名场面的视频上链做成 NFT，以兜售给 NBA 球迷。在这类合作中，

---

❶ 一篇文章快速理解区块链技术原理 [EB/OL]．(2018-04-04) [2023-04-05]. https://mp.weixin.qq.com/s/jpBpu8-v68dvuv5BDB__HQ.

一般商家会在交易规则中写明，双方达成的交易只是复制品的买卖，而 NBA 经典名场面的视频版权仍归 NBA 所有。

除了前述玩法外，数字产品的经典玩法莫过于无聊猿。无聊猿是一种数字藏品，但其价值是商家所兜售的不是复制品的所有权和使用权，而是无聊猿的知识产权，买家可以对无聊猿进行商用，如印在 T 恤衫上出售；无聊猿的商家还在购买者中搭建对人脉圈并为其赋予较多的衍生价值，使得无聊猿的商业价值得到进一步提升。

除了数字藏品外，NFT 还在游戏中进行新玩法的探索，谜恋猫即是其中一例。商家对谜恋猫进行上链，使得玩家可以通过购买认养谜恋猫 NFT，同时谜恋猫可以通过交配诞下小谜恋猫，小谜恋猫可以被喂养，甚至出售。

在实物资产上，正如私家车购买保险后在车辆毁损时可以向保险公司索赔一样，在 NFT 世界里，也有保险公司可以为 NFT 玩家的私钥进行承保，并出具 NFT 保单。购买保险的玩家一旦私钥丢失导致资产发生毁损，就可以通过 NFT 保单找保险公司索赔，而且该保单还可以在二级市场进行流转，可衍生新形态的金融市场。

在认证资产上，一些国外商家通过将演唱会门票、歌迷身份进行上链，使得门票或歌迷身份得到确权，有利于打击"黄牛"和虚假粉丝的炒作。

6.1.4　元宇宙的关键法律问题

在前述 NFT 的实务操作中，实际上可能衍生出新的法律问题。

首先，NFT 的法律属性难以界定。如前所述，有些 NFT 的交易规则规定的是出售复制品的所有权和使用权，有些 NFT 的交易规则规定的是出售 NFT 的知识产权。因此，如何界定 NFT 的法律属性需要做进一步分析。

其次，NFT 是否适合 7 天无理由退货。《消费者权益保护法》第 25 条规定："经营者采用网络、电视、电话、邮购等方式销售商品，消费者有权自收到商品之日起七日内退货，且无须说明理由，但下列商品除外：（一）消费者定作的；

(二)鲜活易腐的;(三)在线下载或者消费者拆封的音像制品、计算机软件等数字化商品;(四)交付的报纸、期刊。

除前款所列商品外,其他根据商品性质并经消费者在购买时确认不宜退货的商品,不适用无理由退货。"

NFT不属于消费者定作的、鲜活易腐的、交付的报纸和期刊,但是否属于"在线下载或者消费者拆封的音像制品、计算机软件等数字化商品"呢?如果当时上链的是音像制品、计算机软件等数字化商品,那么是否意味着NFT满足7天无理由退货的要求。如果NFT满足7天无理由退货,那么技术上能否实现,其中产生的成本由谁承担。

最后,如何认定NFT销售平台是自营平台,还是第三方交易平台。如果是自营平台,那么需要取得哪些资质证书;如果是第三方交易平台,那么需要取得哪些资质证书。该平台是否适用《电子商务法》的要求,要遵循避风港原则、协助履行监管义务等。如果从法律上认定属于电商商务经营平台,则需要适用《电子商务法》,但NFT从技术层面上是否真能承担《电子商务法》所要求的义务和责任。

6.2 NFT的法律属性及其风险提示 ●

非同质化通证(Non-Fungible Token,NFT)是基于NFT技术协议,如ERC721、ERC1155等发行的有特定ID的通证,该ID可以附加各类图片、音视频等数字资产的权利内容、流转信息等记录在智能合约的标示信息中,这些信息被称为"元数据"。由于这些元数据可指向某一个具体数字产品,该数字产品并不必须锚定某一具体线下实体产品,因此NFT可用于代表某个特定数字资产。

简单来说,收藏者拥有的NFT具有唯一性,独一无二、不可分割,锚定专

● 蒋晓焜,严也宽. NFT的法律属性及其风险揭示[EB/OL].(2022-02-16)[2023-10-17]. https://mp.weixin.qq.com/s/OQ8ndnjc8eBbWrbuvy61IA.

属的、唯一的数字资产。NFT最主要的应用场景包括数字化艺术品、收藏品、游戏装备和道具、门票等。

6.2.1　NFT的法律属性

《民法典》第127条规定："法律对数据、网络虚拟财产的保护有规定的，依照其规定。"由于NFT产品通过哈希算法在每个NFT产品上产生一个无法篡改的独特编码，使得NFT成为表明某个资产权益归属的数字加密权益证明，因此NFT产品具有价值性、稀缺性，符合虚拟财产的法律属性，应受到《民法典》的保护。

NFT产品属于虚拟财产，那么是否属于虚拟货币或代币。笔者认为，NFT与比特币等虚拟货币存在本质的区别。比特币等虚拟货币属于同质化货币，可以作为一般等价物进行市场流通，但不能指向某一特定资产。而NFT则锚定专属的、唯一的数字资产，无法作为一般等价物，因此NFT并不属于虚拟货币或代币。王永利在《必须审慎对待NFT》一文中一针见血地指出：有人把NFT翻译成"非同质化代币"，其实是不恰当的。NFT作为非同质化、不可分割的东西，不可能成为一般等价物或统一的记账单位，所以绝对不可能成为货币或代币。……实际上，NFT是在区块链技术基础上衍生出的一种内含若干规则与信息的具有不可复制、不可分割的唯一性数字（编码）加密权益证明，用来表明某个数字物品的权益归属。因此，将NFT翻译成"非同质化权证"更为恰当。

6.2.2　NFT平台的资质要求

一般而言，我国发行和（或）运营NFT的平台需要具有以下资质。

1. 区块链信息服务备案

《区块链信息服务管理规定》第2条规定："本规定所称区块链信息服务，

是指基于区块链技术或者系统，通过互联网站、应用程序等形式，向社会公众提供信息服务。"第 11 条规定："区块链信息服务提供者应当在提供服务之日起十个工作日内通过国家互联网信息办公室区块链信息服务备案管理系统填报服务提供者的名称、服务类别、服务形式、应用领域、服务器地址等信息，履行备案手续。"由于 NFT 的发行、购买都离不开区块链技术，因此 NFT 平台属于《区块链信息服务管理规定》中定义的区块链信息服务提供者，应依法履行备案手续。

2. 增值电信业务经营许可

《互联网信息服务管理办法》第 3 条规定："互联网信息服务分为经营性和非经营性两类。经营性互联网信息服务，是指通过互联网向上网用户有偿提供信息或者网页制作等服务活动。"第 4 条规定："国家对经营性互联网信息服务实行许可制度。"第 7 条规定："从事经营性互联网信息服务，应当向省、自治区、直辖市电信管理机构或者国务院信息产业主管部门申请办理互联网信息服务增值电信业务经营许可证。"由于 NFT 是通过互联网向上网用户有偿提供服务，应依法取得增值电信业务经营许可证。

3. 艺术品经营单位备案

《艺术品经营管理办法》第 5 条规定："设立从事艺术品经营活动的经营单位，应当到其住所地县级以上人民政府工商行政管理部门申领营业执照，并在领取营业执照之日起 15 日内，到其住所地县级以上人民政府文化行政部门备案。"如果发行人发行 NFT 的目的是电子出版或者艺术品销售活动，则相关 NFT 平台需要取得网络出版服务许可证和进行艺术品经营活动备案。

4. 其他资质要求

NFT 平台可能需要取得的资质。如果 NFT 平台是以拍卖形式存在的交易所，通过拍卖的形式促成 NFT 交易，那么需要根据《拍卖管理办法》的要求，申请拍卖经营批准证书，以开展相关 NFT 商品的拍卖业务。如果 NFT 平台是以电子商务方式通过 B2C 或 C2C 定价交易进行 NFT 售卖，那么需要取得电子商务相应的资质等。

6.2.3　运营和发行 NFT 的风险提示

1. 避免金融类违法

现实中，NFT 属于一种类金融资产，因此发行 NFT 需要避免金融类违法行为，避免的具体风险如下。

（1）发行 NFT 不可向购买者承诺回报，不得设置变现渠道，在广告宣传中避免出现"高收益""高回报"等相关金融产品类宣传文字，否则容易构成"非法集资"。另外，对于 NFT 产品的定价需要进行合理的考量，不可过高。

（2）禁止对发行的 NFT 展开二级市场交易，积极关注 NFT 市场动态，尽量避免炒作风险。如果市场行情高涨，可以通过公告、提高 NFT 产品产量、提高交易难度等方式尽可能减少炒作风险，否则容易出现投资炒作风险，违反相关法律法规。

（3）国内 NFT 不能具有货币属性，在发行的各个环节需要避免 NFT 产品出现货币属性，同时避免"代币""币""NFT"等表述。根据中国人民银行等 10 个部委于 2021 年 9 月 15 日发布的《关于进一步防范和处置虚拟货币交易炒作风险的通知》等相关规定，虚拟货币相关交易活动被确认为非法金融活动。NFT 的诞生与虚拟货币密不可分，NFT 的全称"Non-Fungible Token"中明确包含 Token 一词，因此可以将 Token 翻译成"通证"而非"币"，将 NFT 翻译成"数字藏品"。

（4）对 NFT 产品的所有权人采取实名制，完善了解客户规则（KYC）流程。NFT 属于区块链技术的产物，涉及链上资产，因此 NFT 的流转具有匿名性特征，这容易被不法分子利用。采取实名制可以有效地防止洗钱等违法行为的发生。

（5）《国务院关于清理整顿各类交易场所切实防范金融风险的决定》《国务

院办公厅关于清理整顿各类交易场所的实施意见》规定：为规范交易场所名称，凡使用"交易所"字样的交易场所，除经国务院或国务院金融管理部门批准的外，必须报省级人民政府批准；省级人民政府批准前，应征求联席会议意见。未按上述规定批准设立或违反上述规定在名称中使用"交易所"字样的交易场所，市场监管部门不得为其办理工商登记。因此，成立 NFT 交易所必须报省级人民政府或国务院或国务院金融管理部门批准。

2. 避免侵犯他人的知识产权

发行 NFT 需要关注产品内容是否涉及抄袭，重点关注产品的商标权和著作权。NFT 发行方必须注意 NFT 内容是否涉及第三方权利，并通过合法合规的途径取得相关授权，避免侵犯他人的知识产权。

6.2.4 总结

NFT 属于一种新兴技术，在没有明确法律规定的情况下可以作为网络虚拟财产受到法律保护。然而，在虚拟货币炒作风险极大的当下，虚拟货币受到政策上的严厉打击，而与虚拟货币存在一定联系的 NFT 也面临一定的法律风险。因此，NFT 从业者必须遵守法律法规，取得相应的资质文件，把握创新与合规之间的准绳，在既有规则下合规发展。

6.3 数字货币钱包的基础原理和法律问题 ●

6.3.1 数字货币钱包的基础原理

数字货币钱包可分为软钱包与硬钱包两种。数字货币软钱包是指手机 App

● 李金招，蒋晓焜，严也宽. 数字货币钱包的基础原理和法律问题 [EB/OL].（2022-05-18）[2023-10-17]. https://mp.weixin.qq.com/s/RV6In-CKlZBhEBr8m1bQBQ.

和各类软件开发工具包等；数字货币硬钱包是将数字资产关联的密钥单独储存在一块芯片中，与互联网隔离，可确保数字资产的安全性。其中，数字货币软钱包的应用更为广泛，因此以下主要讲解数字货币软钱包。

理解数字钱包，需要理解区块链。区块链可以被看作一种冗余记账，如100个人共同记一个账单，只有更改其中51个人的账单，才能彻底更改区块链上的记录。而这100个人组成的记账团体可以被视为一条区块链。一般而言，每条链上都会有对应的数字货币，如以太链上是eth、币安智能链上是bnb等。那么，这些数字货币到底是什么、有什么价值。简单地说，可以把一条链看作腾讯QQ，其对应的币便是腾讯的Q币。链上除了指定的Q币，也可能有其他货币，可以理解成在腾讯QQ内部开设不同的游戏，这些游戏的股份就是这些其他货币。

如何掌控属于自己的数字钱包，则需要理解钱包地址、私钥、助记词。钱包地址相当于门牌号，可定位一栋房子（一个钱包）。私钥相当于钱包中一条链资产的密码。助记词相当于钱包中所有链上资产的密码，会通过特定的算法导出对应的私钥，使钱包主人可以更方便地访问其钱包。

6.3.2 数字货币钱包的用途

钱包内转账的具体情况如图6-5所示。转账需要燃料资金（Gas Fee），燃料资金是用于转账激励记账者的费用，即支付给记账者的手续费，如以太链中的eth。只有同一条链上的资产可以互相转账，否则便涉及跨链技术，这个比较复杂，不在此赘述。

如何购买相关数字货币呢？一般有3种方式，即场外购买、中心化交易所购买和去中心化交易所购买。

场外购买，如当事人向拥有数字货币的个人或商家购买数字货币，按照市场价格或者规定的价格支付一定金额，对方通过转账的方式将对应的数字货币转到当事人的钱包中。

中心化交易所购买，如币安、FTX、Coinbase等。中心化交易所与深圳证券交易所、上海证券交易所类似，作为数字货币交易磋商平台，由卖家和买家进行交易，交易所收取一定的手续费。买家可以通过银行卡支付的方式在交易所购买一定的数字货币，然后可以将交易所存储的货币提现到对应的电子钱包中。

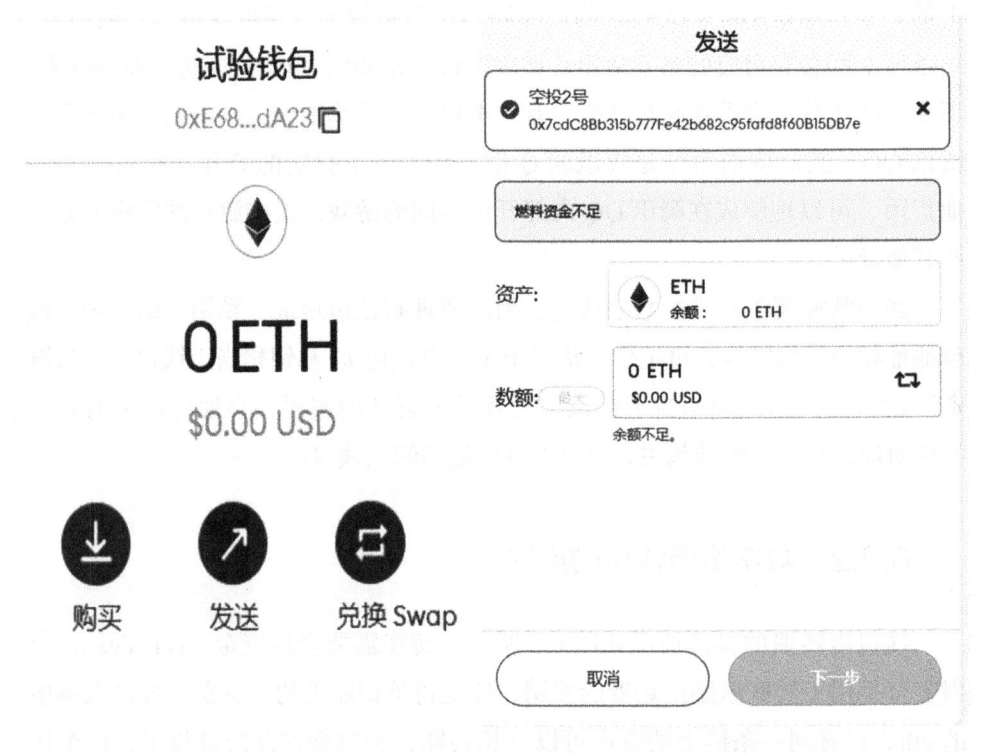

图 6-5 钱包内转账

去中心化交易所购买需要当事人的电子钱包里应有一定的资产。当事人可以通过 Dapp 购买虚拟资产，如可以用以太链上的 eth 购买 uni（相当于腾讯中某款游戏的股权）（见图 6-6），也可以用 uni 购买 sushi（相当于腾讯中另一款游戏的股权）等，而且可以互相转化，购买会消耗 Gas Fee。

图 6-6　示例：ETH 币兑换为 UNI 币

6.3.3　数字货币钱包的相关法律问题

数字货币钱包的相关法律总是与数字货币的交易息息相关。对于比特币、以太坊等虚拟数字货币，我国在《关于防范比特币风险的通知》（银发〔2013〕289号）中指出，比特币应当是一种特定的虚拟商品，不具有与货币等同的法律地位，不能且不应作为货币在市场上流通使用。对于该通知，司法实务中存在不同的理解。

1. 投资和交易虚拟货币不受法律保护

在（2020）苏07民终322号王某某与鲁某某民间借贷纠纷一案中，王某某向鲁某某借款人民币 15 万元，随后双方约定由王某某用指定虚拟数字货币还债。在债务抵销后，由于鲁某某指定的虚拟货币大幅度贬值，因此鲁某某主张上述抵销行为无效，要求王某某偿还借款。法院认为，以虚拟货币抵债的行为不具有正当性、合法性。双方的抵销行为因违反法律的强制性规定而无效。公民投资和交易不合法的虚拟货币虽为个人自由，但不能受到法律保护。本案中鲁某某、王某某通过虚拟货币冲抵借款的行为不受法律保护，由此导致的后果及损失由鲁某某、王某某自行承担。

在（2020）豫 13 民终 1599 号苏某某、孙某某民间借贷纠纷案中，孙某某通过数字虚拟货币向苏某某借钱，后经苏某某反复催促，孙某某均未还钱，便被告上法庭。法院认为，公民投资和交易 USDT 数字货币的行为虽是个人自由，但不能受到法律的保护，因此苏某某要求孙某某还钱的请求不成立。

2. 投资和交易虚拟货币的行为合法有效

在（2020）湘 13 民终 598 号杜某某、张某合同纠纷案中，法院认为：虽然中国人民银行等部委联合下发的《关于防范比特币风险的通知》中规定各金融机构和支付机构不得以比特币为产品或服务定价，……但并没有禁止其他主体不得对比特币进行交易。因此，张某与被告杜某某签订的《数字货币 ETH 合作协议》是双方真实意思表示，且未违反法律的强制性规定，应属合法有效。

在（2020）豫 13 民终 3607 号李某、李某某财产损害赔偿纠纷案中，一审法院认为，应以 BTC、火币网和 ZB 网当天交易的平均价格为宜。虽然 BTC、Plus 币非真正意义的货币，但并无法律法规明确禁止当事人进行 BTC、Plus 币的投资和交易。中国人民银行联合多个部委出台相关文件，提醒各部门加强对社会公众投资风险的提示，使社会公众在投资时高度警惕代币发行融资与交易的风险隐患，谨防上当受骗。

由此可见，不同地区的法院对比特币等新事物的出现仍持不同的法律观点。目前，在我国是否可以投资和交易虚拟货币仍有待观察。

6.4 云服务模式下的知识产权侵权问题 ●

元宇宙的成长和发展需要规模强大的计算和存储能力支撑，一个以云为核心的新型计算体系结构是元宇宙可以快速发展的重要一环。"云"是一个包含大量可用虚拟资源（如硬件、开发平台等）的资源池。云服务则是通过使用这些资源将 IT 相关的能力以服务的方式提供给用户。

当前，云服务商提供的商业服务模式主要有 3 种。一是基础设施即服务（IaaS），它向用户提供虚拟化计算资源，如阿里云、华为云等，用户无须建立自己的数据中心或服务器，便可以在服务商的基础设施上安装自己的操作系统及所需的应用程序。二是平台即服务（PaaS），为用户提供构建应用程序和服务的平台，如金蝶云苍穹、AWS PaaS 等，用户可以在服务商搭建的平台上开发、部署应用程序及应用程序管理工具。三是软件即服务（SaaS），为用户提供按需软件付费应用程序，如钉钉、法大大等，用户无须购买软件，而改为向提供商租用基于网络的软件来管理日常经营活动，且无须对软件进行维护，服务提供商会全权管理和维护软件。

在《云计算法律》一书中，作者认为从 IaaS → PaaS → SaaS，云服务商对用户数据信息的控制程度不断增强，承担的责任大小也应当随之增加。因此，当用户在使用云服务时侵犯他人的知识产权，不同类型的云服务商应当承担不同的责任。我国法律没有专门规定云服务商的责任，因此需要参考《民法典》和《信息网络传播权保护条例》关于网络服务提供者责任的规定。

首先，有必要梳理云服务商与网络服务提供者的关系。2019 年的《最高人民法院、最高人民检察院关于办理非法利用信息网络、帮助信息网络犯罪活动等刑事案件适用法律若干问题的解释》将《刑法》第 286 条之一第 1 款规定的"网络服务提供者"界定为"（一）网络接入、域名注册解析等信息网络接入、

● 李金招，蒋晓焜，严也宽. 云服务模式下的知识产权侵权问题研究 [EB/OL]. （2022-06-17）[2023-10-17]. https://mp.weixin.qq.com/s/zpfyUyOWdT9G80P6wzO6Aw.

计算、存储、传输服务；(二)信息发布、搜索引擎、即时通信、网络支付、网络预约、网络购物、网络游戏、网络直播、网站建设、安全防护、广告推广、应用商店等信息网络应用服务；(三)利用信息网络提供的电子政务、通信、能源、交通、水利、金融、教育、医疗等公共服务"。而除了《刑法》外，我国法律并未对"网络服务提供者"的概念作出统一、明确的界定。关于网络服务提供者常见的学理解释为"网络服务提供者是指通过信息网络向公众提供信息或者为获取网络信息等目的提供服务的机构，包括网络上的一切提供设施、信息和中介、接入等技术服务的个人用户、网络服务商以及非营利组织"。因此，结合相关司法解释及学理解释可知，《民法典》和《信息网络传播权保护条例》中的网络服务提供者至少是"通过信息网络提供相应服务"的相关组织。

对少部分 IaaS、PaaS 云服务提供商而言，其提供的计算资源仅仅是硬件、应用程序开发工具等基础设施，此服务完全不涉及信息网络内容（相当于将计算机硬件租借给用户使用）。在网络用户利用云服务实施侵权行为后，除在物理上中断硬件资源服务（如断电、毁坏对应硬件资源等）外，服务商无法干涉用户的任何数据信息和相关操作。因此，此类云服务提供商不应当被视为《民法典》和《信息网络传播权保护条例》中规定的"网络服务提供者"。

当然，大部分云服务提供商都通过信息网络提供相应服务，符合《民法典》和《信息网络传播权保护条例》中"网络服务提供者"这一概念。

《信息网络传播权保护条例》第 14 条至第 17 条对适用于"信息存储空间服务"和"搜索、链接服务"提供者具体规定"通知—删除"规则，即网络服务提供者在接到权利人的通知书后，应根据《信息网络传播权保护条例》规定删除权利人认为侵权的作品、表演、录音录像制品。因此，在判断云服务商是否需要遵循"通知—删除"规则时，取决于云服务商是否属于"信息存储空间服务"和"搜索、链接服务"提供者。

考虑到网络服务提供者可能不仅限于提供"信息存储空间服务"和"搜索、链接服务"，《民法典》第 1195 条针对更广泛的网络服务提供者和服务类型确定"通知＋采取必要措施"规则，即网络用户利用网络服务实施侵权行为的，权利人有权通知网络服务提供者采取删除、屏蔽、断开链接等必要措施。此时，必要措施应当不限于《信息网络传播权保护条例》中的删除、屏蔽或者断开链接，也包括其他形式的必要措施。

然而，即使一些云服务商提供信息存储业务，也并非必须遵守"通知—删除"规则。在北京爱××公司与上海七×公司不正当竞争一案❶中，法院认为云计算服务商对用户利用云基础设施开设的网站和网络应用中存储的具体信息无法进行直接控制，其仅有技术能力对服务器进行整体关停或空间释放（强行删除服务器内全部数据）。同时，《信息安全技术云计算服务安全指南》（中华人民共和国国家标准GB/T 31167—2014）7.3.2条规定，云服务商未经客户授权，不得访问、修改、披露、利用、转让、销毁客户数据，并应采取有效管理和技术措施确保客户数据和业务系统的保密性、完整性和可用性。因此，本案中的云计算服务商不同于《信息网络传播权保护条例》第14条、第15条中所规定的提供信息存储空间或者提供搜索、链接服务的网络服务提供者，也不同于《信息网络传播权保护条例》第20条规定的提供自动接入、自动传输服务的网络服务提供者，在涉及其用户实施侵害他人合法权益行为的情形下，确定该类云计算服务商的法律责任和义务应当适用《民法典》中的相关规定，即"通知加采取必要措施"规则。

事实上，对于大多数涉及信息储存功能的云服务而言，删除特定内容需要彻底关停服务器或强行删除服务器内全部数据，这一行为的严重程度远超过"删除、屏蔽、断开链接"，正如××云与北京卓×二审判决书❷中所言，民事责任规则之设定涉及当事人之间利益之平衡。从我国云计算行业的发展阶段来看，若对云计算服务提供者在侵权领域的必要措施和免责条件的要求过于苛刻，势必会激励其将大量资源投入法律风险的防范，增加运营成本，给行业发展带来巨大的负面影响。动辄要求云计算服务提供者删除用户数据或关闭服务器，也会严重影响用户对其正常经营和数据安全的信心，影响行业整体发展。因此，在类似情

---

❶ 参见（2018）苏04民初51号民事判决书。
❷ 参见（2017）京73民终1194号民事判决书。

况下，应当适用《民法典》中的相关规定，即"通知加采取必要措施"规则，以保证云服务提供商与被侵权者之间的利益平衡，也能促进云服务行业的健康发展。

随着互联网技术的飞速发展，法律规制容易落后于社会发展，其对于云计算服务的规制仍处于萌芽阶段。因此，在适用法律中，我们必须坚守立法本意，以社会公共利益为导向，不得使法律成为技术发展的桎梏，更不得使技术脱离法律成为脱缰的野马。

6.5 去中心化金融的法律问题

6.5.1 去中心化金融的概念

去中心化金融（DeFi），通俗来讲是一类依赖区块链技术建立，使用加密货币和智能合约来提供不需要中介机构介入的金融产品和服务，其最终目的是为用户提供更加便捷的金融服务。

传统金融，可称为"中心化金融"，其"中心化"体现为接受金融机构提供的传统金融服务。此类中心化金融机构即是我们生活中常见的银行、证券公司、保险公司等机构。在储户看来，传统金融机构存在以下常见的弊端：第一，储户的资金受到金融机构的管制，存在资金账户被冻结的风险；第二，金融机构作为交易中心，不可避免需要审查交易往来，并对此收取手续费等相关费用，因而提高交易成本，且降低金融交易效率；第三，储户需向金融机构提供真实的身份和完整的账户信息，将导致储户没有隐私可言。

DeFi 并不需要金融机构的存在为交易提供信任背书，在一定程度上克服传统金融的弊端。总的来说，DeFi 具有 5 个明显区别于传统金融机构的特性：一是隐私，储户通常不提供真实的身份，完全掌握自己的身份、资产和数据；二是开放，金融服务产品均对所有人平等开放；三是透明，能消除各个环节的暗箱操作，尤其能解决以往大型金融机构垄断货币供应等问题；四是可信，一切交易记录和财务数据在记账工具的区块链中可查，人人都可监管；五是自由，任何人可自由创建金融服务，并自由创建、发行和交易金融资产。

目前，DeFi 行业所实现的主要金融应用包括开放借贷协议、去中心化交易、去中心化自治组织、衍生品与中心化市场预测、聚合收益理财、预言机、稳定币、NFT 等。

6.5.2 去中心化金融存在的风险

DeFi 作为新生事物，有待完善之处颇多，不可避免存在风险。目前，DeFi 主要存在 3 个方面的风险，即安全性风险、投资风险和系统性风险。

1. 安全性风险

与传统金融服务相比，DeFi 对网络的依赖程度更高，存在更大的网络安全性风险。现实中，DeFi 不仅常遭受黑客的网络攻击，如日蚀攻击等，还会因智能合约代码漏洞引发一系列安全性风险。以下重点讨论 DeFi 因智能合约代码漏洞所引发的风险及其法律责任承担的问题。

DeFi 项目在区块链平台上运作，交易的达成主要依赖智能合约的自动化处理。而智能合约的本质是计算机代码，基于各种主观或客观的原因，如 DeFi 项目的开发者编程水平有限或故意留有代码漏洞，导致智能合约存在代码漏洞的概率很大。需要说明的是，智能合约与普通合同不同，其能做到不可逆地自动执行。一旦存在安全漏洞，智能合约的漏洞修补将会非常困难。即使有管辖权的司法机关作出有效的裁判，因智能合约由区块链自动运行，法院或其他第三方也无法强制修改。

因智能合约代码漏洞导致 DeFi 用户信息和财产损失，结合目前 DeFi 发展的具体情形，法律责任的承担主体大致为 3 类。一是黑客等直接侵权行为人。根据《民法典》侵权责任的规定，黑客利用智能合约代码漏洞实施网络攻击等侵权行为，造成 Defi 用户损失的后果，应承担侵权责任，但由于网络的特殊性和黑客攻击的隐蔽性等原因，维权的难度和成本很高，现实中往往也找不到黑客。二是 Defi 项目方。作为网络服务提供者，如果在智能合约的编写、部署过程中存在故意或重大过失，导致智能合约存在漏洞易受黑客攻击，项目方应承担一定的赔偿责任。三是为项目方提供安全审计服务的第三方。因智能合约代码存在漏洞的可能性较高，常需第三方对智能合约代码进行安全审查，但第三方是否应对智能合约代码漏洞承担相应的法律责任，应结合代码漏洞的具体情况及第三方可能的免责条款具体分析。

2. 投资风险

DeFi 虽克服传统金融服务的诸多弊端，但投资固有的风险仍然存在。一是用户对 DeFi 产品的认识不足。随着 DeFi 的发展，新的 DeFi 概念也如雨后春笋般涌现，包括收益农业、流动性挖掘、新应用组合及"DeFi 乐高积木"。由于难以看清这些组合产品背后所隐藏的投资风险，所以投资者可能面临更大的损失风险。二是 DeFi 存在被不法分子利用的可能性。目前，DeFi 项目滋生诸多犯罪行为，如盗窃、诈骗和传销等。一旦用户掉入不法分子的陷阱，投资将会面临"打水漂"的风险。

3. 系统性风险

DeFi 生态系统的特性是开放性和可组合性。这些特性允许各种智能合约和区块链应用程序相互交互，并基于现有服务的组合提供新服务。这些交互引入严重的依赖关系，一旦某个智能合约存在问题，它可能会对整个 DeFi 生态系统中的多个程序产生广泛影响。此外，DeFi 稳定币的问题或严重的 eth 价格冲击可能会引起整个 DeFi 生态系统的涟漪效应。

6.5.3　去中心化金融滋生的犯罪行为

DeFi 的开放和繁荣在掀起金融交易热潮的同时，也让犯罪分子找到了暴富的机会。由于缺乏政府介入监管，DeFi 易成为滋生犯罪的土壤。具体而言，DeFi 可能滋生多种犯罪行为。

1. 盗窃

由于黑客攻击，常出现 DeFi 产品失窃问题。失窃的具体原因主要包括私钥泄露、代码漏洞和钱包过度授权。

私钥泄露是造成加密资产被盗的主要因素。私钥是一种复杂的加密形式，允许用户访问加密货币，其安全性组成有助于保护用户免遭盗窃和未经授权的资金访问。黑客往往通过网络钓鱼、键盘记录等多种技术获取用户私钥，进而盗取用户加密资产。

代码漏洞也是当前引发黑客攻击的一大诱因。现实中，智能合约存在代码漏洞的情况多发，英国伦敦大学学院副教授伊利亚·谢尔盖（Ilya Sergey）与新加坡国立大学多位学者合写的论文《大规模发现贪婪、浪费、自杀式合约》（Finding The Greedy, Prodigal, and Suicidal Contracts at Scale）指出："将近 100 万份智能合约进行每份 10 秒分析时间的分析后发现，其中有 34200 份智能合约很容易受到黑客攻击，其中 2365 份有明显漏洞。"

钱包过度授权是当前较为频发的黑客攻击形式。钱包是人们存储加密资产的应用，相当于数字世界中的"银行"，支持加密资产发送、接收、转账等功能。一般来说，用户与 DeFi 应用进行涉及加密资产的交互时，首先需要授权钱包权限，方能进行后续的交易、质押、存储等操作，且大多数钱包授权只针对某个时间段内的某个交易。DeFi 应用开发者为了避免用户反复授权，一般会默认设置授权最大数量的代币给智能合约，且拥有永久访问权限。这样的处理存在明显弊端，如果智能合约出现漏洞或合约管理员作恶，那么用户的加密资产将存在丢失的风险。

2. 洗钱

虚拟货币一直是洗钱犯罪猖獗的领域，但随着虚拟货币反洗钱工作在全球范围内取得极大进展，单独利用比特币、USDT 等犯罪的情形有所减少，流窜在虚拟世界的幕后黑手试图寻找新的犯罪工具来替代或改造传统洗钱手段。目前，已经有不少政府部门和区块链数据分析公司监测到大量非法虚拟资产正在流向 DeFi 项目，DeFi 正成为洗钱的新工具。DeFi 洗钱一般是通过跨链实现的。违法犯罪所得加密货币通过跨链转换为 X-eth 和 X-BTC（即任意跨链生成的 BTC 或 eth 代币），再利用两个或两个以上专门进行跨链交易的 DeFi 项目，将资金跳转到以太坊区块链打包转换，换取新的 BTC 和 eth。

3. 传销

根据《禁止传销条例》的相关规定，传销是指组织或运营者发展人员，通过对被发展人员以其直接或者间接发展的人员数量或者销售业绩为依据计算和给付报酬，或者要求被发展人员以交纳一定费用为条件取得加入资格等方式牟取非法利益，扰乱经济秩序，影响社会稳定的行为。"拉人头""发展下线"是传销的主要特征。

传销团伙利用 DeFi 智能合约开展传销。一方面，智能合约的问世使得发行虚拟货币更加简单，之前要依靠代码不断更新独立的链，现在只要基于智能合约搭载已有的公链，修改代码即可完成。另一方面，传销团伙抓住漏洞，利用智能合约的奖励机制刺激"拉人头"，投资人因此受蒙蔽的可能性增大。因此，传销团伙只需按照智能合约编写的规则，每天释放相应的利润及推广奖励，即可达到"拉人头"的目的。最后，利用背地在合约中编写的漏洞代码或超级管理员指令进行资金操盘。

4. 诈骗

诈骗罪是指以非法占有为目的，用虚构事实或者隐瞒真相的方法骗取数额较大的公私财物的行为。DeFi 项目中常见的诈骗情形有：一是诈骗分子在以太坊等区块链上部署新的合约，如可自动化撮合双方借贷的借贷协议，并发行项目代币。二是诈骗分子在社交媒体上发布诱人的广告吸引投资者入局，一般投资者通过质押全球公认的以太坊、比特币等主流币赚取项目代币，并等待升值盈利。三是一旦投资者将代币存入流动池，诈骗分子将"抽地毯般"地把池子里的主流币全部提走，参与者手中的项目币将变得一文不值。

诈骗分子之所以容易得手，缘于 DeFi 存在以下不足：一是投资者无法约束开发者 100% 履行合约。按照 DeFi 运行规则，持有项目代币的投资者可以就如何使用流动池中的资产等事项进行投票，开发者并没有权利完全撤走池中的资金，但开发者有可能会在合约部署时故意设置漏洞或者在投资者不注意的情况下更换合约。二是创建 DeFi 代币并在 DEX（去中心化交易所）上市没有强制性的代码审计要求，诈骗分子可轻易通过设置代码漏洞实现犯罪目的。

6.5.4 去中心化金融的未来

DeFi 行业的一位首席顾问曾表示："DeFi 有潜力通过数字技术撼动金融行业，但它的进展受到了诈骗和'拉地毯'骗局项目的阻碍，造成资产和社区信任的损失。在这些问题得到解决，且 DeFi 的投资者和使用者能够更安全地将资产投入 DeFi 之前，这个新兴行业将无法实现大幅度增长。"

笔者赞同上述观点，DeFi 的诞生源于人们对传统金融服务的反思和变革的需求，自有深厚的社会基础；但犯罪行为等诸多现实因素正阻碍 DeFi 发挥真正的效能，打破人们对 DeFi 应有的期待。未来若能从技术和法律层面有效克服 DeFi 存在的弊端，DeFi 必将拥有更加光明的未来。

6.6 智能合约及其法律性质

6.6.1 基于区块链技术的智能合约

智能合约的概念最早是由计算机科学家、法学家及密码学家尼克·萨博（Nick Szabo）提出的。萨博认为："智能合约是通过计算机协议和用户对接来促进合约执行，以此减少意外情况发生及对第三方中介的依赖。"由此可见，"去中心化"构想在智能合约的概念产生之初便已明确，与后来的区块链技术所要实现的功能不谋而合。

现代意义上的智能合约是与区块链技术相得益彰的，被认为是区块链中更有潜力的技术应用。智能合约是区块链的核心构成要素（合约层），可内置在任何区块链数据、交易、有形或无形资产上，形成可编程控制的软件定义的系统、市场和资产，不仅为传统金融资产的发行、交易、创造和管理提供创新的解决方案，而且能够在社会系统中的资产管理、合同管理、监管执法等方面发挥重要作用。

智能合约的工作原理类似计算机程序"if-then"的模式，即在区块链系统内交易双方对合同内容达成共识，系统根据交易双方的约定自动执行合同内容。通俗来讲，智能合约是一种将合同与计算机运算结合，由计算机自动执行的合约。

有人将智能合约称为"智能替代合约"，指用智能合约代码创建有商业价值的全新合同形式。不同于传统合同，智能合约具有以下显著的特征：一是可观察性。智能合约具有区块链技术公开透明的特性，其内容和执行进度均可在特定区块链平台被阅读，并能受到有效监管。二是自足性。传统合同发生纠纷时需要法律规则和执行机构的介入，以此确保合同的顺利履行；智能合约无须法律规则和执行机构的介入，排除跨境交易中各国法律、语言、政治、经济政策的差异，便捷跨境交易。三是稳定性。传统合同条款的解释易受到人们思维方式和语言习惯的影响，智能合约运用计算机识别的程序语言，相较文字语言更为清晰稳定，避免合约双方对合约条款存在不同的理解而需解释条款内容的情况。

6.6.2 智能合约的运行

智能合约的运行大致分为合约成立、合约发布和合约执行3个阶段。

1. 合约成立

智能合约的本质是计算机代码，因而智能合约的成立是代码实现的阶段。与传统合同类似，智能合约的成立需要交易双方通过要约、承诺或其他方式达成合意，明确双方的权利义务并写入合同文本。与传统合约不同的是，智能合约在此阶段须进一步将合同文本的内容通过编程语言转化为代码。

还有另一种表述，合约成立阶段并无交易双方的合意，智能合约代码实现的仅是交易一方的要约，直到合约进入执行阶段，方有交易他方的介入。以购买知识产权许可或转让信息为例，甲创建一个永久附加转让信息或许可 X 的智能合约，编程为"在特定条件下（如对价 Y）转让 X"，甲将其发布至区块链。若乙欲获得信息或许可，将对价 Y 上报智能合约。智能合约启动执行程序，将 X 移转给乙，将对价 Y 支付给甲。

合约成立阶段的两种情形在现实中因具体情况的不同均有存在的可能性。

2. 合约发布

智能合约的发布是对合约代码进行验证的阶段。首先，智能合约发布之前，需要具备相关经验及专业知识的人员进行基础协商验证，或通过系统的抽象模型进行虚拟验证，保证合约代码与合约内容文本的一致性，确保合约执行过程的安全性和可靠性。其次，智能合约的代码经过区块链节点的验证才可以成为区块链意义上的有效合约代码。何为区块链节点？通常，计算机网络中的节点是指计算机或者任何涉及在计算机网络中接收和发送数据的设备，因此在区块链中每个账本参与者都是一个节点。区块链节点通过共享状态信息、对其协议的治理进行投票及验证传入交易的新块在网络中进行通信。智能合约的代码发布后，区块链节点对其进行验证，采用多数同意原则达成共识。一旦智能合约通过验证成为有效代码，智能合约的执行便具有不可更改的特性，即不可通过任何一方的行为和意志阻止智能合约的执行。

3. 合约执行

智能合约的执行是代码自动执行的过程，使合约内容得到履行。智能合约发布后，通过程序判断是否具备自动执行的条件，一旦经过判断符合交易双方所设定的交易条件，系统便会自动执行该合约。基于自动执行和区块链技术的特性，智能合约的执行有3个优势：一是去中心化，不依赖第三方中介机构执行合约；二是稳定性，合约条款不能被任意更改；三是安全性，合约保存在分布式账本上，没有丢失的风险。

6.6.3 智能合约的法律性质

智能合约在运行的过程中体现排斥法律的自我解决特性，但技术信任依然存在法律补强的需求。智能合约遵循自我治理，在设计层面上，可以认为其被赋予执行、创造及争议解决的"智能性"，减少合同违约的发生，利于合意达成与执行。但是，智能合约不能避免或减少纠纷的发生，相反因其"智能性"的技术特征，使得纠纷的解决更加棘手。以下从智能合约的法律性质入手，对智能合约的法律规制进行研究。

1. 智能合约与合同法

关于智能合约法律性质的探讨，关注的是智能合约是否属于现有法律调整的合同范围。我国《民法典》第471条规定："当事人订立合同，可以采取要约、承诺方式或者其他方式。"据此，有观点认为，智能合约仅是一种促进原合同履行的辅助手段，不符合传统合同成立的要件，即智能合约的创立过程并不存在要约和承诺的行为。持此观点的人进一步认为，基于智能合约自动执行且不可修改的特性，智能合约仅作为合同强制执行的工具。同时，从另一个角度来看，智能合约并不支持任何人乃至法律程序强制中断或中止合约内容的执行，取代人履行合同的行为。由此可知：即使在概念上，智能合约也不是真正的合同。

工业和信息化部发布的《2018年中国区块链产业白皮书》在总结学术研究的基础上，认为"智能合约完全摒弃了合同救济、合同争议的法律执行、合同语言的解释、合同不完整性等经典理论或规则，智能合约或许名不符实，智能合约并非真正的合同，将之理解为一套履行机制或执行程序，更符合事实，也更能解决相关争议"。从表面上来看，工业和信息化部否认智能合约属于现行法律调整的合同范围。但是，工业和信息化部其实是将智能合约运行的3个阶段分开来看，仅否认智能合约执行阶段的合同属性，认为执行事项不能等同于合同本身。

正如工业和信息化部指出："智能合约架构设计执行的内容其实就合同当事人人员的合意，对一执行事项，便不能再认为是合同本身，其实质只是关于合同的一道不可变更的程序与计算机指令而已。"笔者认为，目前否认智能合约是法律合同的观点均是以智能合约自动执行的特性不符合人们对传统合同的认知为立足点的。但不可否认，从综合智能合约运行的全过程来看，智能合约终究是一种意思表示的合致，即存在"要约—承诺"的法律构造。对于智能合约这样的新兴事物，法律更应保持包容的态度，现有条件下将其先纳入合同法，使其有法可依；未来更应寻找恰当的时机修改或扩大解释《民法典》中"合同编"的相关规定，为其量身制定更加适宜的法律规范。

2. 智能合约与电子合同

我国《民法典》第469条规定："当事人订立合同，可以采用书面形式、口头形式或者其他形式。书面形式是合同书、信件、电报、电传、传真等可以有形地表现所载内容的形式。以电子数据交换、电子邮件等方式能够有形地表现所载内容，并可以随时调取查用的数据电文，视为书面形式。"据此，智能合约将合同内容以数字代码的形式呈现给缔约双方，应属于《民法典》中的"数据电文"形式，可被视为书面合同，而不是"其他形式"的合同。不过，有人认为，智能合约是新型的合同形式，将合同条款编写成计算机程序语言，与《合同法》中的附条件合同相似。智能合约通过预设条件的实现启动合同的自动执行，但附条件合同中的条件影响合同的生效和解除，智能合约中的条件是启动合同实施的关键。

笔者认为，在现有的法律制度下，智能合约是书面合同，而且接近电子合同。电子合同指的是在网络条件下，当事人为了实现一定的目的，通过数据电文、电子邮件等形式签订的明确双方权利义务关系的一种电子协议。智能合约与电子合同的相似之处是合同的订立方式，均采用数据电文的形式，但二者还是存在诸多差异，智能合约应是电子合同的升级版。首先，智能合约的内容不仅是典型电子合同使用的计算机代码，而且是计算机代码组合成的程序。其次，从智能合约的发展过程来看，20年前萨博提出智能合约时，以自动售货机为说明对象，趋近电子合同；现在意义的智能合约以区块链技术为底层技术，与区块链技术协同工作，强制执行区块链上的交易。最后，智能合约与电子合同的关键区别是自动执行。以网购为例，一旦商品或服务交付，智能合约将通过区块链强制自动执行支付，消费者无法阻止经营者接收支付的资金；普通的电子合同则不同，后台计算机程序仅是自动向消费者提供商品或服务，而且因为第三方支付平台的存在，消费者可通过主张退货的售后服务阻止经营者接收支付的资金。由此可见，人可以从外部干预电子合同的执行，但是智能合约的完整执行过程具有不可变更性。

6.7 去中心化自治组织的运作及其法律性质

6.7.1 去中心化自治组织的定义

去中心化自治组织（DAO）是一种全新的人类组织协同方式，是基于区块链核心思想理念（由达成同一个共识的群体自发产生的共创、共建、共治、共享的协同行为）衍生出来的一种组织形态。通俗来讲，DAO是由计算机代码和程序控制，基于设定好的智能合约自动完成治理的组织。

表6-1将去中心化自治组织与传统组织对比，对深入理解其内涵具有重要

意义。第一，在核心属性方面，传统组织往往拥有一个相对统一的管理者或中心部门，具有"中心化"的属性；DAO的治理以区块链作为底层技术，不需要经过中心化机构的审核或控制，利用区块链技术实现"去中心化"。第二，在决策方式方面，传统组织依赖管理者或中心部门作出决策，即使以投票方式作出决策，往往也局限于小范围；DAO的成员可以通过发布提议并通过投票的方式作出决策。第三，在决策执行方面，传统组织的决策作出、后续执行需要依靠人完成，多数情况下人为因素决定了决策的执行效果；DAO的决策由智能合约自动运行，一旦系统开始运行，原则上就不需要人为管理，也不受人为因素影响。第四，在特征上，传统组织的运行往往自上而下，从权力中心对各个角色作出安排并进行利益分配，有着较为鲜明的等级特征；DAO则打破传统组织金字塔式的管理层级，遵循民主、平等原则，其成员可以积极参与组织的治理。

表6-1 传统组织与去中心化自治组织对比

类别	传统组织	去中心化自治组织
核心属性	中心化	去中心化
决策方式	部分人决策，也有可能投票	投票
决策执行	人为执行	智能合约自动运行
特征	等级鲜明	民主、平等、自愿

6.7.2 去中心化自治组织的运行要件

DAO的核心运行要件包括智能合约、通证激励和分布式自治3种。

1. 智能合约

智能合约是DAO决策的执行方式，是一项通过将规则和法规纳入区块链系统自动运行的技术，规则执行自动完成，将过去需要人为管理的契约执行过程转变为由程序自动协调的流程,有效消除了中介方的参与,保证契约执行的客观性与科学性,从而降低交易成本和执行成本。在 DAO 的运作过程中,成员以智能合约签订协议,明确各自的权利义务,最终利用智能合约的自我验证、自我执行、防止篡改等特征高效执行协议。可见,智能合约的存在弱化了传统组织的管理者或中心部门的作用,实现对所有成员的规则平等,避免事先信任。

2. 通证激励

通证是 DAO 运行的激励机制是以数字形式存在的权益凭证,是一种可流通的数字资产和权益证明,具有内在价值和使用价值,代表一切可以数字化的权益证明。从身份证到学历文凭,从钥匙、门票到积分、卡券,从股票到债券、账目、所有权、资格、证明等人类社会的全部权益证明,都可以用通证来代表。通证与区块链技术的结合是最大化发挥二者效能的体现。通证的存在为区块链技术的发展提供了激励机制,充分发挥区块链的优势;区块链天然的密码学和交易的基础设施为通证的流通提供可靠的安全性、高效的交易,同时区块链去中心化的属性使得人为篡改记录、阻滞交通、影响价格、破坏信任的难度大大提高。实践中,DAO 项目正是利用通证在区块链上低成本甚至零成本的分割与流通,让项目成员享受通证所带来的利益,充分发挥利益的驱动作用,有助于实现大规模的协同合作,优化组织内的资源配置。同时,DAO 的通证具有价值,DAO 的发展和完善使得通证的市场价值不断提升,通证对成员积极参与 DAO 治理与运行产生更强的激励效果。

3. 分布式自治

分布式自治强调 DAO 运行的模式,DAO 又被称为分布式自治组织。美国作家奥里·布莱福曼曾在《海星和蜘蛛》一书中将传统组织比喻为蜘蛛,如果蜘蛛的头被切掉,那么整个身体将无法继续生存;把 DAO 比喻为海星,海星由彼此对等(无中心)的一堆细胞组成,每只触手都可成长为完整的海星,即使遭受伤害，仍可以更小的去中心化组织的形式存在。因此，分布式自治的运行模式具有更强的生命力。DAO分布式自治的运行模式依靠区块链技术实现。区块链作为一种分布式的数据库系统，不再需要传统的集中管理层处理所有交易，而是通过加密算法、共识机制、时间戳等要件在分布式系统中实现点对点交易与协作，由系统内所有记账节点集体维护系统安全和正常运营，为数字范式下的大规模协作提供较为完整的方案。

6.7.3 去中心化自治组织的法律性质

近年来，越来越多的DAO项目出现。这些DAO项目进一步推动DAO市场的繁荣，也引起了各国的关注。2021年3月，美国怀俄明州正式通过DAO法案，从法律层面承认DAO的存在，DAO有望成为国家、市场、公司以外的第四种组织形态。

将DAO纳入法律监管，首先需要明确DAO的法律性质。传统组织如有限责任公司，其成立需依法注册登记，实际运行与法律纠纷的解决都有法可依。与传统组织不同，DAO不存在注册的商业实体。其次，DAO项目部署成功后，就独立于创建者，后续的运行根据多数成员的一致意见以智能合约的方式自动执行，很难将DAO的法律性质与创建者的法律性质直接画等号。

目前，学界对于DAO的法律性质众说纷纭。第一种观点认为，DAO是有限责任公司，所有参与成员都是DAO公司的股东。该观点的分析思路为，DAO以系列有限责任公司（SLLC）的模式运作，通过资产分离架构将有限责任公司的资产债务、义务及责任分割到相互独立的系列中。借助SLLC运作模式，DAO可以享有有限责任，在系列中共享利润，必要时可以扩大、终止或加强多元化业务，也可以在系列之间转移资产，或授予代币持有者各不相同的管理控制权。第二种观点认为，DAO是有限合伙企业。该观点认为DAO是智能合约的集合，具备主体、财产（代币）、成员权、表决机制等组织要素，投资者经由智能合约完成投资，取得投票、分红等权利，具备合伙企业本体要素，应被定为合伙；同时考虑可推知的投资者意思、发起人最终控制者的地位、衡平投资者的权益保护与技术产业发展，宜令投资者承担有限责任、发起人承担无限责任，最终定性为有限合伙企业。第三种观点将 DAO 界定为准组织。该观点其实否认了前两种观点，认为现行法律无准确适用于 DAO 的主体类型；同时，它又强调 DAO 可以作为一种有限合伙企业进行法律规则的参照适用。

笔者不赞同上述第一种观点，现代公司治理结构的典型特征是所有权与经营权相分离，DAO 成员明显是其资产的所有者和交易的经营者，有别于公司。不同于多数人直接将 DAO 定性为有限合伙企业，笔者更倾向于支持第三种观点，将 DAO 界定为准组织并参照适用有限合伙企业的法律规则。不可否认，当前 DAO 的现实样态更接近于有限合伙企业的主体类型，但明显不具备合伙企业内部的层级构造，实际上二者之间存在明显的差异。将 DAO 界定为准组织，可为将来的技术变革及 DAO 的技术演化提供足够的制度空间。DAO 作为新兴事物，既面临理论与制度的冲击，又应以宽广视野、战略思维面向未来。未来立法应为 DAO 创制更适宜的主体类型。同时，现阶段将 DAO 参照适用有限合伙企业的法律规则，为法律介入 DAO 提供理想的介入点，并有效借助有限合伙企业完善的制度解决 DAO 在现实中的法律纠纷，为 DAO 技术的发展提供法律支持。

6.8　区块链的类型及其法律问题[1]

6.8.1　公链

根据去中心化的程度，区块链可分为公链、联盟链和私链 3 种类型。其中，公链的每一个节点都是公开的，是区块链中去中心化程度最高的一种。公链也

---

[1] 李金招，蒋晓焜，张新儿. 区块链的类型及其法律问题研究 [EB/OL].（2022-08-16）[2023-10-17]. https://mp.weixin.qq.com/s/wyIK2RGQk--71o6GvyQUtg.

称为"公有链",是指任何人都有权读取、发送交易且参与其中的区块链。任何人都可以加入公链,无须注册、授权便可匿名访问网络,参与其中公示过程,且没有任何机构或个人可以篡改或控制公链中数据的读写。

公链所具有的去中心化、开放、中立、不可篡改的特点使其适用于虚拟货币、互联网金融等领域。公链一般会具有独立的经济模型,通过代币机制来鼓励竞争者记账,建立一个每个人都能获利的公开平台。目前,以太坊、比特币等都试图建立一个开发者友好型的公链平台,支持用户自主在公链上建立复杂操作,建立和使用一系列在区块链上的应用。

6.8.2 侧链

为了弥补主链的缺点,侧链应运而生。侧链并不是一个独立的区块链,其本质是主链的补充协议,与主链交互、挂钩。侧链的数据和代码具有独立性,这可以大大减轻主链的负担,避免数据膨胀造成的拥堵,而且侧链与主链可以通过双向锚定的方式实现二者之间货币价值的移转。侧链又可分为私链和联盟链两种类型。

1. 私链

私链是由个人或企业搭建的,写入权限不对外开放,读取权限或对外开放,或被不同程度地限制的区块链,具有交易速度快、隐私保障优良、交易成本低、保障其基本产品不被破坏的特点。

2. 联盟链

联盟链是一种区块链网络,被视为由多个私链组成的集群,可分为技术型、商业型和双重模式 3 种。联盟链由多个组织或机构共同参与管理,维护系统的运作,每个组织或机构管理一个或多个节点,其数据仅在该联盟内的机构或组织读取和写入,通过授权后才能加入和退出网络。联盟链依旧提供分散的结构,链上的每一个组织或机构都能获得平等的待遇，网络并非被单个组织掌控，各方之间的事务在链上保持公平和透明。

联盟链具有部分去中心化、可控性较强、数据不会默认公开、交易速度快等特点。它不仅可以节省成本和分担风险，还为参与者进行协作和扩展提供了规范的平台。

6.8.3 区块链在实操中存在的法律风险

1. 数据隐私方面存在法律隐患

网络隐私权是隐私权在网络空间中的延伸，是指自然人在网络上享有私人生活安宁的权利，与公共利益无关的私人信息、私人空间和私人活动依法受到法律的保护，不被他人非法侵扰、知悉、收集、利用和公开的一种人格权。

区块链技术存在加密技术，但因其数据可能存放在不同地点，且具有不可更改性，一旦将数据放置在区块链上，用户就无法删除，并且由于公链完全去中心化的特点，所以任何人都有权读取、发送交易并参与其中，只要持有私钥就可以读取链上的数据。对区块链加密技术的解密方法使链上的信息和数据有被公开和泄露的风险。

2. 加密货币涉刑

1）资金冻结

由于国家近期开展"断卡"行动，在区块链中出金入金较为频繁，若下游玩家收到"黑钱"（犯罪所得赃款），就有可能构成帮助信息网络犯罪活动罪，掩饰、隐瞒犯罪所得罪等。在司法实践中，不一定会严格根据是否明知来断定是否构成犯罪。模糊的明知或者放任的明知也构成明知，如"明知上游货币可能具有赃款性质"也会被认定为"明知"而构成犯罪。

2）数字货币交易行为不被法律认可

目前，大多数法院不认可数字货币的支付方式，以泰达币（USDT）支付的支付行为通常会被认定无效。目前,国家没有禁止数字货币的交易,但是严令禁止与法定货币的交换。

3)场外交易(OTC)

根据《关于进一步防范和处置虚拟货币交易炒作风险的通知》(银发〔2021〕237号),虚拟货币相关业务活动属于非法金融活动。开展法定货币与虚拟货币兑换业务、虚拟货币之间的兑换业务、作为中央对手方买卖虚拟货币、为虚拟货币交易提供信息中介和定价服务、代币发行融资及虚拟货币衍生品交易等虚拟货币相关业务活动,涉嫌非法发售代币票券、擅自公开发行证券、非法经营期货业务、非法集资等非法金融活动,一律严格禁止,坚决依法取缔。对于开展相关非法金融活动构成犯罪的,依法追究刑事责任。

实践中,有可能将 OCT 认定为非法金融活动。虽然对于 OTC 的法律风险较难防范,但仍可通过审查交易对象账号,履行了解客户规则义务;留存沟通证据,要求对方保证资金来源合法;核实账户信息与交易对方身份信息是否一致;审核银行流水或支付账户明细;通过杜绝异常价格、高额手续费或佣金等方式尽可能地规避法律风险。

3. 智能合约的效力及争议处理

智能合约是一种旨在以信息化方式传播、验证或执行合同的计算机协议。区块链用户可以在智能合约中设置条件,当系统监测到条件达成时,就自动为用户执行交易等操作。

智能合约并非传统的合同。从法律的形式要件考察,智能合约本质上是一段代码或数字程序,需要经过特殊翻译才能转换为可被理解的语言文字,在能否满足合同"有形地表现所载内容"这一要求上存在争议,且缺乏合同的一般要件,如合同形式、终结及适用法律等条款。从法律的实质要件考察,智能合约的不可篡改性限制了交易双方的自由意思表示,具有特殊性,并非传统意义上的合同,且智能合约是以自动的方式执行,甚至在违反法律法规的情况下也会得到执行,而操作方是否为交易方也会影响合同的效力。

在区块链技术上，数据可能被分别储存在不同的地点。这就意味着争议的解决可能会受到多个司法管辖权范围的限制，确定司法管辖权首先要明确争议的主体，而智能合约的特殊性可能会导致在争议发生时争议主体确认的困难。

参考文献

曹磊. 网络空间的数据权研究 [J]. 国际观察, 2013（1）: 56.

麻策. 网络法实务全书: 合规提示与操作指引 [M]. 北京: 法律出版社, 2020.

孟雨. IPv6 时代将能实现真正的网络实名制 [J]. 计算机与网络, 2018, 44（17）: 13.

孙南翔, 张晓君. 论数据主权——基于虚拟空间博弈与合作的考察 [J]. 太平洋学报, 2015, 23（2）: 63-71.

沈逸. 网络时代的数据主权与国家安全: 理解大数据背景下的全球网络空间安全新态势 [J]. 中国信息安全, 2015（5）: 59-61.

汪志鹏, 杨明慧, 吕良. 基于 eID 的网络可信身份体系建设研究 [J]. 信息网络安全, 2015, 177（9）: 97-100.

徐晓日, 刘旭妍. 论网络实名制下的个人数据保护 [J]. 电子政务, 2019, 199（7）: 56-66.

张莉. 数据治理与数据安全 [M]. 北京: 人民邮电出版社, 2019.

张玲峰, 肖忠良, 李晶. 基于生物识别技术的网络实名制系统的开发 [J]. 科技与信息, 2019（2）: 117.

张舵. 跨境数据流动的法律规制问题研究 [D]. 北京: 对外经济贸易大学, 2018: 69-78.